지남쌤 성경공부
사도행전

읽기만 해도 깨달아지는

지남쌤 성경공부 사도행전

사도행전

이지남 지음

규장

생동감 있고 역동적인 우리의 이야기

첫 책 《난생처음 성경공부: 마태복음》을 쓰면서 참 많은 일이 있었습니다. 예수님의 생애를 해설하다 보니 자연히 제 삶이 교정되었지요. 스스로 적용도 안 하면서 책을 쓰는 건 의미가 없다는 생각에 순종하려고 정말 많이 노력했어요. 물론 쉽지 않았지요.

마태복음 이후에 마가복음, 누가복음, 요한복음을 차례로 묵상하는 동안 하나님께서 반복해서 이 부분을 말씀해주셨어요. 그때마다 다시 노력했지요. 복음의 감격이 차올라 충만해졌을 때, 유튜브에 올리는 성경공부 영상 순서가 마침 사도행전이었습니다.

복음서 마지막에 예수님은 초지일관 "성령을 기다려라!", "증인이 되어라!" 말씀하셨어요. 복음서 묵상을 통해 성령을 새롭게 받아 이제 그분의 증인이 될 차례란 생각에 '사도행전'이라는 단어만 들어도 가슴이 두 근거렸지요. 그러면서 '사도행전이야말로 하나님께서 나를 통해 쓰고 싶어 하시는 책이 아닐까' 생각했습니다.

생동감 있고 역동적인 우리의 이야기, 누구에게 전해 들은 오래전 이야기가 아니라 매일 성령의 조명하심으로 말씀을 깨달으면서 우리 삶에 일어날 이야기, 생생하게 살아있는 '52패밀리'(보육원 후원단체)의 이야기를 기록하라는 마음을 주셨어요. 그래서 기도하고 있는데 규장 출판사의 편집장님에게서 전화가 왔지요.

그렇게 시작된 사도행전 집필, 동시에 제 삶에도 사도행전 29장을 써 내려갔습니다. 초대교회에 일어났던 기적이 제 삶과 52패밀리에 일어나기 시작했지요. 모두가 성령의 일하심을 생생하게 보며 감격했어요. 이 책을 묵상하는 당신의 삶에도 놀라운 성령의 역사가 일어나길 기도합니다.

차례

Bible Study with Ji-nam Ssam

PART 3 세상을 소동케 하는 사람들 • 13-21장

6장 1차 선교여행 13-15장

7장 2차 선교여행 15-18장

8장 3차 선교여행 18-21장

PART 4 하나님의 꿈을 꾸는 사람들 • 21-28장

9장 다시 돌아온 예루살렘 21-23장

10장 총독들과 왕 앞에서 심문받음 24-26장

11장 로마를 향하여 27-28장

사도행전, 이것만 알아도 읽힌다!

사도행전은 신약성경에서 가장 역동적이고 흥미진진한 이야기를 담고 있습니다.

저자

누가복음의 저자인 누가가 사도행전도 썼어요. 여러 증거가 있지만, 우선 누가복음과 사도행전 서두에 쓰인 기록 동기와 목적, 수신자가 동일합니다. 또 누가복음의 마지막(눅 24:36-53)과 사도행전의 첫머리(행 1:1-14)가 자연스럽게 연결돼요.

또 하나 재미있는 건 인칭의 변화예요. 사도행전은 처음에 3인칭으로 전개되다가 16장 11절에서 '우리'로 바뀝니다. 저자인 누가가 바울의 선교여행에 동행했다는 사실을 알 수 있지요.

기록 시기

주후 60년 중반 - 63년 중반으로 학자마다 의견이 분분합니다. 다만 네로 황제의 박해(주후 64년경)와 바울의 순교(주후 67년경)가 언급되지 않았기에 그 이전에 기록되었다고 추정합니다.

기록 목적

1장 1,2절 "데오빌로여 내가 먼저 쓴 글에는 무릇 예수께서 행하시며 가르치시기를 시작하심부터 그가 택하신 사도들에게 성령으로 명하시고 승천하신 날까지의 일을 기록하였노라"는 누가복음의 내용 요약이면서 그 기록 목적을 잘 드러내고 있어요(동시에 사도행전을 시리즈로 쓰고 있음을 밝힙니다).

사도행전은 1차로는 이방인이자 로마 공직자인 데오빌로에게 복음을 명확하게 전하기 위해서 쓰였지만, 궁극적으로는 모든 시대의 모든 사람이 수신자입니다. 이 책을 통해 온 세상에 복음이 전파되는 과정과 그리스도인들이 각기 다른 환경에서 어떻게 신앙생활을 하는지 보여주지요. 복음의 보편성과 운동성을 여러 사례를 통해 확인시켜줍니다.

내용

누가는 누가복음과 사도행전, 두 책을 시리즈로 썼어요. 누가복음은 예수님의 전 생애를 통해 그분이 누구신지를 말하고, 사도행전은 그 후 30여 년 동안 예수님이 십자가에서 이루신 구속역사가 어떻게 적용되고 전파되는지를 보여줍니다.

그래서 사도행전은 예수님이 승천하며 약속하신 성령의 오심으로 시작해요. '오순절 성령강림'으로 제자들은 열방을 향해 행진하고 그로 인해 수많은 교회가 세워지는 이야기가 기록되어 있습니다. 제자들은 복음을 전하며 엄청난 고난과 박해를 당하지만 흔들리지 않아요. 오히려 그것이 동력이 되어 복음을 더욱 담대히 전했고, 박해로 인해 도망가는 길이 교회 개척의 길이 되었습니다.

또 베드로와 바울의 이야기를 비롯해 수많은 기적이 소개돼요. 물론 주인공은 그들이 아닌 그들의 인생을 통해 일하시는 하나님이세요. 하나님께서 사람을 동역자로 불러 세우셔서 그와 함께 그분의 구속사를 어떻게 이뤄가시는지를 자세히 보여줍니다. 그분의 일꾼으로 서는 방법을 우리에게도 알려주시지요.

특징

1) 성령

사도행전은 '성령행전'이라고도 불릴 만큼 성령의 임재와 사역을 강조합니다. 사도행전을 통해 성령 하나님이 어떤 분이며 우리에게 어떻게 일하시는지를 알 수 있어요.

2) 복음의 전파 과정

"오직 성령이 너희에게 임하시면 너희가 권능을 받고 예루살렘과 온 유대와 사마리아와 땅끝까지 이르러 내 증인이 되리라"(행 1:8). 이 예언의 성취를 기록하고 있어요. 지리적으로는 예루살렘에서 이방으로, 혈통적으로는 유대인에게서 이방인에게로 이동하며 교회가 세워집니다.

3) 베드로와 바울의 대비

13장을 기점으로 전반부와 후반부로 나뉘어요. 전반부가 베드로가 수장으로 있는 예루살렘 교회 중심의 이야기라면, 후반부는 바울을 통한 이방 선교 이야기예요. 베드로가 경험한 '고넬료 사건'은 이방 선교의 당위성을 나타내며, 당시 많은 오해를 받았던 바울의 선교를 정당화합니다. 또 두 사도가 행한 유사한 사건을 의도적으로 대비하여 이방인의 사도인 바울의 권위를 베드로의 권위와 대등하게 보여주지요.

4) 서신서의 배경

사도행전은 이방 지역에 교회가 세워지는 이야기를 담고 있어요. 사건 사고가 끊이지 않았던 상황 속에서 세워진 교회와 사역자들을 격려하고, 그들에게 감사의 마음을 전하며, 때로는 따끔하게 권면하기 위해 필요에 따라 보낸 편지예요. 그러므로 사도행전은 모든 서신서의 배경으로 볼 수 있습니다.

5) 열린 결말

"바울이 온 이태를 자기 셋집에 머물면서 자기에게 오는 사람을 다 영접하고 하나님의 나라를 전파하며 주 예수 그리스도에 관한 모든 것을 담대하게 거침없이 가르치더라"(행 28:30,31).

사도행전의 마지막 두 구절이에요. 누가는 결론을 내리지 않고 끝맺어요. 복음을 가르치고 하나님나라를 전파하는 사도들의 행전이 여전히 진행 중이라는 사실을 말하고 싶었던 거지요. 당시 제자들이 시작한 세계 복음화를 이 책을 읽는 각 시대의 모든 독자가 계속 이어가야 한다는 강한 도전을 줍니다. 성령의 역사는 믿는 자들을 통해 끝없이 펼쳐지기 때문이지요.

바울의 일생

회심 이전

학자마다 차이가 있지만, 바울은 주후 5년경에 길리기아 다소에서 로마 시민으로 태어났어요. 당시 다소가 높은 수준의 교육과 문화를 자랑하던 도시였고, 로마 시민권을 갖고 태어난 것으로 보아 바울이 상당한 재력과 명성을 가진 유대 가문의 자손이었음을 추측할 수 있어요.

그는 어릴 때 유대인의 성지였던 예루살렘으로 가서 엄격한 바리새파 랍비 교육을 받았습니다. 당대 최고의 학자인 가말리엘의 문하생으로 촉망받는 젊은 지도자였지요. 바울이 헬라계 유대인 공동체의 젊은 엘리트로 활동하면서 같은 헬라계 공동체에서 기독교를 전파하던 스데반과 대립했을 역사적 개연성이 커요. 그는 결국 스데반을 순교하게 만든 주동자 역할도 했지요. 그 일이 바울 평생에 큰 영향을 주었을 거예요.

스데반의 순교 이후 바울은 대제사장의 공문서까지 받아 다메섹으로 갑니다. 그는 매우 열정적이었고 종교적 열심도 대단했어요. 살기가 등등해서 기독교를 없애버리려고 했지요(행 9:1,2, 갈 1:13).

회심 이후

28세: 바울이 다메섹 도상에서 회심해요. 그리고 거의 동시에 예수님이 그리스도이심을 전하기 시작합니다. 그는 구약학자로 구약에 능통했어요. 그래서 메시아를 기다리고 있었는데 그 메시아가 예수님임을 깨닫지는 못했어요. 그런데 그것이 깨달아지자 복음의 감격을 전하지 않고는 못 배기게 된 거지요. 기독교를 박해하던 삶에서 복음을 전하는 삶으로 완전히 변화합니다.

28-31세: 사람들이 바울의 회심을 믿지 못하자 그는 제삼국인 아라비아로 피해요. 거기서 3년간 복음을 전하고 기독교 교리를 정립하는 시간을 가집니다.

31세: 예루살렘을 방문해서 15일간 머물며 베드로, 야고보와 교제해요.

31-41세: 고향 다소에서 10년 동안 신학을 재정립하며 하나님의 숨겨진 시간을 갖습니다. 이때 수리아 안디옥 교회의 수장인 '위로의 아들' 바나바가 그와 동역하기 위해 찾아옵니다.

41-42세: 수리아 안디옥에서 바나바와 동역해요.

43세: 예루살렘을 방문해서 마가를 안디옥으로 데려와요.

43-45세: 1차 선교여행을 약 2년 5개월간 갈라디아 지방에서 합니다. 루스드라에서 돌에 맞아 죽을 뻔하지요. 그러나 그곳에 다시 돌아가 영혼들을 세울 만큼 영혼을 사랑하는 마음과 복음 전파의 열정이 대단했어요.

45-47세: 안디옥에 체류해요.

47-50세: 2차 선교여행을 약 3년간 마게도냐와 고린도 지방에서 합니다. 2차 여행을 떠나며 1차 여행 때 중도 포기한 마가 요한을 데려가는 일로 바나바와 크게 싸우고 갈라서지요. 이때만 해도 바울이 일 중심의 단호한 성격이었음을 알 수 있어요. 이 시기에 갈라디아서, 데살로니가 전·후서를 기록했는데, 갈라디아서를 보면 그의 혈기가 느껴집니다.

50-54세: 3차 선교여행을 약 5년간 에베소와 소아시아 지방에서 합니다. 이때 고린도전·후서, 로마서를 기록했지요. 이즈음부터 바울이 많이 달라졌어요. 자신을 표현하는 호칭도 "하나님의 뜻을 따라 그리스도 예수의 사도로 부르심을 받은"으로 대부분 '사도'라는 말을 씁니다. 이는 보냄을 받은 사람으로 하나님의 뜻에 따라 예수 그리스도가 보내신 사람을 뜻하지요. 즉 그는 '그리스도로부터 보냄을 받은 사람'이라는 정체성으로 선교여행을 합니다.

3차 선교여행을 마무리할 즈음 쓴 로마서를 보면 바울이 더 깊어졌음을 알 수 있어요. 3차에 걸친 선교를 통해 깨달은 복음의 정수를 한 편의 논문처럼 정리한 로마서에서 그는 자신을 '곤고한 사람'으로 표현하며 "이 사망의 몸에서 누가 나를 건져내랴"(롬 7:24)라고 탄식합니다. 하나님 앞에서 자신이 죄인임을 더 깊이 깨달은 거지요.

54-56세: 가이사 감옥에서 2년을 보내는데, 잡힐 것을 알면서도 선택한 길이었어요.

56세: 죄인의 신분으로 로마로 갔어요.

57-58세: 2년간 가택연금(1차 투옥)을 당합니다. 옥중에서 에베소서, 빌립보서, 골로새서, 빌레몬서를 기록했지요. 갇혀있지만 누구보다 자유롭게 복음을 전하며 선교여행 때 세워진 교회들을 격려합니다.

59-63세: 주후 62년경 로마에서 석방됩니다. 그리고 약 4년간 4차 선교여행을 떠나요. 이때 로마에서도 복음을 전했지만 마게도냐로 가서 디모데를 에베소의 목회자로, 디도를 그레데 섬의 지도자로 세웁니다. 그들에게 쓴 편지가 목회서신으로 불리는 디모데전서와 디도서예요.
특히 아들 같은 디모데에게 보낸 디모데전서에는 "죄인 중에 내가 괴수니라"라는 표현이 있어요(딤전 1:15). 시간이 지날수록 자신이 죄인 정도가 아니라 괴수임을 깨달은 거지요. 전승에 의하면 이즈음 스페인으로 가서 복음을 전했다고 해요.

63-64세: 그러나 로마 대화재로 인해 네로의 박해가 극에 달하자 그는 주후 66년 늦은 봄에 투옥됩니다. 사형수들이 갇히는 지하 감옥에서 유언과 같은 편지를 디모데에게 마지막으로 보내지요.
그는 전제(奠祭)와 같이 부어지고 달려갈 길을 다 마치고 영광의 주님을 만나게 될 것을 바라봤어요. 비록 이 땅에서는 로마에 의해 죽임을 당하지만 의로운 재판장이 의의 면류관을 씌워주실 걸 확신했지요. 주후 67년경 그는 이 땅에서 영원한 생명을 누리며 오직 하나님만 두려워하는 멋진 인생을 마감했습니다.

바울의 일생을 돌아보면 그가 복음을 깊이 알수록 점점 더 낮아지고 넉넉해지며 풍성한 그리스도의 은혜를 누리고 살았음을 알 수 있어요. 그리스도 안에서 그의 성품은 보석처럼 다듬어져 하나님나라에 귀하게 쓰임을 받았지요.

우리에게도 이 소망이 있습니다. 오늘보다 내일 더 하나님을 깊이 알고, 오늘보다 내일 더 순종하게 될 거예요. 그래서 보이지 않던 것들이 보이고 진리에 가치를 두는 복된 인생을 살아가겠지요.

바울은 그렇게 되기까지 수많은 고난을 겪었어요. 오해받고, 미움받고, 매 맞고, 강도를 당하고, 그가 탄 배가 난파되고, 감옥에 갇혔지요. 그러나 이 환난들이 그의 인생을 더욱 아름답게 빚어갔어요. 바울이 경험한 이 놀라운 은혜를 우리도 함께 경험하길 소원합니다.

Bible Study with Ji-nam Ssam

PART 1

성령을 받은 사람들

1-8장

1장

약속된 성령의 오심 1-2장

01 인생이 뒤바뀔 약속을 기다려라 1:1-11

#성령이 임하면 #가슴이 뜨겁다 #위대한 명령

사도행전 1장은 누가의 첫 책인 누가복음의 마지막 부분과 사도행전을 이어주는 가교 역할을 해요. 앞으로 펼쳐질 이야기를 준비하지요. 부활하신 예수님은 제자들과 40일을 함께 지내신 뒤 승천하셨어요. 이 기간에 예수님은 하나님나라의 일을 제자들에게 가르치시고 마지막 명령을 주십니다.

사도행전을 기록한 이유(1,2절)

1 사도행전의 처음 두 구절에 이 책의 기록 목적이 선명하게 나타나요. 또 누가복음과 자연스럽게 연결되지요.

먼저 수신자 데오빌로가 누가복음의 수신자와 동일함을 알 수 있어요(눅 1:3). 다른 점이 있다면 누가복음에는 '각하'라는 호칭이 있고, 사도행전에는 없습니다. 데오빌로는 로마의 고위 공직자로 추정돼요. 누가복음을 쓸 당시는 초신자였던 그가 그리스도인이 되어 교회 공동체의 일원으로 들어왔기에 사도행전에서는 더 이상 그를 배려한 존칭이 필요 없어진 거예요. 그는 이방인의 대표로 볼 수 있습니다.

2 첫 책에서 누가는 예수님이 행하시고 가르치신 모든 일을 기록했다고 말해요. 그 기간은 예수님이 활동을 시작하신 때로부터 승천하시기까지입니다. 이를 통해 두 번째 책인 사도행전에서는 승천 이후의 일, 예

수님이 성취하신 구속 사역을 제자들이 어떻게 이어갔는지를 기록했을 것으로 추정할 수 있어요. 즉 사도행전은 승천하신 예수님이 여전히 우리 가운데 계심을 보여주는 책입니다.

예수님의 성령강림 약속(3-5절)

3 예수님은 부활 후 40일 동안 제자들에게 여러 차례 나타나셔서 여러 증거로 하나님나라의 일을 말씀하셨어요. 이것은 예수님의 부활이 '역사적 신빙성'을 가지고 있으며 그분의 육체적 부활은 부인할 수 없는 확실한 증거임을 알려줍니다. 이는 제자들이 목숨 걸고 복음을 전할 수 있는 원동력이 되었지요.

또 40이라는 숫자는 '하나님의 훈련 기간'이라는 신학적 상징성이 있어요. 모세의 광야 40년, 예수님의 40일 금식 후 광야 시험 등이 그 예지요. 그러면 40일 동안 예수님은 어떤 메시지를 전하셨을까요? 과연 제자들을 어떻게 훈련하셨을까요?

먼저 훈련 내용은 '하나님나라의 일'이었어요(3절). 훈련 방법은 누가복음 24장에 엠마오로 가는 제자들의 이야기에 잘 드러나 있습니다.

이스라엘의 회복을 꿈꾸며 예수님을 따르던 두 제자는 십자가에서 허망하게 죽으신 예수께 실망하여 고향으로 돌아가고 있었어요. 그들은 하나님의 말씀을 열심히 공부했고, 심지어 예수님에게 직접 듣기도 했지만 정작 그 예언의 말씀이 눈앞에 펼쳐지자 믿지 못했어요(눅 24:25,26). 그런데 예수님이 구약의 오실 메시아에 관한 이야기가 어떻게 십자가에서 성취되었는지를 자세히 설명해주시자 비로소 그들의 가슴이 뜨거워졌어요(눅 24:27,32). 성경을 풀어서 설명해주시자 깨달은 거지요.

그때나 지금이나 방법은 동일합니다. 그때 제자들이 들었던 예수님의 설명이 성경에 기록되었고, 지금 우리가 성경공부를 할 때 성령님이 우리 안에서 말씀을 풀어주시지요. 그러면 우리의 가슴도 뜨거워져요. 말씀을 공부할 때 가슴이 뜨거워지는 이유와 원리가 바로 이것입니다.

이처럼 제자들이 십자가 사건을 깨닫고 가슴이 뜨거워져 말씀대로 살아낸 이야기가 사도행전이에요. 또 그 이야기를 듣고 가슴이 뜨거워진 우리가 말씀대로 살아낼 때 사도행전 29장이 새롭게 쓰이는 거예요. 지금 여러분의 가슴이 뜨겁다면 성령께서 역사하신다는 증거입니다.

예수님은 하나님나라에 관한 일을 말씀하시며 40일 동안 제자들을 훈련하셨어요. 그 첫 번째 내용이 누가복음 말씀이에요.

> 또 이르시되 내가 너희와 함께 있을 때에 너희에게 말한 바 곧 모세의 율법과 선지자의 글과 시편에 나를 가리켜 기록된 모든 것이 이루어져야 하리라 한 말이 이것이라 하시고 눅 24:44

구약, 곧 오실 메시아에 관한 기록을 깨닫는 거지요. 그래서 그들의 마음을 열어 성경을 깨닫게 하시기 위해 성령이 오세요(눅 24:45).

두 번째는 구약의 성취인 십자가 사건을 이해하고, 세 번째는 "그의 이름으로 죄 사함을 받게 하는 회개가 예루살렘에서 시작하여 모든 족

속에게 전파"된다는 거예요. 그리고 마지막으로 우리가 이 모든 일의 증인이 되어야 함을 말씀하셨어요(눅 24:46-48). 여기서 '증인'은 법적 용어로 사건의 진실을 목숨을 걸고라도 있는 그대로 전하는 사람이라는 뜻입니다.

우리는 그리스도의 십자가 은혜로 자신이 어떻게 구원을 받았고 어떻게 인생이 변화되었는지를 증거할 의무와 책임이 있어요. 우리의 증언으로 사람이 살 수도 있고, 이미 죄로 인해 선고받은 죽음의 길로 갈 수도 있어요. 진실한 증인의 한마디가 결정적일 수 있지요. 복음을 전하는 건 생명을 전하는 거니까요.

그러니 우리는 온 맘 다해 복음을 전해야 합니다. 하나님께서 우리에게 증인의 삶을 살라고 하시면서 아무 대책 없이 세상으로 보내진 않으시겠지요. 그분의 대책을 한번 들어볼까요.

4,5 예수님은 사도들에게 예루살렘을 떠나지 말고 그분께 들은 아버지의 약속, 곧 성령을 기다리라고 하세요. 증인의 삶을 위해 성령세례를 주신다고 하시지요.

왜 예루살렘을 떠나지 말아야 할까요? 예루살렘은 신학적 상징성이 있습니다. 하나님은 다윗 언약을 통해 영원한 왕권과 통치를 약속하셨고, 그것은 예수님의 구속 사역으로 완성되었어요. 그리고 이제 성령께서 제자들을 통해 이곳에 교회를 세우려고 하시지요.

또 약속하신 성령을 기다려야 하는 이유는 무장되지 않은 채 흩어지면 사명을 감당할 수 없기 때문이에요. 군인이 전쟁터에 나가려면 훈련을 받고 중무장을 하는 것처럼 우리도 준비되어야 하기 때문이지요.

예수님은 성령세례를 통해 우리가 준비될 거라고 하세요. 이는 요한의 물세례와 대조됩니다. 요한의 물세례가 죄 사함을 상징하는 의식이었다면 성령세례는 실체이며 내용이에요. 물세례를 통해 물에 적셔지듯이 성령세례는 성령으로 적셔져요. 물이 우리를 씻겨 내듯이 성령이 죄악 가득한 우리의 심령을 씻겨 죄가 사해지지요. 예수님이 그리스도이심을 믿음으로 말미암아 성령께서 우리의 모든 죄를 씻어 정결케 하십니다. 또 모든 것을 가르치시고 생각나게 하세요(요 14:26).

> 내가 아버지께로부터 너희에게 보낼 보혜사 곧 아버지께로부터 나오시는 진리의 성령이 오실 때에 그가 나를 증언하실 것이요 요 15:26

하나님의 말씀은 성령이 임재하셔야 깨달아집니다. 엠마오로 가던 두 제자가 성령의 임재로 말씀이 깨달아지고 가슴이 뜨거웠던 것처럼 우리에게도 그 놀라운 진리의 세계가 열리는 거예요. 또 부활의 확신 위에 말씀과 성령으로 무장해야 증인의 사명을 감당할 수 있어요. 우리가 매일 말씀을 듣고 깨닫기를 원하는 것 자체가 성령의 역사랍니다.

모두에게 주신 사명(6-8절)

6 사도들이 한자리에 모였을 때 예수께 질문했어요. 하나님은 하나님 나라를 가르치셨지만, 제자들의 관심사는 여전히 이스라엘의 회복이었지요. 누가는 그것을 제자들의 질문을 통해 드러내요.

제자들이 사용한 '회복'이란 단어는 행정적이고 정치적인 용어였어요. 즉 이스라엘의 정치적 회복이 부활 이후인 지금이냐고 물은 거지요. 또 '여쭙다'라는 단어에 '반복해서 채근하다'라는 의미가 담겨있어요. 그들 안에 여전히 이스라엘의 독립에 대한 확신이 가득했음을 알 수 있습니다.

7 이에 예수님은 때나 시기는 아버지의 권한이라고 딱 잘라 말씀하세요. 여기서 '아버지의 권한'은 유대의 결혼 풍습을 배경에 두고 있어요. 이스라엘은 결혼 예식을 두 번 진행하는데, 먼저 신부의 집에서 정혼한 후 그다음 신랑의 집에서 치를 예식의 때와 시기를 정하는 건 신랑 아버지의 권한이었어요.

그러므로 이스라엘의 회복의 때를 정하는 권한도 하나님 아버지께 있다는 뜻입니다. 또 이 말에서 예수님은 신부인 교회를 위해 처소를 예비하러 떠나는(초림) 신랑임을 말해주고 있어요(요 14장 참조). 그리고 재림의 때는 하나님만 아시지요.

8 이 구절이 사도행전의 주제 성구입니다.

오직 성령이 너희에게 임하시면 너희가 권능을 받고 예루살렘과 온 유대와 사마리아와 땅끝까지 이르러 내 증인이 되리라 하시니라 **행 1:8**

예수님은 제자들에게 복음 전파의 사명을 말씀하시며 이스라엘의 회복이라는 정치적 이슈가 아닌 세계 복음화라는 영적 이슈에 관심을 가지라고 강조하세요.

앞서 때와 기한에 관심을 두지 말라고 하신 건 현재가 가장 중요하다는 뜻이기도 해요. 그러면서 현재 해야 할 일, 곧 성령이 임하여 권능을 받고 예루살렘과 온 유대와 사마리아와 땅끝까지 이르러 증인이 되라고 말씀하시지요. 여기서 '권능'은 강력한 힘, 그리스도인이 증인의 사명을 감당하기 위해 꼭 필요한 힘을 말해요. 권능을 받은 제자들은 가는 길마다, 심지어 도망을 가는 중에도 복음을 전했고 교회가 세워지는 기적을 경험했어요. 이처럼 놀라운 권능이 우리 삶에도 나타나길 소망합니다.

영어 성경은 예루살렘과 온 유대, 사마리아와 땅끝을 'and'로 연결해요. 예루살렘 다음 유대 다음 사마리아 다음 땅끝이 아니라 각지에서 동시다발적으로 이뤄져야 함을 나타내지요. 그러려면 각자 삶의 자리에서 증인으로 살아야 해요. 어느 한 사람이 아닌 모두에게 주신 사명이지요.

재림을 기다리라(9-11절)

9-11 예수님은 이 말씀을 하시고 제자들 눈앞에서 승천하세요. 그들이 하염없이 하늘을 쳐다보고 있을 때 흰옷을 입은 두 사람이 예수님의 재림을 전합니다. "어찌하여 하늘을 쳐다보면서 서있느냐?"라는 말은 제자들에게 어서 현실로 돌아와 예수님의 재림 때까지 열심히 복음을 전하라고 촉구하는 거예요.

우리도 다시 오실 예수님을 기다리며 초림과 재림 사이를 살고 있어요. 그분은 우리를 떠나시며 세 가지를 당부하셨습니다. 첫째, 성령의 능력을 받고 둘째, 증인이 되며 셋째, 재림을 기다리라고요.

앞서 예수님은 교회의 신랑이며, 그분의 초림과 재림은 유대 결혼 풍습을 배경에 둔다고 했어요. 그렇다면 신부인 우리는 다시 오실 예수님을 어떻게 기다려야 할까요? 아름다운 결혼생활을 사모하고 고대하며 신부수업을 받아야겠지요. 신랑의 취향과 문화, 곧 천국 문화를 알고 익혀야 해요. 그러다 보면 이 땅에 하나님나라가 자연스럽게 확장될 거예요.

나의 행전

1. 예수님의 마지막 세 가지 당부(성령의 능력을 받고, 증인이 되며, 재림을 기다림)를 기억하고 실천하며 살아가자.
2. 주님의 신부로서 천국 문화를 익히고 전파하자.

02 인생의 승부수 1:12-26

#부활 너머의 방향성 #인생의 방향 제시

십자가 사건을 경험한 사람은 그 앞에 머물러 있으면 안 돼요. 십자가 사건에는 운동성과 방향성이 있는데, 지금 살펴볼 본문이 부활 너머의 방향성을 잘 보여줍니다.

한마음으로 기도함(12-14절)

12-14 제자들은 감람산에서 예수님의 승천을 목격하고 예루살렘으로 돌아왔어요. 성안으로 들어와 묵고 있는 다락방으로 올라갔지요. 누가복음에는 그들이 하나님을 찬양하며 성전에서 지냈다고 기록해요(눅 24:53). 누가가 사도행전에 성전을 다락방으로 기록한 데는 이유가 있습니다.

성전은 '하나님이 임재하시는 곳'이라는 의미가 있어요. 그런데 당시 성전은 타락하여 강도의 소굴로 전락한 상태였지요. 예수님은 요한복음에서 "너희가 이 성전을 헐라 내가 사흘 동안에 일으키리라"(요 2:19) 하시며 성전을 그분의 몸에 비유하셨어요. 이는 그분이 모든 불법과 죄를 십자가에서 끌어안고 죽으심으로 성전 시대를 끝내신다는 의미였지요. 그리고 성령강림으로 우리 몸이 성전이 되는 새로운 시대가 열립니다. 이런 의미를 담고 다락방에서 새로운 공동체인 '교회'가 시작된 거예요.

다락방에는 예수님을 판 유다를 뺀 열한 사도와 여자들과 예수님의 어머니 마리아와 동생들이 있었어요. 당시 여인들의 사회적 지위는 낮았지만 누가는 항상 소외된 계층과 여인들을 언급합니다. 실제로 그들은 초대교회에 크게 기여했지요.

또 십자가 사건으로 예수님의 동생들도 믿음이 생긴 것을 볼 수 있어요. 그들은 예수님과 한패로 몰려 죽을 수도 있는 위험한 상황임에도 한마음으로 기도에 힘썼지요. 이처럼 사도행전은 '기도'를 강조합니다. 또 하나님께서 기도를 통해 일하심을 반복해서 보여줘요.

유다의 배반을 성경적으로 해석(15-20절)

15-20 다락방에는 120명쯤 모였어요. 이 숫자는 열두 지파, 열두 사도에 이어 예수 그리스도의 새로운 언약 공동체임을 강조합니다. 그중 제자의 대표인 베드로가 일어나 '가룟 유다 사건'을 성경적으로 해석하고 정리해요. 그는 유다의 비참한 죽음이 시편 69장 25절의 성취라고 설명하며 다윗과 그의 대적을 그리스도와 그의 대적으로 해석하지요.

또한 하나님께서 유다를 통해 20절 전반부의 예언(시 69:25)을 성취하셨으니 이제 유다를 대신할 한 사람을 세워 20절 후반부(시 109:8)를 성취해야 한다고 말합니다.

맛디아를 사도로 뽑음(21-26절)

21,22 베드로는 사도의 자격을 말합니다. 예수님이 요한에게 세례를 받으실 때부터 승천하신 날까지 함께 다니던 사람, 즉 예수님의 가르침을 받아 그분을 명확히 알고 부활을 목격한 사람으로서 제자들과도 잘 아는 사람을 뽑자고 말해요. 그래야만 제자들과 함께 협력하여 복음을 전하고 부활의 증인이 될 수 있기 때문입니다.

23-26 제자들은 사도의 자격을 갖춘 두 사람, 요셉과 맛디아를 세웁니다. 성경에 이들에 대한 다른 정보는 없지만 조건을 충족했으니 사실 누가 선택돼도 문제없었어요. 제자들은 두 사람을 놓고 기도하며 하나님의 뜻을 구했고, 제비뽑기를 통해 맛디아가 뽑힙니다.

이는 보편적인 방법이었어요. 구약에서도 중요한 일을 제비뽑기로 결정했지요. 하지만 이 일 후엔 성경에서 보이지 않습니다. 오순절에 성령이 오신 후에는 성령의 인도하심을 받아 하나님의 뜻을 분별할 수 있게 되었기 때문이에요.

초대교회 성도들의 특징은 '기도'에 있어요. 그들은 한마음으로 뜨겁게 기도했지요. 그렇게 준비된 마음에 성령이 임하셨고, 그들은 성령의 역사를 드러내는 삶을 살았습니다. 사실 "기도하겠습니다"만큼 무책임하게 들리는 말도 없지만 그만큼 적극적이고 실제적인 방법도 없어요. 단순히 지나가는 인사치레일 수도 있지만 인생을 바꾸는 가장 확실한 답이 될 수 있지요. 그래서 기도의 힘을 경험한 사람은 기도하지 못하게 막아도 기도합니다. 기도가 생명줄임을 알기 때문이에요.

저는 거의 종일 기도해요. 그럴 수 있는 이유는 모든 일을 하나님 앞에서 하기 때문이에요. 사업이든 자녀교육이든 '하나님 뜻인지, 아닌지'가 기준이 되니 그분의 뜻을 종일 여쭙게 된답니다.

나의 행전

1. 삶의 세세한 문제까지도 기도의 자리에 가져가 하나님의 뜻을 구하자.
2. 말씀과 기도 생활의 구체적인 계획을 세워보자(예: 하루에 말씀 4장 읽기, 골방 기도 30분 등).

03 성령을 받은 증거? 2:1-13

#성령의 임재를 확인하는 법 #오순절 방언의 놀라운 비밀

누가는 첫 책인 누가복음 끝부분에 두 단어, 성령과 증인을 말했어요. 이어서 사도행전 앞부분에 약속하신 성령강림 사건을 기록합니다. 성령의 임재가 예수님의 예언의 성취임을 나타내지요. 살펴볼 본문에서 누가는 성령이 오시는 과정을 아주 세밀하게 묘사해요. 또 이 일이 어떤 의미인지를 설명합니다.

오순절에 성령이 강림하신 의미(1절)

1 오순절에 그들이 한곳에 모여있었어요. '그들'은 1장 15절에 언급된 120명의 새로운 교회 지체들이었지요. 오순절은 유월절로부터 50일째 되는 날이에요. 일곱 번의 안식일이 지난 때라 '칠칠절'(신 16:9,10)이라고도 부르고 '맥추절'(출 23:16), '초실절'(출 34:22)이라고도 불렀어요.

추수한 보리의 처음 것을 바치고 추수의 시작을 알리는 절기인데, 이 날 성령이 강림하심으로 교회의 영적인 추수가 시작될 것을 암시합니다. 그 증거로 예수님을 믿은 사람이 남자만 3천 명이나 되었어요. 신비하게도 성경 단어 하나하나에는 깊은 의미가 담겨있답니다.

드디어 성령강림(2,3절)

2,3 예수께서 승천하신 지 10일 만에 드디어 성령이 강림하십니다. 성령님이 교회 공동체에 강림하신 이유는 그들이 새로운 피조물이 되는 순간이었기 때문이에요.

하나님이 흙으로 아담을 지으시고 그 코에 생기를 불어 넣으셔서 그는 생령이 되었어요(창 2:7). 그런데 안타깝게도 죄로 인해 영원한 생명에서 끊어져 죽을 수밖에 없는 존재가 되었지요. 다시 말해 영적으로 죽은 상태가 된 거예요. 그런데 하나님은 우리를 너무도 사랑하셔서 죽게 내버려 두실 수가 없었어요. 이름 모를 짐승을 죽여 가죽옷을 입힘으로써 예수님의 대속적 죽음을 예표하셨지요.

또 성령이 오실 것을 구약의 여러 선지자를 통해 말씀하셨어요(민 11:29, 사 32:15, 겔 36:26,27, 욜 2:28,29). 예수님의 길을 예비하던 세례요한을 통해서도 말씀하셨고(눅 3:16), 예수님도 재차 말씀하셨어요(눅 11:13, 12:12, 24:49, 행 1:4,5). 드디어 그 모든 예언의 성취로 성령이 오신 거예요.

성령은 모든 사람에게 공개적으로 오셨어요. 구약에서 하나님은 당신의 현현(顯現)을 상징하는 바람과 불을 동반하며 오셨는데, 성령강림 때도 "세찬 바람이 부는 듯한 소리"(급하고 강한 바람 같은 소리)와 "불길이 솟아오를 때 혓바닥처럼 갈라지는 것 같은 혀들"(불의 혀처럼 갈라지는 것들)이 나타났어요. 이 징표의 의미는 무엇일까요?

먼저 '바람'은 성령과 어원이 같아요. 성경에서 하나님이 숨을 쉬시는 장면이 두 번 나옵니다. 첫 번째는 아담을 만드실 때 숨을 불어 넣으시니 흙덩이가 생령이 되었지요. 두 번째는 예수님이 부활하신 뒤에 제자들에게 숨을 불어 넣으시며 성령을 받으라고 하신 거예요(요 20:20-23). 영적으로 죽은 영혼들을 살리셨지요.

즉 성령님의 역사는 살리는 역사입니다. 하나님으로부터 끊어져 영적으로 죽은 영혼의 눈을 뜨게 하시고 예수님을 그리스도로 고백하게 하세요. 이것이 성령을 받은 가장 중요한 증거예요. 누구든지 성령을 힘입지 않고서는 그 사실을 시인할 수 없기 때문입니다(고전 12:3). 나머지 은사들은 성령 받음의 결과지요.

다음은 '큰 소리'입니다. 이것은 하나님이 시내 산에서 현현하심을 연상시켜요. 또 '불'은 모세의 떨기나무 경험, 광야에서의 불기둥, 엘리야의 시내 산 경험에도 나타나지요(왕상 19:11,12).

성령의 오심은 성전 시대가 끝나고 새로운 생명공동체인 교회 시대가 시작되었음을 알려줍니다.

성령충만과 방언(4-8절)

4 성령이 임하자 두 가지 현상이 일어나요. 모두 성령충만함을 받았고, 각각 방언으로 말하기 시작했지요.

5,6 방언은 고린도전서 14장에 나오는 신비한 언어인 방언과 난 곳 방언, 두 종류가 있는데 여기서는 난 곳 방언을 말해요. 당시 예루살렘에는 경건한 유대인들이 세계 각국에서 와서 살았어요. 그런데 그들이 각기 살던 나라(난 곳)에서 쓰는 언어를 제자들이 말하니 놀랐을 거예요.

이는 제자들이 성령충만하여 여러 나라 언어로 여러 민족에게 하나님의 복음을 전파할 수 있었음을 보여줍니다. 이는 성령이 임하시면 권능을 받고 땅끝까지 이르러 증인이 될 거라는 예수님의 마지막 말씀의 성취를 확인할 수 있는 대목이지요.

또한 구약에서 성령은 특별한 사람에게만 임했으나 신약 시대에는 모든 사람에게 임하심을 볼 수 있어요. 누가는 1-4절에서 "그들"이라는 표현을 반복하며 모든 사람에게 성령이 임했음을 강조합니다.

7,8 "말하고 있는 이 사람들은 모두 갈릴리 사람이 아니오?"라는 말은 갈릴리 사람이 외국어를 못한다는 전제가 깔려있어요. 그런데 갑자기 자신들이 태어난 지방의 말을 구사하니 사람들은 어리둥절했지요.

오순절 방언의 의미(9-11절)

9-11 오순절에 방문한 민족이 나열돼요. 이 장면은 창세기 11장을 떠오르게 합니다. 하나님께서는 사람들이 그분을 대적하여 탑을 높이 쌓자 언어를 혼잡하게 하여 온 땅으로 흩어버리셨지요. 그렇게 갈라진 민족들을 성령으로 다시 하나 되게 하시는 위대한 장면입니다.

누가는 이를 통해 창세기 11장의 하나님의 진노가 성령강림으로 사라졌음을 보여줘요. 그들은 각기 알아들을 수 있는 언어로 하나님이 행하신 큰일을 들었습니다. 비록 여전히 다른 언어를 사용하고 있지만, 성령 안에서 막힌 담이 헐리고 하나가 되었지요. 이제 인류는 성령의 오심으로 새로운 공동체, 하나님나라를 이루게 된 거예요.

이것은 각 나라와 족속과 백성과 방언에서 셀 수 없는 큰 무리가 나와 어린양의 보좌 앞에 서서 예배하게 될 것(계 7:9)을 예표합니다. 또 이 지역은 바울의 선교여행지이기도 해요. 앞으로 복음이 어디로 흘러갈지에 대해 큰 그림을 보여주시는 거예요.

두 가지 반응(12,13절)

12,13 성령강림에 대한 두 가지 반응이 기록됩니다. 놀라서 어쩔 줄 모르는 사람들이 있는가 하면, 더러는 조롱하는 무리도 있었어요. 후자는 성령의 오심을 깨닫지도 못하고 회개하지도 않는 죄인의 모습을 드러냅니다. 그들은 성령이 임한 사람들을 "새 술에 취하였다"라고 조롱했어요. 새 술은 강한 술을 말해요. 성령이 강하게 임재하신 사람들의 모습이 강한 술에 취한 것처럼 보였음을 추측할 수 있지요.

성령강림으로 난 곳 방언을 하는 역사는 새롭게 시작하는 교회 공동체의 사명과 설립 목적을 말해줍니다. 땅끝까지 가서 모든 민족에게 복음을 전하는 증인이 되어야 한다고요. 이 놀라운 성령강림의 역사 뒤에 베드로의 설교가 이어집니다. 그가 성령의 오심이 구속사적으로(하나님의 구원 역사의 측면에서) 어떤 의미가 있는지 전하자 3천 명이 주께 돌아오는 놀라운 회심의 역사가 일어나요.

이처럼 성령은 말씀을 매개로 사람을 통해 역사하세요. 부족한 우리를 통해 하나님나라의 일을 이루시지요. 지금 여러분의 가슴이 뜨겁다면 성령충만하다는 증거예요. 성령께서 여러분과 함께하신다는 사인입니다.

나의 행전

1. 성령께서 죽은 내 영혼의 눈을 뜨게 하시고 예수님을 그리스도로 고백하게 하심에 감사 기도를 드리자.

2. 오순절 방언 역사에는 하나님의 어떤 메시지가 담겨있는가?

3. 복음을 전하기 위해 내게 주신 은사는 무엇인가?

04 성령이 내 삶에 역사하시는 방법 2:14-36

#성령강림의 해석과 적용 #툭 건드리면 나오는 말

오순절 성령강림 후 베드로가 성령강림의 의의를 설교해요. 구약을 기독론(그리스도에 관한 교리: 그리스도의 품성=신성+인성)적으로 해석하면서 예수 그리스도의 구속과 성령강림을 풀어 설명합니다.

베드로의 오순절 설교(14-21절)

14,15 베드로가 열한 사도와 함께 서서 설교합니다. 그가 사도들의 대표로 지위를 굳혔음을 알 수 있지요. 그의 설교 대상은 유대인들과 모든 예루살렘 주민이었어요. 즉 오순절을 맞아 예루살렘에 모인 유대인과 그곳에 거주하는 유대인을 말해요. 또 개종한 이방인도 포함되어 있

었고요(10,11절). 베드로는 성령강림과 방언에 관해 말했어요. 그는 현재 시각이 오전 9시라며 이른 아침부터 사람들이 술에 취했다고 생각하는 건 비상식적이라고 해요.

16-18 그는 이 일이 요엘 선지자가 기록한 예언의 성취라고 말해요(욜 2:28). 그러면서 요엘서의 "그런 다음에"(그 후에)를 "마지막 날에"(말세에)로 해석합니다. 말세는 예수님의 초림과 재림 사이이므로 성령강림은 종말이 임했음을 의미합니다.

베드로는 "나는 내 영을 모든 사람에게 부어주겠다"라는 하나님의 약속을 언급해요. 여기서 '모든 사람'은 예수님을 주로 시인하여 하나님의 자녀가 된 사람들이에요. 성별과 나이, 신분에 상관없이 모두 부어주신다고 약속하셨지요. '부어주겠다'라는 동사는 엄청난 폭우를 연상시키는 단어로 1인칭 미래 능동태로 쓰였어요. 하나님의 강한 의지와 성령충만을 통한 풍성한 선물을 기대하게 하지요. 또 '예언, '환상', '꿈'은 구약에서 하나님의 말씀이 임하는 방식이었어요.

구약에서는 특별한 사람에게만 하나님의 말씀이 임했지만, 이제는 주의 자녀가 된 모든 사람에게 주신다고 말씀합니다. 그 징표로 각지의 방언으로 하나님의 큰일을 말하는 것을 보여주신 거예요.

19-21 이어서 천체의 엄청난 변화를 언급해요. 이는 성령의 오심으로 시대가 격변할 걸 말합니다. 하나님께서는 "기사"(놀라운 일)와 "징조"를 통해 종말이 도래했음을 보여주시는데 이미 예수님의 사역을 통해 보여주셨고 성령강림을 통해 다시 드러내셨지요. "피와 불과 연기"는 무서운 재난과 심판을 암시합니다. 단 "주님의 이름을 부르는 사람은 구원을

얻을 것이다"라고 말하며 복음 전파가 시급하다는 걸 강조하지요.

이어서 베드로는 구원을 얻기 위해 믿어야 할 대상 '나사렛 예수'를 자세히 설명해요. 또 그분의 구속 사역이 성령강림을 통해 어떻게 실현되는지를 말하고, 구원으로 초청하며 결론을 짓습니다.

예수 그리스도의 승귀(22-32절)

22 "나사렛 예수"라는 명칭으로 시작해서 역사적 예수, 곧 예수님의
사역을 요약 설명합니다. 큰 권능과 기사를 베푸셨던 예수님의 사역은
그분이 하나님이심을 증명하며 모든 것이 하나님 뜻의 성취였음을 말하
지요. 23,24 다음으로 예수님의 죽으심과 부활을 설명합니다. 당시 사
람들은 그분의 십자가 사건을 직접 목격했거나 들어서 알고 있었어요.
그래서 그 일에 대한 올바른 해석이 필요했습니다. 십자가 사건은 하나
님의 계획이었지만 동시에 사람들이 예수님을 못 박음으로써 성취되었기
에 그에 대한 책임과 심판이 있었지요.

비록 사람의 악함 때문에 예수님이 십자가에서 죽으셨지만, 그분은 죽음에 갇혀 계시지 않고 사망 권세를 깨뜨리며 부활의 첫 열매가 되셨어요. 예수님의 부활이야말로 하나님이신 예수님의 정체성을 증명하는 사건이었지요.

25-28 베드로는 시편 16편 8-11절을 인용해서 예수님의 부활이 이미
다윗에 의해 예언되었음을 말합니다.

29-32 하나님께서는 다윗 선지자에게 언약을 주시며 그의 후손 가운
데 한 사람을 영원한 왕좌에 앉히실 것을 약속하셨어요. 그분이 바로 예

수 그리스도십니다. 다윗은 그것을 보았고 예수님의 부활을 예언했어요.

이처럼 베드로는 예수님의 부활 사건을 시편의 성취로 해석합니다. 사실 시편의 성취는 예수님이 누가복음 24장 44절에서 이미 말씀하신 내용이었어요. 그 말씀을 들은 베드로가 성령의 임하심으로 비로소 깨달은 거지요.

성령이 임하시기 전에는 예수님이 수없이 반복해서 말씀하셔도 이해하지 못했어요. 이해되지 않으니 자기주장으로 예수님을 설득하기도 하고, 절망도 하고, 부인도 했지요. 그런데 성령의 임재로 모든 말씀이 생각나고 깨달아지자 그는 하나님께서 예수님을 살리신 일의 증인이 되어 담대히 말할 수 있었습니다.

예수님의 승귀와 성령강림(33-36절)

33 베드로는 부활에 이어 승천을 설명해요. "하나님께서는 이 예수를 높이 올리셔서 자기의 오른쪽에 앉히셨습니다"라며 예수님의 승귀(昇貴, 그리스도께서 가장 낮은 인간의 위치로 자기를 낮추시고 인간 구원의 역사를 온전히 이루신 후에 다시 신적인 본래 위치로 돌아가심)를 말합니다. 또 예수께서 약속하신 성령을 받아 우리에게 부어주셨다고 하지요.

예수님의 승천으로 성령강림이 성취되었고 성령은 예수님의 영이기에 그분이 세상에 영원히 계신다는 의미입니다. 예수님의 승천은 영원한 현존을 말해요. 이로 인해 모든 시대의 그리스도인은 그분과 함께 있을 수 있게 되었지요.

34,35 베드로가 시편 110편 1절을 인용합니다. 이 말씀도 예수님이

종교 지도자들과의 신학 논쟁에서 마지막 승부를 내실 때 사용하셨어요. 베드로에게 성령이 임하시자 '예수님 따라쟁이'가 된 거지요. 그동안 예수님과 동행하며 봤던 일들이 그의 삶에 실제로 일어나게 된 거예요. 예수님의 제자이면서 구약에도 능통했던 베드로의 해석을 들어볼까요?

"주님(성부 하나님)께서 내(다윗) 주님(예수님)께 말씀하시기를, 내(하나님)가 네(예수님) 원수를 네(예수님) 발아래에 굴복시키기까지, 너(예수님)는 내(하나님) 오른쪽에 앉아있어라 하셨습니다."

이 말은 예수님이 다윗의 혈통을 타고 오셨지만 동시에 다윗의 주님임을 나타냅니다. 이처럼 베드로는 승귀하신 예수님의 하나님으로서의 지위와 영원한 현존을 강조해요.

36 그리고 결론을 내립니다. "이스라엘 온 집안은 확실히 알아두십시오. 하나님께서는 여러분이 십자가에 못 박은 이 예수를 주님과 그리스도가 되게 하셨습니다."

부활과 승천을 통해 예수님이 왕권을 가지신 '주님'이시고, 인류를 죄와 사망에서 구원하신 '그리스도'이심이 분명하게 드러났다는 거예요. 그러므로 이 일을 명확하게 깨달으라고 당부합니다.

사람들의 반응은 어땠을까요? 예수님을 십자가로 몰고 갔던 사람은 하늘이 무너지는 듯했을 테고, 잘 몰랐던 사람은 예수님을 믿게 되었을 것이고, 믿음이 있던 사람들은 더 확신을 가졌을 거예요. 이 베드로의 설교 이후 남자만 3천 명이 회심합니다. 그뿐 아니라 놀라운 일들이 꼬리에 꼬리를 물고 일어났지요.

성령은 언제나 말씀을 매개로 사람을 통해 역사하세요. 이 원리를 베드로의 설교 사건이 선명하게 증명합니다. 제가 하나님을 만나고 성경을 연구하며 이 본문을 처음 읽었을 때 눈물이 멈추질 않았어요. 저도 베드로처럼 성령님의 인도를 따라 살고 싶은 마음이 간절했지요.

새벽마다 엎드려 은혜를 구했어요. 그러자 놀랍게도 매일 새벽 성령님께서 말씀을 깨닫게 해주셨어요. 그 감격이 너무 커서 2008년부터 매일 아침 SNS에 묵상을 나누었습니다. 하나님께서 은혜를 쏟아부어 주셨고 성령님은 저를 그분의 뜻대로 인도하셨어요.

성경공부로 말씀을 흘려보내다가 때가 되어 영상으로도 말씀을 전했지요. 제가 전하는 복음을 통해 얼마나 많은 인생이 생명을 얻었고 얼마나 많은 기적이 일어났는지는 모르지만, 간간이 들리는 소식에 감사하고 있어요. 10년 전에 만난 이들과 여전히 말씀으로 교제하고, 그들이 자기 자리에서 열심히 복음을 전하는 걸 보며 하나님께서 하시는 일들에 매일 감격한답니다.

나의 행전

1. 예수님의 ○○으로 성령강림이 성취되었고,
   △△은 예수님의 영이기에 그분이 세상에 영원히 계신다는 의미다.
   예수님의 승천은 영원한 □□을 말한다.
   이로 인해 모든 시대의 그리스도인은 그분과 함께 있을 수 있다.
   빈칸을 채워보자.

2. 성령의 조명하심을 구하며 나의 사명을 정리해보자.

05 기적의 삶 시작하기 2:37-47

#모두에게 칭찬받는 삶 #성령충만의 결과

베드로는 주를 믿고 구원을 받으라고 종말론적 초청을 합니다. 성령의 임하심은 구원의 날이 시작되었음을 말하고 그것은 그리스도를 믿음으로써 이루어지니까요. 베드로의 이야기를 들은 사람들이 어떻게 반응했는지 함께 살펴보아요.

베드로 설교의 반응(37-41절)

37 예수님의 십자가 사건은 분명 하나님의 계획이었지만 사람들의 악한 마음으로 성취되었어요. 베드로는 이에 대한 책임과 심판이 분명히 있을 거라고 하지요. 그들이 못 박은 예수님이 승천하셔서 주님이요 그리스도가 되셨다고 하며, 그분의 하나님으로서의 영광스러운 지위와 영원한 현존을 강조합니다.

이 말을 듣고 예수님을 십자가로 몰아갔던 사람들은 마음에 찔려 베드로와 다른 사도들에게 "우리가 어떻게 하면 좋겠습니까?"라고 물어요. 말씀 앞에서 제대로 된 반응을 보이지요. 이렇듯 말씀은 거울처럼 우리의 영적 상태를 보여주고 스스로 점검하여 바로 서게 합니다.

38,39 베드로는 예수님의 약속의 말씀에 근거하여 그들에게 회개하고 그리스도의 이름으로 세례를 받으라고 합니다. 그러면 죄를 용서받고 성령을 선물로 받을 거라고 하지요.

예수님은 승천하시기 전에 제자들에게 "아버지의 약속을 기다려라. 여러 날이 되지 않아 성령으로 세례를 받을 것이다"라고 마지막 당부를 하셨어요(행 1:4,5). 제자들은 그 말씀대로 모여 한마음으로 기도했고 성령 세례를 받았지요.

여기서 꼭 기억해야 하는 건, 세례가 구원의 조건이 아니라는 거예요. 이는 구원받았기에 하는 예식입니다. 자신이 하나님의 자녀가 되었음을 공표하는 거지요. 결혼식을 떠올리면 이해하기 쉬워요. 사정상 사실혼 관계에 있다가 나중에 결혼식을 올리는 경우 이미 결혼생활을 시작했지만 예식을 통해 부부가 되었음을 알리는 것처럼 세례도 마찬가지예요.

베드로는 '회개-세례-성령 받음'의 약속으로 "여러분과 여러분의 자녀"(유대인) 그리고 "멀리 떨어져 있는 모든 사람"(이방인)까지 은혜를 누릴 수 있음을 말합니다.

40 베드로는 이 밖에도 많은 말로 증언했어요. 그의 설교를 한 줄 요약하면 "비뚤어진 세대에서 구원을 받으라"입니다. 비뚤어진(패역한) 세대는 당시뿐 아니라 모든 시대에 걸쳐 종말론적 관점으로 바라본 세상을 가리킵니다.

41 베드로의 설교로 많은 사람이 세례를 받았고, 그날 신도의 수가 약 3천 명이나 늘었어요. 바르게 선포된 말씀이 사람을 변화시킨다는 것을 명백하게 보여주었지요.

초대교회 문화(42절)

하나님의 말씀은 삶을 변화시킵니다. 누가가 소개하는 초대교회 교인들의 삶을 통해 우리가 어떻게 살아야 할지 아이디어를 얻어보아요.

42 '힘쓰다'는 초대 교인들의 삶을 집약한 단어예요. 1장 14절 "기도에 힘썼다"에도 쓰였는데 어떤 일에 지속적으로 전념하는 걸 의미합니다. 그들은 사도들의 가르침, 서로 사귀는 일, 빵을 떼는 일, 기도에 힘썼어요.

먼저 초대교회 부흥의 원동력은 사도들의 가르침, 곧 '말씀'이었어요. 예수님도 공생애 동안 늘 말씀을 가르치셨는데 그 모습을 제자들이 이어갑니다. 말씀의 힘이 그들의 삶을 견인했지요.

그리고 '성도의 교제'가 풍성했어요. 이는 단순한 사교가 아닌 그리스도를 믿는 믿음으로 하나 된 공동체가 주님이 그들을 사랑하신 것처럼 서로를 사랑하는 것을 말해요. 하나님 사랑, 이웃 사랑이 잘 실천되었지요. 말뿐이 아닌 구체적인 행동과 물질로 전하는 사랑이었습니다.

빵을 떼는 일은 '성찬'을 의미해요. 즉 모여 예배했다는 거지요. 또 음식을 나눈다는 의미도 있어요. 초대교회 때는 예배에 성찬과 애찬(성찬식이 끝난 뒤 음식을 함께 먹던 잔치)을 늘 함께했습니다.

또한 그들은 성령강림 전부터 다락방에 모여 한마음으로 '기도'에 힘썼는데 성령강림 후에도 이어졌어요. 이렇듯 말씀과 기도를 중심으로 성도의 아름다운 교제가 풍성하니 개인의 삶도 아름다웠겠지요.

초대교회에 일어난 역사(43-47절)

43 사도들을 통해 놀라운 일과 표적이 많이 일어났어요. 이것은 하나님께서 사도들의 권위와 자격을 인정하는 사인이었지요. 그 결과 모든

사람이 두려운 마음을 가졌어요. 하나님의 살아계심과 그분이 사람을 통해 일하시는 것을 눈으로 보고 감동하며 자연스럽게 자기 삶에 적용하기 시작했습니다.

44-47 믿는 사람들은 함께 지내며 모든 걸 공동으로 소유했어요. 재산과 소유를 팔아 필요한 대로 나눠주고 날마다 한마음으로 성전에 모여 예배했습니다. 집마다 돌아가면서 기쁘게 음식을 나누고 하나님을 찬양했지요. 하나님을 중심으로 서로 사랑하는 진정한 가족공동체가 된 거예요. 그러자 믿는 사람과 믿지 않는 사람 모두에게 칭찬받는 공동체가 되었어요. 주님께서는 구원받는 사람을 날마다 더해주셨습니다.

초대 교인들의 삶을 보면서 교회가 어떤 공동체여야 하는지를 배울 수 있어요. 모든 소유를 나누는 건 공산주의의 획일적이고 강제적인 공동 분배와는 달라요. 그들은 생명을 포함한 자신의 모든 소유가 하나님의 것임을 깨닫자 기꺼이 나누었어요. 무엇보다 말씀을 통해 하나님의 뜻을 알고 기도를 통해 그분의 마음을 헤아려 하나님 아버지께서 기뻐하시는 삶을 살려고 힘썼습니다.

바르게 선포된 말씀은 사람을 변화시켜요. 전하는 사람도 듣는 사람도요. 우리는 살아있고 활력이 있어 좌우에 날 선 어떤 검보다도 예리하여 혼과 영과 및 관절과 골수를 찔러 쪼개기까지 하는 말씀의 힘을 의지해야 해요(히 4:12). 오늘도 하나님은 말씀으로 역사하십니다.

나의 행전

1. 초대교회의 문화(말씀, 성도의 교제, 애찬, 기도, 나눔) 중 내게 가장 필요한 부분이 무엇일까? 이를 실천하려면 어떤 노력을 해야 할까?

2. 하나님이 주시는 감동으로 내가 할 수 있는 선행을 한 가지 실천해보자.

2장

예루살렘 교회 3-5장

06 불가능의 상황에서 즉시로 할 일 3:1-10

#절망과 좌절에서 회복되는 시간 #손 내밀기의 기적

이 본문은 사도행전에 등장하는 첫 번째 치유 이적입니다. 성전 미문 (美門, 예루살렘 성전의 동쪽 기슭에 있는 문으로 금과 은, 구리 따위로 아름답게 꾸며짐)에서 구걸하던 나면서부터 못 걷는 사람이 예수 그리스도의 이름으로 치유를 받고, 하나님을 찬송하는 참 예배자가 되는 감동적인 장면이에요. 예수님의 사역이 사도들에 의해 이어지고 있음을 볼 수 있어요.

미문에서 일어난 일(1,2절)

1 오후 3시 기도 시간에 베드로와 요한은 늘 하던 대로 기도하러 성전에 올라갑니다. 저녁을 하루의 시작으로 여기던 유대인은 저녁, 아침, 점심 하루 세 번 기도하는 전통이 있었어요.

당시는 두 사람씩 짝을 지어 복음을 전했어요. 예수님이 '70인 전도단'을 파송하실 때도 둘씩 보내셨지요(눅 10:1). 또 둘은 '증인의 수'라는 의미로 두 사도를 통해 일어날 사건의 중요성을 감지할 수 있습니다.

2 "나면서부터 못 걷는 사람"이란 표현을 통해 그가 도저히 나을 수 없는 절망적인 상태임을 알 수 있어요. 사람들은 그가 구걸해서라도 생계를 유지하게 하기 위해 날마다 성전 미문에 그를 떠메고 왔지요.

그가 앉아있던 미문은 말 그대로 금과 은으로 장식된 아름다운 문이었어요. 당시 성전은 에서의 혈통인 대헤롯이 유대인의 환심을 사려고 짓기 시작했는데 예루살렘 면적의 4분의 1 크기로 몹시 화려하게 짓고 있었어요.

유대인들은 미문을 통과할 때마다 스스로 택함을 받은 민족이자 예배자라는 자부심과 종교적 허영심을 채웠을 거예요. 종교심을 자랑하는 화려한 옷을 입고 성전에 들어갔겠지요. 더욱이 구제를 중시하는 유대인들에게 미문 앞 앉은뱅이는 구제 행위를 과시하기에 아주 적합한 존재였어요. 앉은뱅이도 그 점을 이용하고 있었고요.

미문 앞 앉은뱅이를 고침(3-8절)

3-5 앉은뱅이가 성전에 들어가려는 베드로와 요한에게 구걸을 해요. '구걸하다'가 미완료형 시제로 표기된 건 그가 끈길지게 구걸했음을 의미하지요. 베드로가 요한과 더불어 그를 눈여겨보며 말했어요.

"우리를 보시오!"

나면서부터 못 걷는 사람에게는 여러 메시지가 담겨있습니다. 못 걷는 사람은 성전에 들어갈 수도, 제사장이 될 수도 없지요. 하지만 종말론적 잔치에는 어떤 조건의 사람도 나음을 입고 초대받는다는 걸 보여줍니다. 또한 '오늘도 무얼 받을까'만 궁리하며 구걸하는 앉은뱅이의 '거지 근성'에서 우리의 잘못된 예배 태도와 동기를 발견할 수 있어요. 이런 잘못을 고치고 참 예배자가 되어야 함을 말해줍니다.

사실 베드로와 요한이 미문을 처음 지난 것도, 그를 한두 번 본 것도 아니었을 거예요. 그런데 성령을 받자 그들의 눈에 이 불쌍한 영혼이 보였지요. 그래서 그를 주목하여 불렀고 그 영혼도 반응했어요. 아무 상관이 없던 관계가 생명으로 이어지는 순간이었지요.

6-8 베드로는 주저함 없이 확신에 차서 말합니다.

"은과 금은 내게 없으나 내게 있는 것을 그대에게 주니, 나사렛 예수 그리스도의 이름으로 일어나 걸으시오."

베드로는 앉은뱅이가 구하는 은금, 먹고살 돈과 비교할 수 없는 전인적인 구원을 주려 했어요. 겉만 화려한 성전이 줄 수 없는 은혜와 구원을요.

'나사렛 예수 그리스도의 이름으로 일어나 걸으라'는 표현도 의미심장해요. 예수 그리스도의 이름은 그분의 권세와 능력을 담고 있어요. 사도들은 대리자로서 그분의 이름으로 구원을 베풀었지요. 비록 예수님은 승천하셨지만, 그분의 이름으로 제자들과 함께하심을 알 수 있습니다.

베드로가 오른손을 잡아 일으키자 앉은뱅이는 즉시 다리와 발목에 힘을 얻어 벌떡 일어나 걸었어요. 그는 걷고 뛰고 하나님을 찬양하며 제자들과 함께 성전으로 들어갔습니다.

의사인 누가는 이 장면을 아주 역동적으로 묘사해요. 상식적으로 나면서 못 걸은 사람이 갑자기 걷는 건 당연히 불가능하고, 설사 일어선다 해도 제대로 걷고 뛰기까지는 오랜 시간이 걸리겠지요. 그런데 그는 예수 그리스도의 이름으로 치유를 받은 즉시 걷고 뛰었어요. 하나님이 친히 행하신 기적이라고밖에 설명되지 않지요.

그의 마음이 어땠을지 상상해보세요. 평생 걷지 못해 사람들에게 들것처럼 옮겨져 매일 구걸로 연명하던 비참한 인생이었어요. 그 죽음의 자리에서 일어났으니 얼마나 감격했을까요. 성령이 임하시고 생명이 들어가자 그는 하나님을 찬송하는 참 예배자가 되었습니다.

기적에 대한 사람들의 반응(9,10절)

9,10 모든 백성이 이 기적을 보았어요. 걸으며 찬양하는 그가 바로 미문 앞 앉은뱅이임을 알고 몹시 놀랐지요.

이 기적은 사도행전에 기록된 사도들의 첫 번째 기적이에요. 이 일로 그들의 권위가 확증되고 예수 그리스도가 그들과 함께하심이 나타납니다. 특히 성전에서 앉은뱅이가 일어남으로써 새로운 성전 시대가 열렸음을 암시해요. 구약에서 성전은 하나님이 거하시는 곳이었지만, 신약에서는 예수 그리스도가 참 성전이 되십니다.

이 앉은뱅이는 율법의 규정으로는 성전에 들어갈 수도 없고, 구걸하지 않고는 생계를 유지할 수도 없는 절망적인 인생이었어요. 이는 유대교의 절망적인 상태를 단적으로 나타냅니다. 그러나 이제 예수 그리스도의 이름으로 고침을 받았으니 참 예배가 회복될 것을 보여주지요.

성령님은 우리를 묶고 있는 모든 절망의 자리에서 일어나 걸으라고 말씀하세요. 앉은뱅이가 즉시로 걷고 뛰며 하나님을 찬양한 것처럼 우리도 즉시로 절망에서 벗어나 참 예배자가 될 수 있습니다.

아무런 소망도, 구원을 향한 믿음도 없었던 이 앉은뱅이는 성령충만한 두 사도가 내민 손을 통해 생명을 얻었어요. 우리도 말씀으로 무장되고 성령충만하면 한 영혼을 살릴 수 있습니다. 이 기적의 말씀을 마음에 새겨 내가 살아날 뿐 아니라 이웃을 살리기를 소망해요.

이웃을 일으키는 기적이 곳곳에서 일어납니다. 52패밀리를 통해서도 많은 분이 후원하고 있어요. 어떤 분은 보육원에 대게를 보내주었고, 농사의 첫 수확을 고스란히 보내준 분도 있었어요. 이처럼 성전에 주저앉은 어려운 이웃에게 손을 내미는 역사가 계속 일어나고 있습니다.

여러분도 손 내밀어 보길 바라요. 아무리 사소하고 작은 일이라도 하는 게 중요해요. 어려운 이웃에게 손을 내밀 때 나의 어려움이 해결되는 걸 봅니다. 이를 두고 한 목사님이 "강 건너 불 끄는 인생을 살라"라고 말했어요. 나와 아무 상관없지만 하나님이 시키시는 사명, 즉 강 건너 불을 끄다 보면 내 발의 불도 어느새 꺼져있다는 거지요. 이 비밀을 저는 확실하게 경험하고 있답니다.

나의 행전

1. 내가 일어서야 할 절망의 자리는 어디인가? 예수 그리스도의 이름으로 일어나 걷기를 선포하며 기도하자.
2. 주변에 도움이 필요한 이웃을 떠올려보자. 그에게 어떻게 손 내밀 수 있을지 실천 방안을 적어보자.

07 기적을 경험한 후 해야 할 일 3:11-26

#기적의 의미와 해석 #주만 드러나는 인생

이 본문은 미문 앞 앉은뱅이가 걷게 된 기적을 성경적으로 해석한 설교입니다. 베드로는 기적을 설명함으로써 사람들이 회심하도록 이끌지요. 이처럼 사도행전은 기적이 일어나고 그 의미를 해석하는 설교가 이어집니다.

베드로와 요한을 주목함(11-16절)

11,12 많은 사람이 이 기적을 전해 듣고는 크게 놀라 베드로 일행을 보려고 솔로몬 행각에 모여들었어요. 그들은 베드로와 요한을 통해 역사하신 하나님의 손길을 보지 못하고 두 사도를 신적인 존재로 바라보았어요. 그러자 베드로가 "왜 우리를 주목하냐"라고 말해요.

아주 중요한 포인트예요. 우리는 사람 대신 그를 통해 일하시는 하나님을 보아야 합니다. 사람을 주목하면 시험에 들고 실망하게 되지요. 또한 베드로를 통해 쓰임 받는 사람의 자세도 배울 수 있어요. 나를 통해 일하시는 하나님을 드러내야지, 그분의 영광을 가로채서는 안 됩니다.

13-16 베드로는 아브라함, 이삭, 야곱의 하나님이 이 기적을 행하시는 분이며 언약을 신실하게 성취하심을 강조합니다. 이 호칭은 청중이 유대인임을 나타내요. 그들이 죽인 예수 그리스도가 예언의 성취임을 각인시키지요.

베드로는 하나님께서 그분의 "종 예수"를 영광스럽게 하셨다고 말합니다. '종'은 아들로도 해석할 수 있어요. 즉 십자가 사건은 "보라 내 종이 형통하리니 받들어 높이 들려서 지극히 존귀하게 되리라"(사 52:13) 말씀의 성취임을 말하지요. 예수님이 하나님의 종(아들)임을 설교의 시작(13절)과 끝(26절)에 배치함으로써 주제를 부각시킵니다.

또 유대인들이 생명의 근원이 되시는 예수님을 죽였다는 사실을 강조해요. 그리고 하나님께서 예수님을 죽은 자 가운데서 살리셨고 사도들이 부활의 증인이라고 말합니다. 앉은뱅이의 기적도 예수님의 이름을 믿는 믿음을 힘입어서 일어난 일이라고 해요. 생명의 근원이신 예수님의 권위와 능력을 강조한 거지요. 또 "여러분이 보고 아는 이 사람", "여러분 앞에서"라고 표현하며 이 기적이 그들의 눈앞에서 실제 일어난 사실임을 짚어줍니다.

선천적인 장애로 성전에 들어갈 수 없던 앉은뱅이가 하루아침에 제 발로 걸어가 예배할 수 있게 되었어요. 이렇듯 예수 그리스도를 믿음으로 얻은 구원은 전인적이고 온전한 구원이에요. 우리 인생을 단번에 바꾸는 기적이지요.

베드로의 해석 설교(17-26절)

17-19 17절 서두에 베드로는 "Now"(이제, NIV), "그런데"(새번역)라는 단어를 사용하여 분위기를 전환합니다(개역개정 역본에는 없음). 이제 청중의 결단을 요구하는 설교를 시작하지요.

그의 설교를 듣던 유대인들은 자기들이 예수님을 죽였다는 사실에 덜덜 떨었을 거예요. 그러나 베드로는 그들에게 피할 길을 줍니다. 지금이라도 회개하고 돌이켜 죄 사함을 받으라고요. 그는 십자가 사건이 하나님의 계획이며 구약부터 선포되었던 예언의 성취라고 말합니다. 다만 그들이 분명히 죄를 범했고 그에 따른 책임을 져야 하므로 회개하고 죄 사함을 받으라는 거지요.

20,21 그러면 "편히 쉴 때", 곧 새롭게 되는 날이 주님으로부터 올 거라고 해요. 바로 회복을 의미합니다. 언젠가 하나님이 예수 그리스도를 다시 보내시는 그날에 만물이 온전히 회복될 거라고 하지요. 이는 영원 전부터 하나님의 약속이었고 구약의 예언자들을 통해 계속 선포되었으며, 이 약속은 예수 그리스도를 통해 성취될 거라고요.

22,23 베드로는 모세의 말을 인용해요. 모세가 "나와 같은 예언자 한 사람을 일으켜 세워주실 것이니"(신 18:15)라고 한 말은 예수님을 가리켜요. 모세가 이스라엘을 애굽의 종살이에서 끌어냈듯이 예수님이 제2의 출애굽, 곧 백성을 죄와 사망에서 구원하신다는 거예요.

이어서 "내 말을 듣지 않는 사람은, 내가 벌을 줄 것이다"(신 18:19)라는 모세의 말처럼 예수님의 말을 듣지 않는 사람은 멸망할 거라고 경고합니다.

24,25 모세뿐 아니라 사무엘 이후의 모든 예언자도 이날에 있을 일을 말했으며 유대인들이 그들의 자손이자 언약의 자손이라고 말합니다. 그러니 메시아를 통한 인류 구원의 말씀을 믿고 순종해야 한다는 거지요.

하나님은 아브라함에게 '네 자손으로 말미암아 땅 위의 모든 족속이 복을 받으리라' 말씀하셨어요. 바울은 갈라디아서에서 이 아브라함의 씨가 그리스도이시라고 했지요(갈 3:16). 즉 아브라함의 자손으로 인해 복을 받을 거라는 말은 예수 그리스도로 인해 온 인류가 복을 받을 거라는 의미입니다.

26 설교의 결론이에요. 베드로는 하나님께서 그들을 모든 악에서 돌이키고 복을 주시려고 예수님을 종으로 보내셨다고 하며 끝맺습니다.

나의 행전

1. 세상의 인정을 받을 때 자신을 숨기고 오직 주님의 영광만 드러내자.
2. 사람들이 주님께 돌아올 수 있도록 내 삶의 문제를 말씀에 근거해서 해석하자.

08 두려움을 내쫓는 확실한 방법 4:1-22

#세상이 두려워하는 사람 #사람은 무엇으로 변하는가?

본문은 제자들이 첫 번째로 당한 박해 장면이에요. 성령을 받은 후 박해받는 제자들의 모습은 어떨까요? 같은 사람이고 긴 시간이 지난 것도 아닌데, 무엇이 그들을 변하게 했을까요?

베드로와 요한이 공회에 끌려옴(1-3절)

1,2 베드로와 요한이 말씀을 전하고 있을 때 제사장들과 대제사장 다음으로 높은 지위인 성전 경비대장과 사두개인들이 몰려왔어요. 이유는 사도들이 백성을 가르치며 예수의 부활을 내세워서 죽은 사람들의 부활을 전하는 것에 격분했기 때문이지요.

당시 이스라엘 종교의 두 축은 바리새파와 사두개파였어요. 바리새파가 보수적이고 율법적이라면 사두개파는 진보적이고 현세적인 성향이었습니다. 이들은 엄청난 기득권 세력으로, 제사장 그룹과 더불어 정치 경제 분야에서 로마와 결탁했지요.

그러니 '메시아 사상'을 가르치며 기득권을 흔드는 제자들은 반드시 없애야 할 방해 세력이었습니다. 리더인 예수를 죽이면 사라질 줄 알았는데, 좀 잠잠한가 싶더니 '부활', '성령'이라는 초강수를 들고나와 기적을 행하자 기득권 세력은 더욱 격분했지요.

3 그들은 베드로와 요한을 붙잡아 다음날까지 가둬두었어요. 저녁에는 공회가 열리지 않았거든요. 예수님이 견디신 밤샘 재판은 사실 불법이었지요.

바리새파, 사두개파들은 기적이나 진리에는 관심이 없고 오직 기득권 유지에만 급급했습니다. 그들에게 선과 악의 기준은 '자기 이익에 도움이 되느냐, 아니냐'였지요. 이것이 세상이 진리에 반응하는 태도예요.

그러나 복음은 갇히지 않았다(4절)

4 두 사도가 옥에 갇혔지만, 그들의 말을 듣고 믿는 사람은 점점 많아

져 성인 남자의 수만 약 5천 명이 되었어요. 기독교인의 수가 기하급수적으로 늘어났지요.

공회의 심문이 시작되었으나(5-7절)

5 이튿날 유대 사회의 가장 유력한 최고 의결 기관인 산헤드린 공회가 열립니다. 6 사두개인과 바리새인, 서기관, 대제사장 가문에 속한 사람들까지 다 모였어요. 고위급 공회원들이 다 모였다는 건 굉장히 중대한 사안임을 알 수 있지요.

7 그들은 베드로와 요한을 가운데 세우고 "너희가 무슨 권세와 누구의 이름으로 이 일을 행하였느냐"라고 추궁합니다. 이 질문에는 무서운 함정이 도사리고 있어요.

유대인들은 기적이 선지자를 통해 하나님만 하실 수 있는 일이라고 믿었어요. 그 기적 앞에 다른 이름이 붙으면 이단, 신성모독으로 규정했지요. 그들의 속셈은 제자들에게 "예수의 이름으로 기적을 행한다"라는 대답을 받아내서 예수와 한패로 몰아 죽이려는 거였어요.

제자들은 예수님이 사역하실 때 유대의 종교 지도자들로부터 동일한 질문을 받으셨던 게 떠올랐을 거예요. 그러면서 자신들이 예수님 말씀대로 십자가의 길을 가고 있다는 것이 기뻤을 거예요. 또 위정자나 권세자 앞에 끌려가거든 "어떻게 무엇으로 대답하며 무엇으로 말할까 염려하지 말라 마땅히 할 말을 성령이 곧 그때에 너희에게 가르치시리라"(눅 12:11,12) 하신 말씀도 생각났을 거예요.

말씀대로 이루어지고 있다는 감격이 눈앞의 환란보다 더 크게 다가왔기에 그들은 두려워하지 않을 수 있었어요. 성령의 임재로 믿음이 꽉 차 있었기에 두려움이 들어설 틈이 없었지요.

여러분의 마음에 두려움이 있나요? 두려움의 반대말은 성경적으로 보면 믿음입니다. 두려움과 믿음은 반비례한다는 걸 기억하며 믿음으로 두려움을 내몰아 보아요.

성령충만한 베드로의 대답(8-10절)

8 베드로는 성령충만하여 권력자들에게 담대히 말합니다. 9 그는 '병자에게 행한 착한 일'과 '구원'을 연결시켜요. 미문 앞 앉은뱅이가 영육의 온전한 구원을 받았음을 말하지요.

10 그 구원은 "여러분이 십자가에 못 박아 죽였으나 하나님이 살리신 나사렛 예수 그리스도의 이름을 힘입어서 된 것"이라고 선포해요. 공회원들의 질문 속 '권세'와 '이름'이 함정인 줄 알면서도 예수님의 이름으로 정면 돌파합니다.

말씀으로 쐐기를 박음(11, 12절)

11 이어 시편 구절을 인용해서 그리스도를 설명해요. 예수님은 이스라엘 백성이 버린 돌이지만 하나님께서 모퉁잇돌이 되게 하신 분이라고요(시 118:22). 모퉁잇돌이 건물의 기준이 되고 벽과 벽을 연결하는 아주 중요한 역할을 하듯이 예수님이 그 역할을 하신다는 거지요.

12 또 예수님이 유일한 구원자이심을 선포합니다. 이 상황을 정리해 보면, 예수님을 죽인 산헤드린 공회에 베드로와 요한이 서있어요. 예수

님이 처하셨던 위험에 그들도 처해있지요. 이 현장은 불과 얼마 전에 베드로가 예수님을 세 번 부인했던 기억을 떠올리는 자리기도 했어요.

그런데 같은 상황, 같은 사람이지만 더는 과거의 베드로가 아니었어요. 예수님이 유일한 구원자임을 확신하니 더는 두려울 게 없었지요. 이 확신은 예수님의 가르침과 부활을 목격한 것이 성령강림으로 인해 해석되었을 때 생겨났어요.

성령님의 주된 사역이 예수님의 말씀을 가르치고 생각나게 하는 것이기 때문입니다(요 14:26). 그것이 증명되는 현장이에요. 또 누가 누구를 심문하는지 헷갈리는 통쾌한 장면입니다.

당황한 공회원들의 긴급회의(13-17절)

13 공회원들은 베드로와 요한이 담대하게 말하는 것을 보고 깜짝 놀랐어요. 그들에게 두 사도는 "학문 없는 범인"이었거든요. 이 말은 무식하다는 뜻이 아니라 그들처럼 정식으로 랍비 교육을 받지 않았다는 의미입니다. 지금 말로 하면 "신학교도 안 나왔는데 어떻게 저렇게 담대하게 설교하지?"와 같지요.

14 이때 재밌는 일이 일어나요. 공회원들은 베드로와 요한이 예수님과 함께 있었던 사실을 알았지만 어떻게 할 수 없었어요. 왜냐면 병 고침을 받은 사람이 그들 옆에 기적의 증인으로 서있었기 때문이에요.

15 그들은 두 사도를 공회에서 나가게 한 뒤 서로 의논합니다. 16 하지만 이미 이 기적의 스토리가 온 예루살렘에 퍼졌고 자신들도 이를 부인할 수 없었어요.

17 그들은 이 소문이 더 퍼지지 않도록 예수님의 이름으로 아무에게도 말하지 못하게 하자고 결론을 내립니다. 그 외엔 별다른 방법이 없었지요.

공회원들의 억지 경고(18절)

18 공회원들은 베드로와 요한을 불러 예수의 이름으로 말하지도, 가르치지도 말라고 엄중히 경고했어요.

속이 시원해지는 통쾌한 믿음(19,20절)

19,20 베드로와 요한은 조금도 흔들리지 않고 소신 있게 말합니다.

"하나님의 말씀을 듣는 것보다 당신들의 말을 듣는 것이 하나님 보시기에 옳은 일인가를 판단해보십시오. 우리는 보고 들은 것을 말하지 않을 수 없습니다."

막강한 권력 앞에서 목숨을 건 발언이었어요. 하지만 그들 안에 확고한 부활 신앙이 있었기에 더는 죽음도, 사람도 두렵지 않았지요.

스타일 구긴 공회(21,22절)

21 백성들이 두 사도가 일으킨 기적으로 하나님께 영광을 돌리고 있었기에 공회원들은 사도들을 달리 처벌할 방도가 없어 결국 놓아 보냅니다.

22 누가는 병 나은 사람이 마흔이 넘은 사람이라고 밝히며 이 사건을 끝맺어요. 이는 기적의 사실성을 극대화합니다. 완전 통쾌하지 않나요?

이 통쾌함이 우리 삶에도 늘 있기를 바라요.

하나님의 자녀로 살다 보면 핍박과 고난, 위험의 순간이 찾아옵니다. 이때 사도들처럼 확고한 믿음으로 담대하게 행동한다면 세상은 뒷걸음칠 거예요.

세상이 두려워서 신앙을 숨기거나 세상 방식대로 타협하여 복음을 전한다면 예수 믿는 자들이 시시해 보일 거예요. 더 화려하고 자극적이고 세련된 세상에서 어설픈 신앙인 흉내만 낸다면 비웃음을 살 수밖에 없지요.

우리는 베드로와 요한처럼 초지일관 담대하게! 정면 승부로! 오직 복음만 전해야 해요. 이건 복음을 깨닫고 확고한 믿음이 있어야만 가능합니다. 베드로가 성령을 받기 전과 후의 모습을 떠올려보면, 같은 사람이라고 믿기 어렵지요. 이렇듯 성령의 조명하심으로 매일 진리를 깨달아갈 때 흔들리지 않는 담대한 신앙이 생긴답니다.

나의 행전

1. 세상의 공격을 받고 있는가? 주의 자녀로 살고 있다는 반증이다. 넉넉히 이겨낼 담대함과 더 큰 믿음을 달라고 기도하자.
2. 지금 나를 두렵게 하는 것은 무엇인가? 하나님께 시선을 맞추고 믿음을 채워달라고 기도하자.
3. '예수님만이 유일한 구원자이십니다!'를 진심으로 고백해 보자.

09 두려움이 담대함으로 4:23-37

#성령충만의 사인 #초대교회 문화

유대 최고 권력자들에게 잡혔던 베드로와 요한은 불과 몇 달 전 예수님을 부인하고 도망갔던 때와는 달리 성령충만하여 담대히 하나님의 말씀을 전했어요. 이를 경험하고 지켜본 제자공동체는 더욱 확신에 차서 말씀대로 살아냅니다. 그들에게 어떤 일이 벌어졌는지 살펴보아요.

하나님의 역사를 확인한 성도들의 부르짖는 기도(23,24절)

23 베드로와 요한은 풀려나는 길로 동료들에게 가서 겪은 일을 다 말했어요. 예수님의 이름으로 말하지도, 가르치지도 말라는 공회의 위협도 전했겠지요. 사실 이 경고는 무시할 만한 게 아니었어요. 어겼다가는 생명을 잃을 수도 있었지요.

24 두 사도의 이야기를 들은 제자들은 한마음으로 부르짖어 기도합니다. 그들은 하나님을 '대주재', '창조주'로 불러요. 대주재는 절대적인 힘을 가진 통치자라는 의미로 만물의 통치자이신 창조주 하나님을 의지해서 담대히 나아가겠다는 믿음의 선포가 그 호칭 안에 담겨있어요. 산헤드린 공회의 명령이 아닌 하나님의 말씀대로 살겠다는 고백이었지요.

예나 지금이나 계속되는 사단의 공격(25,26절)

25,26 그들은 시편 말씀(시 2:1,2)으로 상황을 해석합니다. 구약에서

하나님과 다윗을 대적한 자들이 이제 그리스도와 그분의 제자들을 위협하고 있었어요. 뭇 나라, 뭇 민족, 세상 임금, 통치자들은 에덴동산에서부터 지금까지 하나님과 그분의 종들을 대적해온 사단의 세력이었지요.

하나님 통치 아래 있는 사단의 계략(27,28절)

27 사단의 계략이 구체적으로 묘사됩니다. 헤롯과 본디오 빌라도, 이방인, 유대인들은 합세하여 하나님께서 기름부으신 거룩한 종 예수를 죽였어요. 악한 세력은 언제나 연합에서 하나님을 대적하지요.

28 그런데 그 일은 하나님께서 예정하신 일이라고 고백합니다. 모든 악한 세력도 하나님의 통치 아래 있기 때문이지요. 이것이 우리가 두려워하지 않고 담대할 수 있는 근거가 됩니다.

상황을 적용한 기도와 즉각적인 응답(29-31절)

29 제자들은 앞서 하나님의 주권과 통치를 고백한 후에, 그분께 현재의 위협을 굽어보시고 그들이 담대히 하나님의 말씀을 전하게 해달라고 기도합니다. 위험에서 벗어나게 해달라는 게 아닌 담대히 말씀을 전하게 해달라는 기도였지요.

30 더불어 예수님의 이름으로 치유와 표적과 기사가 일어나게 해달라고 기도했어요. 그것이 말씀을 전하는 자의 권위를 입증하고 하나님의 살아계심과 말씀의 역사를 증명하기 때문이에요. 오순절 성령강림의 표적으로 3천 명, 미문의 병자 고침으로 5천 명이 주께 돌아왔듯이 기적은 분명 사람들의 마음을 엽니다. 단 기적만 구해서는 안 되고 말씀과 기

도, 순종으로 영적 성장을 이뤄야 하지요.

제자들은 표적과 기사로 인해 위험에 처했음에도 그 일을 담대히 계속하게 해달라고 은혜를 구했어요. 우리의 기도도 이와 같아야 합니다. 기도가 어렵다면 성경에 나오는 기도를 내 상황에 적용해서 따라 해보세요. 하나님의 마음에 합한 기도를 할 수 있습니다.

31 그들이 기도를 마치자 모여있는 곳이 흔들리고 제자들은 모두 성령으로 충만해서 하나님의 말씀을 담대히 전합니다. 땅의 진동은 구약에서 하나님의 현현, 명백한 나타나심의 표시였어요. 땅의 진동으로 기도를 들으셨음을 표시해주신 거예요.

성령충만의 결과, 공동 소유 생활(32-35절)

32 그러자 성령충만한 사도들의 순종이 마중물이 되어 공동체에 기적이 일어납니다. 모두가 한마음 한뜻으로 서로를 섬기고, 자기 소유를 주장하지 않고 모든 물건을 공동으로 사용했지요. 모든 게 하나님의 것임을 인정했기에 가능한 일이었어요.

33 사도들은 기도응답으로 큰 능력을 받아 예수님의 부활을 증언했고, 사람들은 큰 은혜를 받았어요. 그 은혜는 사랑의 공동체를 이루는
동력이 되었지요. 34 그들 가운데는 가난한 사람이 한 사람도 없었어
요. 35 땅이나 집을 가진 사람들은 그것을 판 돈을 하나님의 뜻대로 사
용해달라는 뜻으로 사도들의 발 앞에 두었고, 사도들은 각 사람의 필요에 따라 나눠주었지요. 이 땅에서 천국이 이루어진 거예요. 이는 신명기 말씀의 성취입니다. 놀라운 복음의 능력이지요.

네가 만일 네 하나님 여호와의 말씀만 듣고 내가 오늘 네게 내리는 그 명령을 다 지켜 행하면 네 하나님 여호와께서 네게 기업으로 주신 땅에서 네가 반드시 복을 받으리니 너희 중에 가난한 자가 없으리라 **신 15:4**

대표적인 모델, 바나바(36,37절)

36 누가는 이 천국 공동체의 일원으로 바나바를 소개해요. 그는 구브로에서 난 레위 사람으로 이름은 '요셉', 별명은 '위로의 아들'이었어요. 바울을 발탁하여 신분 보증을 해주고 1차 선교여행을 함께했지요(그로 인해 선교여행의 첫 지역이 바나바의 고향 구브로가 됩니다). 또 그는 뒤에서 살펴볼 수리아 안디옥 교회의 중요한 리더십이었고(행 11:22) 마가의 사촌이었어요(골 4:10). 37 바나바는 자신의 밭을 팔아 그 돈을 사도들의 발 앞에 놓았습니다.

하나님을 만나면 세계관이 바뀌어요. 생명관과 물질관도 바뀌어 사람의 존귀함을 깨닫지요. 존 웨슬리는 주머니가 회개해야 진짜 회개라고 말했어요. '내 돈은 내 거니까 나만을 위해 쓸 거야'라고 생각하면서 성령충만할 수는 없습니다.

나의 행전

1. 하나님은 창조주이자 역사의 주관자이며 세상 권력보다 크신 분이다. 사람을 두려워했던 마음을 회개하고 하나님만 의지하겠다는 고백을 올려드리자.
2. 나의 물질, 재능, 시간을 하나님의 뜻대로 사용하는 청지기가 되자. 내 것을 나누고 흘려보내야 할 이웃은 누가 있을까?

10 칭찬은 사람을 죽게도 만든다?! 5:1-16

#죽음이 주는 메시지 #시작할 때 요구하시는 것

초대교회는 성령충만함을 받아 말씀과 기도로 하나 되었고, 그 열매가 삶에 고스란히 나타났어요. 이들의 아름다운 삶을 보고 사람들이 모여들었고 성경적 부흥이 일어났지요. 그때 찬물을 끼얹는 듯한 '아나니아와 삽비라 사건'이 벌어집니다. 이는 교회의 방향성을 보여주는 사건이기도 해요.

아나니아와 삽비라의 범죄(1,2절)

1,2 누가는 4장 마지막에 초대교회의 모습을 대표하는 인물로 바나바를 소개해요. 아나니아와 삽비라 사건은 그 은혜의 분위기 속에서 일어납니다. 아나니아는 아내 삽비라와 함께 소유를 팔아 그 값의 얼마를 따로 떼어놓았는데, 삽비라도 이를 알고 있었어요. 그들은 일부를 숨기고 나머지를 사도들에게 가져오지요. 누가는 부부가 공모했음을 밝힙니다.

베드로를 통한 책망(3,4절)

3 성령충만한 베드로는 그들의 잘못을 꿰뚫어 보고 배후에 사단이 있음을 지적해요. 그는 이 사건을 사단에게 홀려서 성령을 속인 일로 정의내립니다.

4 또 땅을 팔기 전이나 판 뒤에도 모두 그들의 소유였음을 언급해요. 이처럼 유무사통(有無相通)이 일어나고 있어도, 당시에 사유재산 제도가 인정되었고 재산을 드리는 일도 자발적으로 일어났음을 알 수 있어요.

그런데 왜 그들은 이런 일을 했을까요? 그 실마리는 바로 앞 장의 바나바의 이야기에서 찾을 수 있어요. 바나바가 밭을 판 돈을 공동체에 기부하자 사람들은 그를 칭찬하고 존경했어요. 그것을 본 아나니아와 삽비라 부부는 질투심이 생겼지요. 자기들도 나름 헌신하고 있던 터라 칭찬 들을 방법을 고민하다가 땅을 판 거예요. 그러나 그 동기가 잘못되었기에 욕심이 생겼고, 돈의 일부를 숨기고 맙니다.

아나니아가 즉사함(5,6절)

5 베드로의 말을 듣고 아나니아는 그 자리에서 죽었어요. 하나님의 심판이 즉시 임했지요. 이 일이 죽을 만큼 큰일일까요? 하나님은 공동체에 새 일을 행하실 때 극도의 정결함을 요구하십니다. 그런 측면에서 이 일은 단순히 돈을 숨긴 윤리적 차원의 죄가 아니라 새로 시작하는 교회 공동체의 정결함을 깨뜨리는 신성모독이었어요.

하나님은 이들을 벌하심으로써 그분을 향한 경외심을 알려주십니다. 이 일을 듣고 사람들은 크게 두려워했지요. 베드로는 앞서 이 일이 사단에 의한, 성령을 속인 죄라고 말했어요(3절). 마치 아담과 하와가 에덴동산에서 뱀의 유혹으로 선악과를 따 먹은 것처럼 이 부부는 합심해서 돈을 숨겼지요. 이는 하나님을 두려워하는 마음이 없었기에 행한 성령을 속이는 일이었습니다.

6 젊은이들이 아나니아의 시신을 싸서 메고 나가 장사했어요.

삽비라도 죽다(7-11절)

7 세 시간쯤 지나 아내 삽비라가 이 사실을 모르고 들어옵니다(당시 하나님의 심판으로 죽은 시신은 조용히 처리했어요). 그녀는 '나도 칭찬을 받겠지?' 하며 은근히 기대하고 있었을 거예요.

8 베드로가 땅을 판 돈이 이것뿐이냐고 묻자 그녀는 그렇다고 답합니다. 회개할 기회를 주었음에도 그녀는 돌이키지 않았어요.

9 베드로는 삽비라에게 "왜 그대들 내외는 서로 공모해서 주님의 영을 시험하려고 하였소?"라며 책망해요. '주의 영을 시험한다'는 말은 3절의 "성령을 속이고"와 같은 뜻이에요. 초대교회가 한마음으로 복음에 합당한 삶을 살 때 이들은 한마음으로 죄를 범합니다.

10 결국 하나님의 엄중한 심판이 내려져 삽비라도 즉사해요. 젊은이들은 그녀를 메어다가 그 남편 곁에 묻었지요.

11 이 소식을 들은 온 교회와 사람들은 크게 두려워합니다. 하나님의 사랑에 더하여 그분의 공의도 분명하게 가르쳐준 사건이었어요. 이를 통해 초대교회는 더욱 정결해지고 하나님의 살아계심을 인정하며 경외했습니다.

누가는 이 구절에서 "교회"라는 단어를 처음 사용해요. 성경에 이 단어가 등장하는 첫 순간이지요.

사도들이 기적을 일으키다(12-16절)

12 이 사건을 계기로 공동체가 정결해지고 하나님의 역사가 더 강하게 일어납니다. 사도들의 손을 거쳐 많은 표적과 기사가 백성 가운데 일어났지요. 하나님이 그들과 함께하신다는 증거였어요. 믿는 사람들은 한마음으로 솔로몬 행각에 모이곤 했습니다.

13 물론 이때도 믿지 않는 사람이나 믿음이 약한 사람이 있었어요. 그들은 교회에 합류하지는 못했지만, 교회 공동체를 칭찬했지요. 의문이 들고 부정적으로 보려 해도 교회 공동체 문화가 아름다웠기에 칭찬할
수밖에 없었던 거예요. 14 그 가운데 믿는 사람이 계속 늘어나 주님께로
나아옵니다.

15 누가는 사도들을 통해 일어난 표적과 기사를 몇 가지 소개해요. 먼저 아픈 사람들은 베드로의 그림자라도 덮이면 나을 거라는 믿음이 있었어요. 마치 예수님의 옷자락이라도 스치면 나을 거라는 믿음이 있었던 것처럼요. 여기서 '덮이다'는 헬라어 '에피스키아세'(ἐπισκιάσῃ)로 하나님의 임재와 능력을 상징합니다. 즉 베드로의 능력이 아닌 하나님의 능력이 그의 종들을 통해 나타나고 있음을 말해주지요.

16 예루살렘 근처 마을에서도 병든 사람과 악한 귀신에 시달리는 사람들이 많이 모여들었고 전부 고침을 받았어요. 사도들이 예수님의 일을 이어갔던 거예요.

아나니아와 삽비라 사건은 제게 참 특별해요. 2011년 한국에서 '퓨리탄'이라는 회사를 세운 첫날 새벽예배 때 성경 순서대로 이어오던 설교

본문이 마침 여기였어요. 그날 새벽예배에는 우리 부부만 있었는데, 하나님의 뜻대로 경영하기로 결심하고 회사를 시작하는 우리에게 엄중히 경고하시는 게 느껴졌지요. 그렇게 시작한 첫 회사를 통해 엄청난 훈련을 받았습니다. 그 광야 같은 시간에 제 안에 '성경적 사업관'이 세워졌지요.

나의 행전

1. 하나님 앞에 내 숨은 죄를 고백하고 회개 기도를 드리자.
2. 사람의 인정과 칭찬을 받으려 하는 일이 있는가? 내 동기를 정직하게 점검해보자.
3. 나를 통해 하나님의 표적과 기사와 지혜가 나타나기를 기도하자. 내 능력을 의지하는 삶의 영역이 있다면 회개하고, 하나님의 기름부으심을 소망하자.

11 하나님이 우리를 책임지시는 두 가지 방법 5:17-42

#귓등으로도 듣지 말아야 할 일 #사명 감당할 때 나타나는 현상

뭔가에 미친 사람들은 아무도 못 말려요. 이 본문에는 복음에 단단히 미친 사람들이 나옵니다. 베드로와 요한이 미문 앞 앉은뱅이를 고쳤을 때 종교 지도자들은 그들을 잡아들여 예수님의 이름으로 말하지도, 가르치지도 말라고 엄중히 경고했어요. 그러나 복음에 미친 두 사도는 하나님의 뜻대로 계속 복음을 전하지요. 그러다가 또다시 잡히고 맙니다.

종교 지도자들의 질투(17,18절)

17 대제사장과 사두개인 당파는 사도들에게 시기심이 극에 달한 상태였어요. 복음을 전하지 말라는 경고에도 계속 전하는 것과 교회가 크게 부흥하는 걸 보며 상당한 위협을 느꼈지요.

게다가 백성들의 지지와 사랑이 사도들에게로 쏠리며 종교 지도자들의 위상은 날로 추락했습니다. 당시 그들은 성전 제물과 환전을 통해 엄청난 폭리를 취하며 일종의 '종교 사업'으로 백성들을 착취했기에 인기가 있을 리 없었어요. 그들은 목숨을 걸고 복음을 전하는 사도들에게 실질적인 위협과 경외감마저 들었을 거예요.

세상에서 하나님의 자녀로 살아갈 때 처음에는 많은 핍박을 받습니다. 하지만 초지일관 신앙적 소신을 지키면 세상은 '그에게 뭔가 있구나' 하는 경외감을 느끼고, 결국 하나님을 보게 되지요.

18 대제사장과 사두개인들은 또다시 사도들을 잡아 옥에 가둡니다.

가둘 수 없는 사도들(19-21a절)

19 그런데 밤에 주님의 사자가 옥문을 열어주었어요. "주의 사자"는 천사를 가리키는데 하나님으로부터 보냄을 받아 그분의 말씀을 전하고 수행하는 역할을 해요. 누가복음과 사도행전에는 천사가 자주 등장하여 중요한 일을 수행한답니다.

20 천사는 사도들에게 성전에 서서 생명의 말씀을 백성에게 남김없이 전하라는 하나님의 명령을 전달했어요. 성전은 사람이 많이 모이고 말씀이 선포되는 장소였지요.

21a 사도들은 천사의 말대로 새벽에 성전에 들어가서 말씀을 가르쳤어요. 감옥에서 탈출했으면 안전한 곳에 숨는 게 상식인데 그들은 주님의 명령대로 성전에서 말씀을 가르칩니다.

당황한 종교 지도자들 (21b-24절)

21b 한편 대제사장과 그와 함께 있는 사람들은 공회와 이스라엘 원로회를 소집하고 감옥에서 사도들을 데려오게 합니다. 그들은 사도들의 탈출 사실을 전혀 몰랐지요.

22 경비원들이 옥에 사도들이 없는 걸 보고 이렇게 보고합니다.

23 "감옥 문은 아주 단단히 잠겨있고 문마다 간수가 서있었는데, 문을 열어보았더니 안에는 아무도 없었습니다."

24 성전 경비대장과 대제사장들은 상상조차 못 한 탈출에 당황했어요. 사도들이 사라진 것도 문제지만, 앞으로 이 일을 어떻게 처리해야 할지가 더 막막했지요.

사도들을 다시 잡아오지만(25,26절)

25 그때 한 사람이 와서 옥에 갇혔던 사도들이 성전에 서서 백성을 가
르치고 있다고 알려줍니다. 26 경비대장과 경비대원들은 사도들을 다시
잡아 오지요. 보통은 명령을 무시하고 탈출까지 한 수감자를 무자비하

게 끌고 오는 게 정상인데, 경비대원들은 백성들이 돌로 칠까 두려워 조심히 데려왔어요. 백성들은 사도들이 전한 말씀을 듣고 믿음이 생겨 그들을 무척 신뢰하고 있었거든요.

종교 지도자들의 심문(27,28절)

27 사도들은 공회 앞에 세워져 신문을 받습니다. 28 대제사장은 1차 심문 때 그 이름으로 가르치지 말라고 했던 명령을 언급하며 위협해요. 또 그 사람의 피에 대한 책임을 자기들에게 돌리려 한다고 말하지요.

그들은 사도들이 예수님의 죽음에 대한 복수로 이런 일을 한다고 생각했던 거예요. 재밌는 사실은 보통 탈옥수에게는 탈옥 경위부터 따지는데 그에 대해서는 한마디도 안 합니다. 기적적으로 탈출한 사실을 알았기 때문이에요.

이미 밀린 판도(29-32절)

29 대제사장의 위협에 베드로와 사도들은 조금도 위축되지 않고 소신 발언을 합니다. 사람보다 하나님께 순종하는 것이 마땅하다고요. 이는 성령충만으로 진리를 깨달은 사람만이 할 수 있는 담대한 발언이었어요. 그들의 삶의 기준과 우선순위가 뚜렷하게 보입니다.

30 이어서 사도들은 복음을 간단명료하게 전합니다. "하나님은 여러분이 나무에 달아 죽인 예수를 살리셨습니다." 굳이 '나무에 달아 죽인'으로 표현한 건 유대인이면 다 아는 신명기 말씀, "나무에 달린 자는 하나님께 저주를 받았음이니라"(신 21:23)를 인용한 거예요. 예수님이 나무

(십자가)에 달리심으로 모든 저주를 받아 죽으시고 생명의 주로 부활하셨다는 거지요.

31 그리고 하나님께서 예수님을 높이셔서 보좌 우편에 앉히시고, 임금과 구주로 삼으셔서 이스라엘이 회개하고 죄 사함을 받게 하셨다고 해요. 그러니 어서 예수님을 구주로 영접하고 회개하여 죄 사함을 받으라고 재판석에서 외친 거예요.

32 또한 자기들이 이 일의 증인이며 하나님께 복종하는 자에게 주신 성령도 그러하다고 말합니다. 성령님의 사역이 예수님을 증언하는 것임을 확인할 수 있어요. 이는 예수님이 잡히시기 직전에 '진리의 성령도, 너희도 나의 증인이 될 것이다'(요 15:26,27)라고 하신 말씀의 성취예요.

제자들은 당시엔 무슨 뜻인지 몰랐다가 성령이 조명하시자 깨닫고 믿음으로 순종했어요. 그리고 삶에서 예수님의 말씀이 하나씩 성취되는 걸 확인했지요. 그들에게 세상이 줄 수 없는 평안과 기쁨이 넘쳤을 거예요.

저는 매우 험난한 광야 길을 경험했어요. 하지만 그와 비교도 안 되는 하나님의 은혜와 복음에 대한 확신이 있었기에 웃을 수 있었지요. 그때 신명기 8장 2-4절 말씀을 생생하게 경험했습니다.

하나님은 저를 낮추시고 주리게 하셨지만 매일 만나를 공급해주셨어요. 날마다 만나를 먹으며 사람이 떡으로만 사는 게 아니라 하나님의 말씀으로 산다는 걸 몸소 체험했지요. 놀랍게도 그 기간에 옷이 해지거나 발이 부르트지 않았답니다.

또 광야에서 저를 시험하셔서 제 마음이 어떠한지, 하나님의 명령을 지키는지 점검하실 때마다 사도들처럼 잘 가고 있음을 스스로 확인하며 세상이 줄 수 없는 기쁨과 감격을 누렸어요. 그러니 제 얼굴이 밝을 수밖에요.

인생은 고난의 연속이잖아요. 파도처럼 밀려오는 고난을 친구처럼 여기며 가야 하지요. 하지만 고난의 이유를 해석하고, 그 너머의 진리를 볼 수 있다면 어떤 상황에서도 주를 찬양하며 주의 길을 갈 수 있어요. 제가 광야를 즐겁게 통과할 수 있었던 유일한 방법이 말씀 묵상과 기도였기에 지금도 그 일을 최우선으로 여기며 살고 있답니다.

격분 속 지혜로운 결정(33-39절)

33 공회는 격분해서 사도들을 죽이려고 했어요. 논리적인 반박은 못
하고 분노만 표출했지요. 34 이때 바리새인이자 율법 교사로 온 백성에
게 존경받던 가말리엘이 사도들을 잠깐 내보내고는 지혜로운 제안을 해
요(바울도 그의 문하생이었지요, 행 22:3).

35 우선 사도들을 감정적으로 다루지 말라고 합니다. 아마도 초자연
적인 기적을 보면서 하나님이 하신 일일 수도 있겠다고 생각한 것 같아
요. 36 가말리엘은 당시 모두가 아는 '드다'와 '갈릴리 사람 유다'를 예
로 듭니다. 스스로 위대한 인물이라 선전했던 드다에게는 약 400명이
따랐지만, 그가 죽임을 당하자 다 흩어지고 말았어요.

37 유다도 한때 백성을 꾀어 반란을 일으켰지만, 그가 죽으니 따르던
이들이 다 흩어졌지요. 38 그러니 이들에게 손을 떼고 내버려 두자고 제
안해요. 만일 사람이 계획한 일이면 드다와 유다처럼 망할 거라는 거지요.

39 그러나 만일 하나님의 계획이라면 어찌할 수 없으며 도리어 하나님을 대적하는 일이 될 수 있으니 감정적으로 대하지 말고 그분의 공의로운 판결에 맡기자고 합니다. 가말리엘의 말에 공회원들은 동의해요.

어쩔 수 없는 석방(40-42절)

40 울며 겨자 먹기로 사도들의 석방을 결정했지만 순순히 보내주지는 않았어요. 백성 앞에 체면이 서야 했기 때문이지요. 그들은 사도들을 불러 때리고 예수님의 이름으로 말하지 말라고 명령한 뒤 풀어줍니다.

41 그런데 사도들은 예수님의 이름 때문에 모욕당할 자격을 얻게 된 걸 기뻐했어요. 그분의 길을 따라 가고 있음을 확인했으니까요. 그들이 당한 매질은 가벼운 게 아니었어요. 유대의 관행대로 훗날 바울이 언급한 사십에 하나를 감한 심한 채찍질이었을 거예요.

그러나 고통은 언급하지 않습니다. 그들의 가슴엔 기쁨과 환희만 가득했지요. 또 성령께서 예수님의 말씀을 떠올려 주셨을 거예요. 자신들의 삶이 예수님의 말씀대로 하나씩 성취되니 두려울 게 없었어요.

> 인자로 말미암아 사람들이 너희를 미워하며 멀리하고 욕하고 너희 이름을 악하다 하여 버릴 때에는 너희에게 복이 있도다 그날에 기뻐하고 뛰놀라 하늘에서 너희의 상이 큼이라 눅 6:22,23

42 사도들은 또다시 경고를 받았지만 귓등으로도 듣지 않았어요. 그들은 날마다 성전과 서로의 집에서 예수님이 그리스도이심을 쉬지 않고

가르치고 전합니다. 그들의 활활 타오르는 복음 전파 의지를 그 무엇도 꺼뜨릴 수 없었지요.

나의 행전

1. 예수님의 이름으로 인해 받는 고난은 특권이다. 가정, 직장, 친구 등 시선과 핍박이 두려워 복음을 드러내지 못하는 영역이 있는지 돌아보자.

2. 하나님은 그분의 자녀를 어려움 속에 그대로 두지 않으신다. 때로는 천사를 보내시고, 때로는 적군을 통해서도 보호하신다. 놀랍게 보호하실 하나님을 기대하자.

3. 주변에 복음이 필요한 사람은 누구인가? 복음 전할 지혜를 구하자.

3장

예루살렘 교회의 핍박과 흩으심 6-8장

문제 해결의 원리 배우기 6:1-7

당해 낼 수 없는 사람 6:8-15

큰 그림을 볼 때 현재가 보인다 7:1-16

꿰어보면 놀라운 메시지 7:17-43

우리가 버텨야 하는 이유 7:44-60

나도 할 수 있다 8:1-8

지지고 볶아도 하나님은 일하신다 8:9-25

해피엔딩을 바란다면 8:26-40

12 문제 해결의 원리 배우기 6:1-7

#역발상의 기적 #내 눈에 보이는 문제의 의미

사람 사는 곳에는 언제나 문제가 발생해요. 은혜 충만했던 초대교회도 예외가 아니었지요. 여기서 주목할 건 문제 해결의 원리예요.

문제 발생(1절)

1 초대교회는 빠른 속도로 부흥했어요. 하나님이 함께하심이 눈에 보이니 성장할 수밖에 없었지요. '제자'가 더 많아졌다는 표현에서 초대교회가 양적인 면뿐 아니라 질적으로도 부흥하고 성숙했음을 알 수 있어요. 그런데 문제가 발생합니다. 헬라파 유대인들이 히브리파 유대인들에게 불평을 터뜨렸지요. 자기네 과부들이 날마다 구호 음식을 나눠 받는 일에서 소홀히 여김을 받았기 때문이었어요.

헬라파 유대인과 히브리파 유대인은 언어로 구별했습니다. 헬라파 유대인들은 헬라 땅에서 살다 와서 헬라어가 편했고, 히브리파 유대인들은 원래 유대에 살던 사람들이라 히브리어가 모국어였어요. 이들 사이에는 언어뿐 아니라 문화적 차이도 컸지요. 한국에서 자란 아이들과 외국에서 자란 교포들을 떠올리면 쉬워요.

당시 유대 사회에는 율법에 따라 고아와 과부와 나그네를 돌보는 사회보장제도가 있었는데 성령충만으로 인해 그들을 돌보는 일이 활발했어요. 문제는 헬라파 유대인 과부들이 이 혜택에서 제외되는 거였지요.

교회의 급속한 부흥으로 일꾼들이 충분치 않았고 언어와 문화 차이에서 오는 의사소통 문제도 있었어요. 이런저런 이유로 헬라파 유대인 과부들이 구제에서 소외되다 보니 갈등이 생겼고, 이에 대해 헬라파 유대인들이 항의한 거예요.

사도들의 역발상 제안(2-4절)

2 열두 사도가 회의를 소집했어요. 막 개척된 예루살렘 교회에 아직 조직과 시스템이 구축되지 않아 사도들이 구제하는 일도 맡았던 것 같아요. 사도들은 하나님 말씀을 전하는 일을 제쳐놓고 음식 베푸는 일에 힘쓰는 건 옳지 않다고 말합니다. 우선순위를 재정립한 거지요.

3 그리고 일꾼 7명을 선출하자고 제안해요. 교회에 조직과 시스템을 만들자는 거지요. 성경에서 숫자 '7'은 완전수로 일꾼 7명은 '온전한 그룹'을 상징해요. 일꾼의 자격으로 첫째는 성령과 지혜가 충만한 사람, 둘째는 칭찬받는 사람이었어요. 성령이 충만하면 지혜로워지고 하나님과 사람에게 사랑을 받기 때문이지요.

4 일곱 일꾼에게 이 일을 맡기고 사도들은 오로지 기도와 말씀 사역에 헌신하겠다고 합니다. 이는 말씀 사역이 구제보다 더 중요하다는 게 아니에요. 구제와 말씀 사역에 사용된 단어는 헬라어 '디아코니아'로 같습니다. 이는 '자선과 구제', '주님의 몸 된 교회 안에서 이뤄지는 봉사'라는 뜻으로 두 일 모두 중요하다는 거지요.

사도들의 제안은 성령충만에서 나온 지혜가 아니고는 불가능한 생각이었어요. 그들은 문제에 함몰되지 않고 잠깐 멈추어 하나님의 뜻을 헤아룁니다. 그리고 본질에 더 집중해야 한다는 결론을 내려 자신들의 역할을 재정립했어요.

더 놀라운 건 불이익을 당하던 소수이자 약자인 헬라파 유대인들에게 문제 해결의 열쇠를 준 거예요. 문제에 공감하는 사람이 해결하게 했지요. 사도들은 히브리파 유대인이기에 헬라파 유대인의 고충을 전부 이해하기는 어려웠어요. 만일 히브리파 유대인들에게 맡겼다면 갈등의 골이 더 깊어졌겠지요. 이렇게 초대교회 최초의 리더십은 소수파인 헬라파 유대인들로 세워졌습니다.

첫 일꾼들이 선출됨(5,6절)

5 이 기발한 역발상을 모든 사람이 좋게 여겼어요. 그리고 사도들이 제시한 조건에 맞는 일꾼 7명을 선출합니다. 사도들의 개입 없이 성도들이 직접 뽑은 걸로 보아 초대교회가 민주적이고 자발적인 공동체였음을 알 수 있어요. 일꾼의 명단에 스데반과 빌립이 제일 먼저 등장하는 건 이어지는 이야기의 주인공들이기 때문이에요. 또 니골라가 안디옥 출신의 이방인 개종자임을 언급합니다. 여기에도 하나님의 놀라운 계획이 담겨 있어요.

사도행전 11장을 보면, 스데반의 순교로 박해가 가해지자 사람들은 환난을 피해 베니게와 구브로와 안디옥까지 도망가요. 그런데 가면서도 계속 복음을 전합니다(19절). 그 결과 사람들의 도피 경로가 복음 전파 경로가 되지요. 처음엔 유대인에게만 복음을 전했는데, 구브로와 구레네 사람 몇이 안디옥에 이르러서는 헬라인에게도 전합니다(20절).

생각의 전환이었지요. 이때 일꾼으로 세워졌던 니골라도 큰 역할을 했을 거예요. 그들의 이중언어도 한몫했을 거고요.

그 후 안디옥 교회는 바울을 파송한 교회가 됩니다. 바울의 선교로 수많은 사람이 주께로 돌아왔고 유럽에 교회가 세워졌지요. 이 모든 걸 계획하신 하나님의 섭리가 정말 신비롭지 않나요?

6 사도들은 기도하고 일꾼 7명에게 안수했어요.

일꾼 선출 이후(7절)

7 일꾼들이 세워지자 사도들은 기도와 말씀 사역에 더 집중합니다. 그 결과 하나님의 말씀이 계속 퍼져나가 예루살렘에 있는 제자의 수가 부쩍 늘어요. 사도들의 결정이 하나님의 뜻이었음이 증명되지요.

많은 제사장이 복음을 받아들인 것도 큰 의미가 있어요. 이들은 본래 제자들과 대립각을 이루던 사람들로 부인할 수 없는 진리 앞에 회심합니다. 사실 제사장의 회심은 생업을 포기할 각오로 엄청난 손해를 감수한 결단이었어요. 그럼에도 복음을 받아들이고 새로운 피조물이 되어 이 땅에서 천국을 누리는 그들을 보며, 사람들은 구름떼처럼 교회로 몰려왔지요.

저는 이 본문을 처음 접했을 때 천지가 개벽하는 듯한 충격을 받았어요. 중요한 삶의 원리를 깨달았지요.

'그리스도인에게는 위기가 기회가 되는 특권이 있구나. 절망적인 문제가 내 사명일 수 있겠구나. 그 문제를 푸는 사람이 되어야겠다.'

코로나19가 터져 백화점에 주력하던 사업이 큰 위기에 빠졌을 때 저는 절망하지 않고 이 원리를 적용했어요.

'하나님이 새로운 일을 시작하시려고 막으시는구나. 내가 할 일은 무엇일까?'

매일 엎드려 지혜와 은혜를 구한 끝에 주님이 인도하신 일이 '온라인 유통'과 '유튜브 채널'이었어요. 그때부터 남편과 함께 영상 촬영과 편집을 공부하기 시작했지요. 성경공부는 그보다 일찍 시작했지만 2019년 10월부터 라이브 형식으로 매일 올리기 시작했습니다. 그런데 몇 날 며칠을 수고해서 영상을 만들어 올려도 보는 사람은 겨우 수십 명이었어요. 가치를 구독자 수에 뒀다면 할 수 없는 일이었지요.

막으심은 하나님이 주신 기회란 생각으로 그분의 계획하심을 헤아리려고 노력했어요. 좌충우돌하며 1년 반이 지나자 기적 같은 일들이 벌어졌지요. 수만 명의 구독자가 생기고 새로운 사업도 시작했답니다.

이 본문은 회사 경영의 중요한 원리이기도 해요. 회사를 운영하다 보면 사람 간에 갈등이 생기기 마련인데, 그럴 때 문제를 제기한 사람에게 문제를 해결할 역할을 줍니다. 그 사람 눈에 특정 부분이 유독 크게 보이는 건, 그에게 문제를 해결할 은사가 있다는 증거니까요.

초대교회 성도들은 눈앞의 문제가 후에 어떻게 열매 맺을지 상상도 못 했어요. 문제가 해결되고 교회가 부흥하는 것만으로도 기뻤을 거예요. 그런데 하나님은 환난 속에서 헬라인에게도 복음을 전하며, 바울의 이방 선교 베이스캠프인 안디옥 교회를 세우는 보석 같은 계획을 감춰놓으셨지요.

지금도 하나님은 이렇게 일하세요. 그러니 문제에 함몰되지 말고 믿음의 눈을 열어 선하신 하나님의 계획을 발견하길 바라요. 우주 만물의 창조자, 역사의 주관자, 전능하신 하나님께서 우리를 죽기까지 사랑하신다는 엄청난 사실을 온몸으로 경험하길 기대하면서요.

나의 행전

1. 내 삶에 발생한 문제는 하나님을 경험하는 기회다. 현재 위기라고 여겨지는 것에서 하나님의 놀라운 계획을 발견하길 기도하자.
2. 내 눈에 자꾸 밟히는 문제는 내 사명일 수 있다. 나를 향한 하나님의 뜻이 무엇인지 구하자.

13 당해 낼 수 없는 사람 6:8-15

#대적의 눈에도 천사처럼 #삶의 자세 #롤 모델

헬라파 유대인 중에 세워진 일꾼 7명 중 첫 번째 사람 스데반에 관한 이야기입니다. 그를 통해 성도의 삶의 자세를 배워보아요.

성령충만한 스데반(8절)

8 스데반에 관한 기록은 다 칭찬 일색입니다. "성령과 지혜가 충만한 사람"(3절), "믿음과 성령이 충만한 사람"(5절) 그리고 이 구절에는 "은혜와 능력이 충만"하다고 기록해요. 그는 하나님과 사람에게 칭찬받는 '진짜 크리스천'이었지요. 그를 통해 놀라운 일과 큰 기적이 일어났는데 성경은 그 근원이 은혜와 능력임을 분명히 말합니다.

당해 낼 수 없는 스데반(9,10절)

9 십자가의 길은 핍박과 고난이 친구처럼 따라다닙니다. 스데반도 예외가 아니었어요. 성령충만한 그의 사역을 대적하는 사람들이 생겨났지요. 이들은 종이었다가 자유를 얻은 헬라파 유대인으로 '자유민들'이라 불렀습니다.

주전 63년 로마의 폼페이우스 장군이 유대를 점령하면서 많은 지식인이 포로로 잡혀갔다가 자유롭게 된 일이 있었어요. 그들은 로마 식민 치하에서 구레네, 알렉산드리아, 길리기아, 아시아 등에 퍼져 살다가 고국으로 돌아와 그들만의 회당인 '자유민들의 회당'을 만들어요. 우리나라 기독교 초기 역사에도 백정들만 모이는 교회, 양반 위주의 교회가 있었듯이요.

10 비록 그들이 지식인이었지만 스데반과의 논쟁에서는 이길 수가 없었어요. 지혜와 성령을 힘입어 생명의 말씀을 전하는 그를 감당할 수 없었지요.

스데반을 고소함(11,12절)

11 세상은 패배를 인정하지 않아요. 무슨 수를 써서라도 선을 무너뜨리려 하지요. 단순히 논리력의 싸움이 아닌 생명과 진리의 싸움이기 때문이에요. 진리가 없으니 아무리 옳은 얘기를 들어도 무조건 싫은 거예요. 진리 앞에 세상의 반응이 이렇습니다.

말싸움에서 밀릴 때 "몰라, 난 무조건 싫어!"라고 한 적 있지 않나요? 저도 예수님을 믿기 전에는 제게 전도하려는 사람에게 이렇게 반응했어요. 논리적으로 납득되지 않아서가 아니라 그냥 싫었지요. 자유민들도 그런 마음이었을 거예요. 그들은 사람들을 선동해서 '모세와 하나님을 모독한다'는 죄목으로 스데반을 공회에 고소합니다. 이것만큼 유대인들의 공분을 살 만한 주제가 없었지요.

12 그들은 백성과 장로와 율법 학자들을 부추기고, 스데반을 붙잡아 공회로 끌고 왔어요.

사건을 조작함(13,14절)

13 그들은 거짓 증인까지 세워 스데반이 쉴 새 없이 성전과 율법을 거슬러 말한다고 증언하게 합니다. 십계명 중 "거짓 증거하지 말라"라는 계명을 어기고 거짓 증인까지 세워 거짓말하게 했어요. 진리를 대적하는 힘은 엄청나요. 평소엔 적인 무리가 진리 앞에서는 한편이 되어 공격하지요. 예수님의 재판 장면에서도 이미 확인했듯이요.

14 그들은 스데반에게 두 가지 죄목을 씌웁니다. 그가 '나사렛 예수가 말했던 것처럼' 성전을 헐고, 모세가 준 율법을 뜯어고치겠다고 말했

다고요. 먼저 예수님이 성전을 헌다고 하신 말씀을 걸고넘어졌어요. 요한복음 2장 19-21절을 보면, 예수님이 "이 성전을 헐라 내가 사흘 동안에 일으키리라" 하고 말씀하시자 유대인들은 46년 동안 지은 성전을 무슨 수로 사흘 만에 일으키냐며 반박했어요. 하지만 예수님은 성전 된 자기 육체를 가리켜 말씀하신 거였지요. 십자가의 죽으심과 부활을 말씀하신 건데 유대인들은 알아듣지 못했어요.

다음으로 율법을 뜯어고친다는 고발 또한 예수님이 율법에 대해 말씀하신 걸 오해한 데서 기인했습니다. 예수님은 "내가 율법이나 선지자를 폐하려 온 줄로 생각하지 말라 폐하러 온 게 아니라 완전하게 하려 함이라"(마 5:17)라고 말씀하셨어요. 그들은 이 말을 율법이 틀렸다는 주장으로 오해했지요. 이런 악의적인 오해에도 불구하고 예수님은 십자가에서 죽으심으로 율법을 완성하세요.

성경은 모든 사람이 죄를 범하여 하나님의 영광에 이르지 못한다고 말합니다(롬 3:23). 모든 사람은 율법대로 죽어야 마땅했어요. 그래서 예수님이 이 율법의 요구를 완성하심으로 우리를 사망에서 생명으로 옮기셨지요. 그런데 그들은 여전히 깨닫지 못하고 예수님을 고발했던 죄목들을 스데반에게 씌우며 '예수가 죽은 것처럼 스데반도 죽어 마땅하다!' 라고 주장했어요.

죽이려는 사람들 눈에 비친 스데반의 모습(15절)

15 누가는 역설을 기록합니다. 공회에 앉은 사람들은 스데반을 돌로 쳐 죽이라고 입을 모아요. 그런데 놀랍게도 스데반을 주목해서 보니 그

의 얼굴이 천사와 같았지요.

스데반을 고발한 사람들은 그와의 논쟁에서 이기지 못한 헬라파 유대인이었어요. 스데반은 헬라파 유대인 과부들의 구제를 위해 일하는 일꾼이었습니다. 그런 사람을 히브리파 유대인에게 가장 큰 주제인 '성전'과 '율법'을 범한 죄목으로 거짓 고발했지요. 그런데 사형을 판결한 공회원들 눈에 스데반의 얼굴이 천사처럼 보였어요. 전혀 앞뒤가 안 맞지요?

세상은 논리나 이성이 아닌 '무조건 싫다'는 영적인 반응으로 하나님의 사람을 거부하고 공격합니다. 생명을 가진 하나님의 자녀에게 돌 던질 준비가 늘 되어있지요. 그런데 우리가 예수 그리스도께 시선을 고정하고 죽음 앞에서도 천국의 가치를 드러낸다면 세상은 뜨끔합니다. 죽이라고 판결하면서도 스데반의 천사 같은 얼굴을 부인할 수 없었던 것처럼요.

저같이 하나님의 이름을 드러내는 사업가도 마찬가지예요. 말도 안 되는 트집이 잡히고, 거짓 증인이 나타나 궁지로 몰릴 때가 한두 번이 아니었어요. 그럴 때 어떻게 대처해야 하는지를 스데반에게서 배웁니다. 예수 그리스도만 신뢰하고 그분의 사랑으로 세상을 바라보며 공격의 실체를 알 때 담대하게 나아갈 수 있어요. 그런 우리를 통해 악의적으로 괴롭히던 사람들도 그리스도를 볼 수 있습니다. '저 사람에겐 뭔가가 있구나' 하며 부인할 수 없는 힘을 느끼게 되지요.

죽음을 마주한 스데반의 얼굴이 천사처럼 빛났던 건 그 순간에도 오직 주님만 주목했기 때문입니다. 그는 죽기 직전까지 성령충만하여 예수님이 하나님의 보좌 우편에 서 계신 걸 봐요(행 7:55). 스데반의 영혼을 받으려고 기꺼이 일어선 모습을 보여주심으로 예수님은 그가 순교자의 길을 끝까지 담대히 걷게 하십니다.

더 놀라운 건, 스데반의 죽음이 끝이 아니었다는 거예요. 이 순교 현장에는 사울이었던 바울이 있었어요. 그는 훗날 이방에 복음을 전하는 사도가 되었지요. 그뿐 아니라 스데반의 순교로 인한 핍박으로 신도가 도망가는 중에 복음이 전해지고 안디옥 교회가 세워집니다. 새로운 복음의 지도가 그려지지요. 그의 순교는 한 알의 밀알이 땅에 떨어져 수많은 생명을 살리는 역사가 되었어요.

우리 인생은 어떤가요? 하나님께서 스데반을 순교자로, 바울을 이방의 사도로 부르신 것처럼 각 사람을 부르신 자리가 다 달라요. 그러므로 누가 얼마나 크고 대단한 역할을 하는가보다 내게 주신 역할을 얼마나 아름답게 완성하는가가 중요합니다. 세상의 시험과 공격에도 하나님이 주시는 힘으로 끝까지 사명을 이루며 천사 같은 얼굴을 밝히 드러내는 우리가 되어요.

나의 행전

1. 내 신앙을 시험하는 대적이 누구인가? 하나님께 능력과 지혜를 구하며 그가 나를 통해 하나님을 볼 수 있기를 기도하자.
2. 나를 부르신 자리가 어디인가? 사명자로 살기 위해 어떤 노력이 필요할까?

14 큰 그림을 볼 때 현재가 보인다 7:1-16

#나의 하나님 점검하기 #원대한 하나님의 역사 속 내 사명 찾기

사람이 죽기 전에 남기는 유언은 그 인생을 응축한다고 볼 수 있어요. 본문은 스데반의 마지막 설교예요. 그는 이 설교를 마치고 돌에 맞아 순교합니다.

대제사장의 심문(1절)

1 공회 의장인 대제사장이 스데반을 심문합니다. 그가 헬라파 유대인들이 고발한 내용이 사실이냐고 묻자 스데반은 설교를 통해 그가 한 말이 '신성모독'이 아닌 '바른 이해'라는 걸 증언해요. 그리고 그들에게 회개를 촉구합니다.

설교 대상이 유대인이었기에 그는 이스라엘 역사의 중요한 네 시대를 택하여 하나님께서 어떻게 일하셨는지를 말해요. 그중 첫 번째는 아브라함의 이야기예요.

아브라함을 통한 하나님의 뜻(2-8절)

2 스데반은 "부형"이라는 호칭을 사용해요. 이는 '아버지와 형제들이여'라는 의미로 그가 여전히 유대인들을 사랑하고 있음을 보여줍니다. 또 아브라함을 "우리 조상"이라 부르며 헬라파 유대인인 자신과 히브리파 유대인들이 같은 민족임을 상기시키지요.

선민사상이 강했던 이스라엘에게 아브라함은 믿음의 조상이자 국부(國父)의 위치에 있는 인물이었어요. 그런데 스데반은 그가 남부 메소포타미아의 유브라데 강변에 위치한 갈대아 우르, 곧 우상을 섬기는 지역 출신이었음을 굳이 드러내며 그들의 잘못된 선민사상을 흔듭니다.

3 하나님은 아브라함에게 '내가 지시할 땅으로 가라'라고 말씀하셨어요. 이는 하나님이 이스라엘에만 갇혀 계신 분이 아니라 우주 만물을 통치하시는 분임을 말해요.

4 아브라함은 말씀대로 갈대아 땅을 떠나 하란에 살다가 아버지가 죽은 후에 당시 유대인들이 사는 가나안으로 옮겨갔어요. 5 그러나 그 땅에는 아브라함이 유산으로 물려받을 손바닥만 한 땅도 없었습니다. 심지어 아브라함에게는 자식도 없었는데, 하나님은 그와 그의 후손에게 그 땅을 소유로 주신다고 약속하셨지요.

6 또 그의 후손이 외국 땅에서 나그네가 되어 400년 동안 종살이를 하고 학대받을 거라고도 말씀하셨어요. 7 그런데 때가 차면 그의 후손을 종으로 부리는 민족, 곧 애굽을 심판하실 것이며 그들은 그곳에서 빠져나와 하나님을 예배할 거라고 하셨지요.

8 그리고 하나님은 아브라함에게 할례의 언약을 주셨어요. 약속대로 그는 이삭을 낳고 여드레째 되는 날 아들에게 할례를 행합니다. 이후 이삭은 야곱에게, 야곱은 열두 족장에게 할례를 행했지요.

할례는 남자의 생식기 표피를 자르는 것으로 '죽음'을 의미합니다. 할례를 통해 '너는 죽었으니 이제 내가 주는 힘으로 살아야 한다', 즉 매일 십자가에 자아를 못 박으며 살아야 한다는 걸 가르쳐주신 거예요.

스데반은 아브라함의 이야기를 통해 무얼 말하려 한 걸까요? 그들이 하늘처럼 떠받들고 우상시하던 국부 아브라함도 결국 우상을 섬기던 죄인이었으며 하나님의 언약을 받았지만 절망적이기는 마찬가지였음을 말합니다.

이 대목에 기록되지는 않았지만, 아브라함은 약속의 땅에 도착하자마자 기근을 만나 바로 애굽으로 갔어요. 가서 아내를 누이라고 속입니다. 후손을 주신다는 약속을 하나님께 받았음에도 불신하여 인간적인 노력으로 이스마엘을 낳아요. 그에게 믿음이란 찾아볼 수 없었지요.

하나님은 그때부터 13년간 아브라함에게 침묵하셨어요. 그리고 마침내 아브라함이 99세가 되고(창 17:1) 아내 사라가 90세(창 17:17)로 폐경의 몸일 때, 긴 침묵을 깨고 다시 나타나셔서 이삭의 탄생을 약속하셨어요. 그러니 이삭의 출생은 마리아가 성령으로 잉태하여 예수님을 낳은 것만큼이나 전적인 하나님의 역사였습니다.

이는 하나님나라 백성이 혈통이 아닌 순종으로 이어진다는 걸 보여줍니다. 동시에 아브라함의 믿음이 그의 일생을 통해 점점 단단해지고 굳건해졌음을 볼 수 있어요.

또한 아브라함이 조카 롯을 구해오며 보복을 두려워하여 깊은 두려움 속에 있을 때 그가 주님을 믿으니 주님은 그의 믿음을 '의'로 여기셨어요(창 15:6). 이신칭의! 아브라함도 우리와 똑같이 믿음으로 말미암아 의롭게 여김을 받은 거지, 그 자체가 의로운 게 아니었어요.

스데반은 아브라함을 통해 인간의 뿌리 깊은 죄성과 불의함을 여과 없이 드러냅니다. 당시 아브라함을 우상시하며 선민사상이 가득했던 이들에게 '십자가의 의'를 바라봐야 함을 강조했지요. 결국 아브라함도 예수 그리스도를 가리키고, 약속의 자녀인 이삭의 출생도 그리스도의 탄생을 예표하는 것이니까요.

요셉을 통한 메시지(9-16절)

9 다음은 요셉의 이야기입니다. 요셉은 형들의 질투로 애굽에 팔려 갔지만, 그건 '팔림'이 아닌 '먼저 보내심'이었어요. 훗날 요셉도 형들이 엎드려 생명을 구걸하는 모습을 보며 그것을 깨닫고 고백했지요. 애굽에 팔려 간 요셉에게 하나님이 함께하셨어요.

10 하나님은 모든 환난에서 그를 건져내시고 은총과 지혜를 주셔서
바로 왕의 총애를 받게 하시고, 그를 총리로 세워 애굽의 통치자가 되게
하십니다. 11 그즈음 애굽과 가나안 온 지역에 흉년이 들어 12 야곱의
아들들, 곧 유대인의 조상들은 애굽에 식량을 구하러 갔어요. 13 그들이
두 번째 방문했을 때, 요셉은 형들에게 자기가 누군지를 알립니다.

14 이후 야곱 일가는 요셉 덕분에 애굽에 옮겨 와 살다가 15 야곱과
그의 아들들은 그곳에서 죽습니다. 16 그들의 유해는 나중에 세겜으로
옮겨져, 전에 아브라함이 세겜의 하몰 자손에게서 은을 주고 산 무덤에
묻혔어요.

스데반은 요셉의 이야기를 통해 하나님께서 초강대국이었던 애굽 땅에서도 역사하신 만물의 통치자이며 역사의 주관자이심을 드러냅니다.

또한 기근 속에서 백성을 책임지고 보호하시는 분임을 말하지요.

그는 최후 변론의 기회에 구약이 가리키는 메시아가 바로 예수 그리스도이심을 간절히 외쳤어요. 당시 유대인의 자부심이었던 구약의 위대한 조상들 곧 아브라함, 요셉, 모세, 여호수아, 다윗, 솔로몬의 이야기를 들어 구속사를 설명하며 예수님이 오실 수밖에 없는 이유, 그분만이 답이심을 선포합니다.

나의 행전

1. 스데반처럼 성경의 본래 뜻을 명확하게 이해하자. 말씀을 읽거나 큐티할 때 자의적 해석을 늘 경계하자.
2. 만물의 창조자, 역사의 주관자이신 하나님께서 내 인생도 인도하심을 믿음으로 선포하자. 그분께 내 사명과 부르심을 알려달라고 기도하자.

15 꿰어보면 놀라운 메시지 7:17-43

#역사 속에 숨겨진 하나님의 손길 #인생이 메시지

이어서 스데반은 모세의 이야기를 들려줍니다. 이 부분을 유독 길게 말하는 이유는 그가 모세의 율법을 거슬렀다고 고소당했기 때문이에요.

때가 차매(17절)

17 하나님이 아브라함에게 약속하신 '출애굽의 때'가 가까이 왔을 때 이스라엘 백성은 애굽에서 그 수가 크게 늘어났어요. 이때는 하나님이 '이스라엘'이라는 유형 국가를 표본으로 세우시는 과정 중 '국민 만들기'의 시기로 국민의 수가 불어나는 것이 가장 중요했지요.

모세의 탄생(18-22절)

18 마침내 왕조가 바뀌어 요셉을 알지 못하는 새 임금이 애굽의 왕이 됩니다. 원래 애굽은 힉소스 왕조였는데, 요셉이 총리일 때는 셈족에게 나라를 빼앗긴 시기였어요. 셈족은 요셉에게 더 호의적이었지요. 그런데 다시 힉소스 왕조로 바뀐 거예요.

19 새 임금은 이스라엘 백성을 학대했습니다. 심지어 이스라엘 백성의 수가 급격히 불어나자 두려운 마음에 남아 살해 정책까지 시행하지요.
20 바로 그 시기에 모세가 태어났어요. 그는 하나님 보시기에 아름다운 특별한 아이였지요. 그의 부모는 그를 석 달 동안 몰래 길렀어요. 21 그
러고는 어쩔 수 없이 강물에 띄워 보냈는데 바로의 딸에게 건져져 궁에서
왕자로 자라게 됩니다. 22 모세는 애굽의 왕자로서 교육을 받으며 자랐고, 그 하는 말과 일에 능력이 있었어요.

하나님의 작전 개시(23-29절)

23 모세가 마흔 살이 되자 자기 동족인 이스라엘 사람들의 사정을 살펴볼 생각이 났어요. 모세의 유모가 그의 엄마인 요게벳이었거든요. 당

시엔 6,7세까지 유모가 키웠다고 하니 요게벳이 모세에게 신앙 교육을 철저히 했겠지요. 그런 이유로 모세는 애굽 왕자로 자랐지만 동족에 대한 마음이 늘 있었을 거예요.

24 어느 날 그는 억울한 일을 당하는 동족을 돕다가 애굽 사람을 때
려죽이고 말아요. 25 모세는 그 동족이 자신을 통한 하나님의 도우심
을 깨달을 줄 알았는데, 그렇지 않았어요. 26 다음 날 모세는 동족이 서
로 싸우는 걸 보고 그들을 화해시키려고 합니다. 27 그런데 동족에게 해
를 입히던 사람이 모세를 밀어뜨리며 '누가 너를 재판관으로 세웠냐'라
고 따져 물어요. 28 그러고는 '어제는 애굽 사람을 죽이더니 오늘은 나
를 죽이려느냐'라며 일침을 가합니다.

29 그 말을 듣고 모세는 미디안 땅으로 도망쳐요. 거기서 나그네로
살며 아들 둘을 낳지요. 사실 그는 애굽의 왕자였기에 애굽인 하나 죽이
는 건 큰 문제가 되지 않았지만, 그 배경에 정치적 이슈가 있었습니다.

당시 왕위 싸움이 있어 반대 진영은 모세의 출신 배경을 논하며 언제든 반란을 일으킬 위험인물이라고 공격했을 거예요. 그런데 실제로 이스라엘 사람을 위해 애굽 사람을 죽였으니 이보다 좋은 빌미가 없었지요. 모세는 목숨이 위험한 상황에 제삼국인 미디안으로 도망친 거였어요.

모세에게는 큰 환란이었지만, 이는 그를 통해 이스라엘을 구원하시려는 하나님의 작전이었습니다. 우리도 환란이 왔을 때 낙심하기보다 하나님의 계획을 기대해봐요. 앞서 말했든 저도 광야 세월이 제 인생의 가장 소중한 시간이 되었고 코로나19라는 환란을 통해 새로운 시대가 열렸거든요.

사명을 주심(30-35절)

30 하나님은 모세를 40년 동안 내버려 두셨어요. 모세오경을 쓸 만큼
깊은 영성이 준비돼야 했지요. 마침내 그가 여든 살이 되었을 때 천사가
시내 산 광야의 가시나무 떨기 불길 속에서 나타났어요.

31 너무도 신비한 광경에 모세가 자세히 보려고 다가가자 주님의 음
성이 들렸습니다. 32 하나님은 모세가 어머니 요게벳에게 배운 대로 그
의 눈높이에 맞춰 자신을 소개하셨어요. "나는 네 조상들의 하나님, 곧
아브라함의 하나님, 이삭의 하나님, 야곱의 하나님이다." 모세는 두려워
서 감히 바라보지 못했지요.

33 하나님이 그에게 말씀하셨어요. "네 신발을 벗어라. 네가 서있는
곳은 거룩한 땅이다." 34 그러고는 이스라엘 백성이 애굽에서 학대받는
것을 보셨고 그들의 신음을 들으셨기에 그들을 구원하겠다고 말씀하세
요. 그리고 이 일을 모세에게 맡기시며 애굽으로 보내십니다.

35 이스라엘 백성은 모세를 인정하지 않았지만, 하나님은 그를 '지도
자와 해방자'로 세우셨어요. 모세는 하나님의 계획대로 이스라엘의 구원
자 역할을 감당하며 그들을 애굽에서 인도해냈지요.

이스라엘의 광야 생활(36-43절)

36 하나님은 애굽과 홍해와 광야에서 수많은 기사와 표적을 행하시
며 이스라엘 백성을 인도하셨습니다. 37 스데반은 신명기 말씀을 인용
하며 "하나님이 너희 형제 가운데서 나와 같은 선지자를 세우리라"(신
18:15)라고 말한 사람이 모세라고 해요. '나와 같은 선지자'는 바로 예수

그리스도로, 모세가 그분을 증언했다는 사실을 강조합니다. 헬라파 유대인들은 스데반이 예수님처럼 모세의 말을 거슬렀다고 고발했는데 모세조차도 예수 그리스도를 증거했음을 제발 깨달으라는 거지요.

38 또 그는 모세를 '광야 교회'에서 천사와 백성 사이의 중개자가 되어 '살아있는 말씀'을 전해준 사람이라고 말합니다. 스데반은 자신이 율법을 거스르는 사람이 아닌 하나님의 말씀을 살아있는 말씀으로 여긴다고 강조하지요. 39 그런데 이스라엘 백성은 숱한 기적과 표적을 경험하고도 삶의 불편함을 참지 못하고 종살이하던 애굽으로 돌아가고 싶어 했어요. 40 그래서 모세가 율법을 받으러 시내 산에 올라가 내려오지 않자 아론에게 자기들을 인도할 신을 만들어달라고 합니다.

41 그렇게 송아지 우상이 만들어져요. 스데반은 백성들이 하나님의 종 모세를 거역한 것을 하나님을 거역한 것으로 해석합니다. 그리고 잠시도 기다리지 못하고 우상숭배를 하는 인간 군상을 통해 뿌리 깊은 죄성을 드러내지요.

42 하나님은 그들의 우상숭배를 내버려 두셨어요. 스데반은 아모스서 말씀(암 5:25-27)을 인용하여 이스라엘 백성이 광야 생활 40년 동안 하나님께 진정한 희생제물과 예배를 드린 적이 없다고 고발합니다.

43 그들은 오히려 몰렉 신의 장막과 레판 신의 별 등 이방 신들을 숭배했어요. 그 결과 70년 동안 바벨론 포로 생활을 하게 되지요. 여기서 스데반은 하나님께서 이스라엘뿐 아니라 온 세상을 통치하신다는 사실을 재차 강조합니다. 유대인들의 선민사상을 다시 한번 깨뜨리지요.

나의 행전

1. 주님이 쓰시는 사람은 반드시 숙성의 시간을 거친다. 환란의 때를 지나고 있다면 불평과 절망보다 정금같이 다듬어지기를 소망하자.

2. 스데반은 성경 내용을 구속사적 관점으로 꿰뚫어 하나님의 역사를 증거했다. 성경을 정립하기 위한 구체적인 통독 계획을 세워보자.

16 우리가 버텨야 하는 이유 7:44-60

#눈에 보이는 것이 전부가 아니다 #하나님의 스케일

우리는 구약을 아우르는 스데반의 긴 설교를 듣고 있어요. 그는 아브라함, 모세에 이어 여호수아, 다윗, 솔로몬에 이르는 이스라엘 역사를 설명하며 그 모든 것이 가리키는 '오실 메시아'가 바로 '예수 그리스도'라고 말해요. 그리고 유대인들에게 "당신들이 그 메시아를 죽였다"라고 말하자 그들은 격분하여 스데반을 죽입니다.

증거의 장막(44,45절)

44 이스라엘이 광야에서 살 때 증거의 장막이 있었습니다. 모세가 하
나님의 말씀대로 제작했지요. 45 이 장막은 하나님께서 그들과 함께하

신다는 것을 상징했어요. 여호수아가 가나안을 정복하며 이 장막을 가
지고 들어갔고, 다윗 시대까지 물려주었습니다.

성전의 참 의미(46-50절)

46 다윗은 하나님의 거처인 성전 건축을 간절히 구했어요. 47 그러
나 그의 아들 솔로몬에 의해 지어졌지요. 48 그런데 스데반은 지극히 높
으신 하나님이 사람의 '손으로 지은' 건물 안에 거하지 않으신다고 말해
요. 이는 그들의 조상이 광야에서 '손으로 만든' 송아지를 우상숭배 했
던 것처럼 유대인들도 성전을 우상화하고 있음을 지적한 거예요.

49,50 그리고 이사야서 말씀을 인용해 하나님은 온 우주에 거하시는
분이며 그분이 세상을 창조하셨음을 강조합니다(사 66:1,2).

그들의 죄를 책망함(51-53절)

51 스데반은 지금까지 '우리'라는 호칭을 쓰며 자신과 유대인들이 같
은 조상을 둔 한 민족임을 나타냈지만, 여기서는 '너희'라는 호칭으로 선
을 긋습니다. 유대인들을 목이 곧고 마음과 귀에 할례받지 못한 자들로
지적하며 '당신네 조상들'처럼 성령으로 거스른다고 비난해요.

52 그들의 조상이 선지자들을 박해했고, 의인이 올 것을 예언한 사람
들을 죽였고, 그 의인을 배반하고 죽였다고 말합니다. 53 또한 그들이
스스로 잘 지킨다고 자부하던 율법도 실은 받기만 하고 지키지 않았다
고 지적해요. 율법과 성전을 거스른다고 고발당한 건 스데반이지만, 실
제로 거스르는 건 그들이라고 밝힙니다. 제사장 나라로서 열방을 주께

돌이키는 역할은 안 하고 잘못된 선민사상에 사로잡혀 있음을 지적한 거지요. 스데반은 오실 메시아를 가리킨 구약의 성취를 오신 메시아의 죽음으로 마무리하며 구속사를 요약합니다.

격분하는 청중과 스데반의 순교(54-60절)

54 진리 앞에서 청중은 회개는커녕 격분했어요. 55 그런데 스데반은
두려워하지도 흔들리지도 않습니다. 그가 성령충만하여 하늘을 우러러 보니 하나님의 영광과 그 우편에 서 계신 예수님이 보였어요. 성령의 도우심으로 주님께 주목했고 마지막 순간까지 사명을 완수할 힘을 얻었지요. 많은 경우에 예수님이 보좌 우편에 앉아 계시는 모습으로 묘사되지만, 여기서는 스데반의 영혼을 받으려 일어서신 모습으로 기록돼요. 그를 위해 애타게 중보하시는 예수님의 마음이 느껴지지요.

56 스데반은 사람들에게 말했어요. "보십시오, 하늘이 열려있고 하나님 우편에 인자가 서 계신 것이 보입니다!" 그는 눈앞에 펼쳐진 광경을 보며 확신에 차서 예수님을 증거했어요(이는 성경에서 '인자'라는 단어가 처음 등장한 다니엘서 7장 13절과 예수님이 종교 지도자들과 마지막 신학 논쟁 때 인용하셨던 시편 110편 1절을 배경으로 해요).

57 유대인들은 분노하여 귀를 막고 큰 소리를 지르며 일제히 그에게
달려듭니다. 58 그들은 스데반에게 신성모독죄를 적용해서 성 바깥으로
끌어내 돌로 쳤어요. 극도로 흥분하여 재판 절차도 무시했지요. 단 사람을 죽이려면 증인이 필요했기에 증인들은 옷을 벗어서 사울이라는 청년의 발 앞에 두었어요(드디어 성경에 바울이 등장해요).

이는 사울이 이 죽음에 책임이 있는 지위였음을 알려줍니다. 초대 교인들이 재산을 판 값을 사도들의 발 앞에 둠으로 사도들이 하나님의 뜻대로 그 재물을 사용할 권위를 받았듯이, 이 장면에서 증인들도 사울의 권위를 인정하며 이 일의 처분을 그에게 맡긴 것입니다.

59 스데반은 돌에 맞는 순간까지 “주 예수님, 내 영혼을 받아주십시오”라고 부르짖습니다. 60 그리고 무릎을 꿇고 “주님, 이 죄를 저 사람들에게 돌리지 마십시오!” 하고 외치고는 숨을 거둡니다.

그가 재판받고 죽임당하는 장면은 예수님의 마지막을 떠오르게 해요. 예수님도 스데반도 공회의 심문을 받았고, 재판에 거짓 증인들이 세워졌으며, 자신을 죽이는 자들의 죄를 그들에게 돌리지 말아달라고 간구했어요. 그들이 아직 깨닫지 못해 죄를 지었기 때문이지요. 누가는 스데반의 순교를 기록하며 그가 예수님의 길을 걸어간 참 제자였음을 나타냅니다. 당시 유대인들은 선민사상에 빠져 율법주의, 성전·예루살렘·유대인 중심주의에 함몰되었어요. 하나님은 창세기 11장에서 죄로 타락한 인류가 그분을 대적하고 바벨탑을 쌓을 때 반드시 흩어버리신다는 걸 보여주셨어요. 그리고 창세기 12장부터 하나님이 왕이시고 말씀으로 통치되는 제사장 나라인 이스라엘을 국가의 표본으로 세우시며 모든 민족에게 복(구원)의 근원이 되기를, 모든 나라가 이와 같기를 원하셨지요. 이것이 하나님나라의 건국 이념이에요.

그런데 이스라엘은 이 정체성을 까마득히 잊고 형식과 율법만 붙들었어요. 그 결과 하나님께 나아가는 자를 가로막고 예수님을 죽이는 자리에 섭니다. 그들이 신봉하는 구약 역사를 스데반이 풀어주었지만, 예수님을 죽였듯이 그도 죽이고 맙니다.

그러나 복음은 한 사람의 입을 막는다고 막을 수 없어요. 스데반의 죽음은 수많은 선교의 열매를 맺었고, 현장에 있었던 사울은 훗날 사도 바울이 되어 신약성경 27권 중 13권을 집필했지요. 또 이 일로 예루살렘 교회에 큰 박해가 일어나 그리스도인들이 흩어지면서 이동 경로를 따라 사마리아 교회가 세워졌고, 바울의 이방 선교 파송교회인 수리아 안디옥 교회가 세워졌어요. 죽음이 죽음으로 끝나지 않고 이방 선교의 물꼬를 트는 동력이 되어 새로운 선교 지도를 그려나간 것입니다.

나의 행전

1. 구원의 은혜를 묵상하며 개선해야 할 말과 행동, 태도가 없는지 돌아보자.
2. 하나님이 맡기신 일이면 반드시 결실한다. 끝까지 감당할 힘을 주시길 기도하자.

17 나도 할 수 있다 8:1-8

#꿈에도 생각지 못한 계획 #충만한 기쁨

스데반의 순교 현장에는 사울이 있었습니다. 그 후 어떻게 이야기가 전개되었는지 살펴보아요.

스데반 순교의 후폭풍(1절)

1 사울은 스데반이 죽임당한 것을 마땅하게 여겼어요. 그는 바리새인 중의 바리새인이자 당대에 존경받던 학자 가말리엘의 문하생으로 그의 신학적 기준으로는 스데반의 죽음이 율법에 따른 합당한 처벌이었지요.

그러나 놀랍게도 얼마 뒤 사울은 그가 죽어 마땅하다고 생각했던 스데반이 전했던 복음을 목숨 걸고 전하는 사람이 됩니다. 사울도, 스데반도, 그 현장에 있었던 누구도 꿈에서조차 상상하지 못한 일이었지요. 하나님이 사람을 쓰시는 과정은 알면 알수록 경이로워요.

스데반의 순교로 예루살렘 교회에 큰 박해가 일어납니다. 주로 스데반과 같은 헬라파 유대인을 겨냥했고 이전의 박해와는 비교할 수 없을 만큼 규모가 컸습니다. 유대의 종교 지도자들은 초대교회 성도를 '하나님을 모독하고 율법을 무너뜨리는 위험한 집단'으로 여겼어요. 예수님에 이어 스데반을 죽였던 터라 이참에 아예 뿌리를 뽑을 생각이었지요.

바로 그 중심에 사울이 있었어요. 박해의 결과로 성도들은 유대와 사마리아 지방으로 흩어졌지만, 사도들은 예루살렘 교회를 지키기 위해 남아있었습니다.

두 반응(2,3절)

2 경건한 사람들은 스데반을 장사하고 크게 울었어요. 스데반이 신성모독죄로 사형을 받았기에 드러내고 우는 건 엄청난 위험을 감수한 행위였지요. 예수님의 십자가 처형 이후에 니고데모가 그 시신을 달라고 찾아간 것만큼이나요.

3 같은 시기에 사울은 이참에 교회를 모두 없애버리려고 날뜁니다. 집마다 찾아 들어가 남녀 구분 없이 끌어내어 감옥에 넣었지요. '잔멸하다'로 번역된 헬라어는 '사나운 짐승이 고기를 찢다'라는 뜻이에요. 사울 특유의 열정으로 신념과 확신에 차서 살기등등하게 그리스도인을 박해했음이 나타나지요. 그의 신학으로 그리스도인은 반드시 사라져야 하는 사회악이었어요. 나중에 바울이 된 그가 목숨을 걸고 복음을 전한 순간들을 떠올리면, 이 박해가 얼마나 극심했을지 짐작할 수 있습니다.

사마리아 교회가 세워지다(4,5절)

4 그런데 흩어진 사람들이 성령에 사로잡혀 두루 돌아다니며 말씀을 전합니다. 그 무엇도 복음을 막을 수는 없었어요. 스데반의 죽음은 그리스도인을 위축시키기는커녕 그들 마음에 더 강한 불씨를 지펴 큰 확신을 심어주었지요. 세상 핍박에 그리스도인이 어떻게 반응해야 하는지를 스데반이 보여주었기 때문이에요.

또한 이 일은 예수님이 승천하시기 전에 예루살렘과 온 유대와 사마리아와 땅끝(행 1:8) 곧 이방지역까지 복음이 전파되리라 하신 말씀의 성취였어요. 아마 성도들은 초대교회의 아름다운 문화를 떠나고 싶지 않았을 거예요. 그러나 복음은 예루살렘을 넘어 땅끝까지 전해져야 하므로 하나님이 강제로 흩으신 거지요.

우리도 교회 안에서 우리끼리 즐거워하지 말고 세상에 들어가 전해야 합니다. 안 그러면 하나님이 강제로 흩으세요. 삶에 환란이 찾아왔다면 스스로 깨닫지 못하거나 놓친 게 없는지 꼭 점검해보세요. 저는 이 과정에서 답을 찾을 때가 많아요. 환란은 하나님의 메시지이며 새로운 시작임을 꼭 기억하세요. 물론 미리미리 그분의 마음을 헤아리고 적용하는 게 가장 좋겠지요.

5 예루살렘 교회의 일꾼 중 하나였던 빌립은 사마리아 성에 내려가 사람들에게 그리스도를 선포합니다. 원래 유대인은 사마리아인을 개돼지 취급했어요. 그 기원은 주전 721년으로 거슬러 올라가요.

솔로몬 이후에 이스라엘은 사마리아를 수도로 하는 북왕국 이스라엘과 예루살렘을 수도로 하는 남왕국 유다로 분열되었습니다. 북왕국 이스라엘은 주전 721년 앗수르에 의해 멸망했는데 이때 앗수르는 결혼을 통해 두 민족이 섞이게 하는 정책을 썼어요.

속국인 이스라엘은 이 정책을 따르면 많은 혜택을 받지만, 따르지 않으면 손해를 각오해야 했어요. 일제강점기에 독립운동가들은 생명의 위협과 불이익 속에 살았지만, 친일파들은 잘 살았던 것처럼요. 이처럼 앗수르의 정책에 타협하여 두 민족의 통혼으로 태어난 혼혈인을 옛 수도의 이름을 따서 '사마리아인'이라고 부릅니다.

유대인은 더 이상 사마리아인을 같은 민족으로 여기지 않았어요. 광복 이후 친일파가 그랬듯 사마리아인도 경멸의 대상이었지요. 유대인은 사마리아 땅조차 밟지 않았습니다. 유대에서 갈릴리로 갈 때 사마리아를 거치는 최단 거리 직선 코스를 두고 강 건너 베레아 지역으로 돌아갔지요. 또 남왕국 유다가 바벨론 포로 귀환 후 성전을 재건할 때 사마리아인이 동참하려 했지만 거절당했어요. 이렇듯 사마리아인과 유대인의 적대적인 관계는 심각했습니다.

이런 배경에서 빌립이 사마리아 성에 복음을 전한 거예요. 사마리아의 수가성 여인에게 복음을 전하셨던 예수님의 길을 따른 거지요.

사마리아의 반응(6-8절)

6 감사하게도 사마리아인들은 빌립의 말을 듣고 그가 행하는 표징을 보면서 한마음으로 귀를 기울입니다. 당시 표징은 하나님이 함께하신다는 표시였기에 복음 전파에 큰 효과가 있었지요. 예수님과 사도들에 이어 성도인 빌립에게도 표징이 일어났어요.

7 사람에게 붙었던 악한 귀신들이 큰 소리를 지르며 쫓겨났고 중풍병자와 지체 장애인이 고침을 받았어요.
8 그 성에 큰 기쁨이 넘쳤지요. 이는 단순히 기적이 일어나서가 아니라 하나님나라가 임했음을 말합니다. 복음으로 인해 사마리아 땅을 묶고 있던 어둠의 사슬, 멸시와 핍박의 세력이 끊어지는 가슴 뜨거운 장면이지요.

진리는 우리를 자유케 합니다(요 8:32). 복음은 그 어떤 어둠의 세력도, 우리를 짓누르는 역사적 멍에와 중압감도 끊어내는 강력한 힘이 있습니다. 그래서 복음을 만나면 삶에 기쁨이 넘치지요. 이 놀라운 역사는 무명의 그리스도인들이 박해를 피해 도망가는 길에 일어났어요.

저는 삼십 대 중반에 하나님을 만났습니다. 사마리아인들이 경험한 큰 기쁨을 맛보았지요. 곧장 복음을 전하고 싶어서 성경을 연구했고, 지금까지 이어졌어요. 초창기에는 말씀 연구가 너무 재밌어서 신학교에 가고 싶었어요. 그런데 그 길은 막으시고 기어이 사업 현장으로 등 떠미시는 하나님이 원망스러워서 왜 신학교에 가면 안 되는지 수없이 질문했습니다. 게다가 사업은 고난의 연속이었지요.

그런데 시간이 지날수록 치열한 사업 현장이야말로 말씀을 깊이 깨닫고 살아낼 수 있는 기회의 장임을 알았어요. 말씀을 사모하는 자를 향한 하나님의 특별한 축복이라는 것을요. 매일 새벽, 차디찬 예배당에 엎드려 더는 견딜 힘이 없다고 펑펑 울 때면 하나님은 말씀으로 새 힘을 주시고 일으켜주셨어요. 동시에 죽지 않을 만큼의 고난을 조금씩 늘려가셨지요. 아이가 걸음마를 배우듯 한 걸음 한 걸음 주께 시선을 고정하고 가다 보니 어느새 걸을 줄도, 달릴 줄도 알게 되었어요.

스데반과 빌립은 평신도였습니다. 그들이 걸었던 길을 우리도 걸을 수 있지요. 사마리아 땅처럼 복음으로 회복되어야 할 어둠의 땅이 주변에 참 많아요. 일터에도, 가정에도요. 이 세상에 당신을 보내신 하나님의 뜻을 헤아려보세요. 한 평신도를 통해 사마리아 땅에 기쁨이 넘쳤던 것처럼 하나님 손에 온전히 붙들린 당신을 통해 부르신 자리에 기쁨이 넘치길 소원합니다.

나의 행전

1. 환란은 새로운 복음의 지도를 그릴 수 있는 기회다.
2. 평신도였던 스데반과 빌립이 한 일을 나도 할 수 있다. 가정과 공동체, 일터에서 복음과 기쁨을 전할 방법을 생각해보자.

18 지지고 볶아도 하나님은 일하신다 8:9-25

#마술사 시몬 #성령 오해 금지

하나님나라가 임하고 큰 기쁨이 넘쳤던 사마리아 성에 영향력을 미치고 있던 마술사 시몬의 이야기가 소개됩니다. 그는 빌립과 대조되는 인물이에요.

마술사 시몬(9-11절)

9 마술사 시몬은 스스로 큰 인물인 체하는 사람이었어요. 10 낮은 사
람부터 높은 사람까지 그를 하나님의 위대한 능력의 소유자라고 말하며
따랐습니다. 11 그가 '오랫동안' 마술로 사람들을 놀라게 했기 때문이었
어요. 악한 영의 도움으로 사람들의 마음을 사로잡아 절대적 영향력을
행사해온 거예요.

세례받은 시몬(12, 13절)

12 그런 상황에서 빌립이 하나님나라와 예수 그리스도의 이름에 관
한 기쁜 소식을 전하자 사람들은 다 그의 말을 믿고 세례를 받습니다.
13 시몬도 믿고 세례를 받았어요. 그리고 빌립을 따라다니며 그가 행하
는 표적과 큰 능력을 보고 놀랍니다. 자기와는 비교도 안 되는 수준이었
으니까요. 여기까지 보면 '시몬도 은혜를 받았구나'라고 생각할 수 있어
요. 그런데 하나님은 시몬의 중심을 꿰뚫어 보시고 밝히 드러내십니다.

사마리아 성의 성령강림(14-17절)

14 예루살렘 교회의 리더들은 사마리아인들이 하나님의 말씀을 받아
들였다는 소식을 듣고 베드로와 요한을 사마리아로 보내요. 15 두 사
도는 가서 사마리아인들이 성령을 받게 하려고 그들을 위해 기도했어
요. 16 그들은 물로만 세례를 받았을 뿐 아직 성령을 받지 못한 상태였
지요. 17 두 사도가 그들에게 안수하자 성령이 임합니다. 예루살렘 교회
의 두 수장이 기도를 통해 공식적으로 사마리아 교회를 인정하는 장면이
에요.

마술사 시몬이 본심(18-24절)

18 사도들이 손을 얹어 성령을 받게 하는 것을 본 시몬은 드디어 본심
을 드러냅니다. 19 돈으로 그 능력을 사려고 해요. 지금껏 마술로 큰 영
향력을 행사했지만, 성령을 통해 기적까지 일으킨다면 엄청난 돈벌이가
될 걸로 생각한 거예요. 완전한 착각이었지요.

20 베드로는 시몬을 강하게 꾸짖습니다. 하나님의 선물을 돈으로 사
려 했으니 그가 그 돈과 함께 망할 거라고요. 21 그리고 하나님이 보시
기에 마음이 바르지 못하니 그가 복음에 아무런 관련이 없으며 세례는
받았으나 회심하지 않았음을 지적해요. 22 하지만 책망에 머무르지 않
고 회개할 기회를 줍니다. 회개하면 하나님께서 그가 품었던 악한 마음
을 용서해주실 거라고 하지요.

23 그러나 그는 여전히 악의가 가득하고 불의에 매여있었어요. 권능
을 입은 사도들의 눈에는 보였지요. 24 베드로가 자기 마음을 훤히 꿰

뚫어 보며 책망하자 시몬은 두려운 나머지 그의 말이 자기에게 조금도 미치지 않도록 기도 부탁을 합니다. 용서를 구하기보다 심판이 두려워 대신 기도해달라고 부탁하는 모습에서 그가 여전히 하나님을 바로 알지 못했음이 드러나요.

여전히 전해지는 복음(25절)

25 베드로와 요한은 주님의 말씀을 증언한 후 예루살렘으로 돌아가는 길에 사마리아인의 여러 마을에 복음을 전했어요. 요한은 불과 몇 달 전만 해도 예수님을 영접하지 않는 사마리아인들에게 불을 내려 태워버리려 했던 사람이에요. 그는 곧 왕이 되실 예수님을 못 알아보는 이들을 벌주고 싶었지요(눅 9:51-55).

그랬던 그가 십자가를 통과하고 복음의 의미를 깨닫자 사마리아인도 하나님의 자녀임을 알고는 그 땅에 복음을 전하는 사람으로 변모했어요. 사마리아인을 멸시하던 유대 문화에서는 놀라운 변화였지요.

은혜와 기쁨이 충만하던 사마리아 성 이야기에 왜 갑자기 마술사 시몬이 등장했을까요? 그는 오랫동안 어둠의 권세에 붙들려 그 땅에 능력과 영향력을 행사한 신접한 사람이었어요. 그런데 눈앞에 더 큰 기적이 일어나니 아주 솔깃했지요.

그는 '그리스도'가 아닌 '돈벌이'가 필요했던 거예요. 그래서 형식적으로 세례도 받았으나 결국 그의 흑심이 드러나 사도들의 엄중한 경고를 받습니다. 회개할 기회가 주어졌지만, 그가 어떻게 했는지 성경은 말씀하지 않아요.

이처럼 교회 안에도 자기 필요를 위해 거짓 믿음을 가지고 성령의 권능을 오해하는 사람이 있을 수 있어요. 특히 우리나라는 샤머니즘이라는 문화적 토양에 기독교가 들어왔기에 기복 신앙의 영향이 기독교에 녹아든 걸 종종 발견합니다.

매일 정화수를 떠놓고 기도하던 민족이었기에 하나님과 영적인 세계를 받아들이기는 수월했을지 모르나 무속 신의 자리에 하나님을 바꿔놓고 치성을 드리듯 기도하곤 하지요. 내 필요를 채우는 데 하나님을 이용한다면 마술사 시몬과 다를 바 없습니다.

1970-1980년경에는 유난히 치유와 예언의 은사를 받은 사람이 많았어요. 물론 하나님의 역사이기도 했지만 문제도 많았습니다. 성도는 치유와 예언의 은사를 구하기 전에 말씀을 깨달아 삶이 변하는 것에 더 집중해야 해요. 하나님의 뜻대로 살고자 애쓰는 평범한 일상에 성령의 역사가 나타나지요. 성경공부를 할 때도 마음을 살펴보세요. 성경 지식을 자랑하여 뽐내거나 영향력 행사의 도구로 휘두른다면 이 또한 마술사 시몬처럼 되는 거예요.

나의 행전

1. 하나님은 우리의 거짓 믿음을 전부 꿰뚫어 보신다. 신앙생활을 하는 동기가 무엇인지 늘 점검하자.

2. 성령의 역사가 필요한 영역은 무엇인가? 해결되지 않는 삶의 문제, 반복되는 죄, 관계의 어려움 등에 성령의 도우심을 구하자.

19 해피엔딩을 바란다면 8:26-40

#인맥과 스펙 #동에 번쩍 서에 번쩍 #전도자 빌립

사마리아 성에서 복음 전파 사역이 성공적으로 이루어졌을 때 전도자 빌립은 다른 사역으로 부름을 받았어요. 복음은 온 세상으로 전파되어야 하니까요. 흥미진진하면서도 진한 감동이 있는 그의 이야기로 함께 들어가 보아요.

천사의 지시(26절)

26 주님의 천사가 빌립에게 예루살렘에서 가사로 내려가는 길까지 가라고 말합니다. 가사는 예루살렘 서쪽 해변을 지나 애굽으로 가는 광야에 있었어요. 빌립은 주저하지 않고 일어나 곧장 광야 길로 내려갑니다.

같은 시각 사마리아 성은 사역에 성공해서 복음의 축제를 벌이고 있었어요. 마음 같아서는 그곳에 머물고 싶었을 거예요. 이제 막 복음이 전해져 할 일도 많았을 테니까요. 그런데 하나님은 빌립을 옮기십니다.

앞서 마술사 시몬이 '오랫동안' 그 지역에 영향력을 미쳤던 것과 대조되지요(11절). 사람은 한곳에 오래 머물면 영향력이 생기기 마련이에요. 또 죄인이기에 영향력을 누리며 타락하기 쉽고요.

에티오피아 내시를 만남(27,28절)

27 빌립은 그 순종의 길에서 한 에피오피아인을 만납니다. 그는 에티

오피아 여왕 간다게의 모든 재정을 관리하는 고관 내시였지요. 당시 에티오피아는 아주 번성한 국가로 구약에서 '구스'라 불렸고(솔로몬을 찾아왔던 구스 여왕을 기억하지요?) 흑인들이 살았어요. 다음 장면은 새로운 인종에게 복음이 전파되는 순간이에요.

28 에티오피아 내시는 예루살렘에 예배하러 왔다가 돌아가는 길에 마차에 앉아 이사야의 글을 읽고 있었어요. 그가 유대의 절기를 맞아 에티오피아 여왕의 특사로 왔을 가능성도 있지만, 분명한 건 말씀을 향한 갈급함이 있었다는 거예요. 이런 이유로 그를 '하나님을 경외하는 자'나 '개종자'로 볼 수 있어요. 또한 종이가 귀한 시절에 성경을 소유한 걸로 보아 그가 부자이며 말씀에 대한 열정이 있음을 알 수 있지요. 그런데 이사야서 말씀이 쉽지 않기에 성령께서 빌립을 보내주신 거예요.

성경쌤 빌립(29-31절)

29 성령님이 빌립에게 에티오피아 내시가 탄 마차에 바짝 다가서라고
하세요. 30 빌립은 달려가서 내시가 이사야의 글을 읽는 것을 듣고는 지
금 읽는 것을 이해하냐고 묻지요. 31 내시는 자신을 지도해주는 사람이
없으니 깨닫지 못하고 있다고 답합니다. 그리고 빌립에게 마차에 올라 곁에 앉기를 청해요.

이사야서를 풀어줌(32-35절)

32,33 내시는 이사야서 53장 7,8절 말씀을 읽고 있었어요. 이 본문은 예수님의 십자가 사건을 예언한 '메시아 고난 장'으로 불리지요.

그가 곤욕을 당하여 괴로울 때에도 그의 입을 열지 아니하였음이여 마치 도수장으로 끌려가는 어린 양과 털 깎는 자 앞에서 잠잠한 양같이 그의 입을 열지 아니하였도다 그는 곤욕과 심문을 당하고 끌려갔으나 그 세대 중에 누가 생각하기를 그가 살아있는 자들의 땅에서 끊어짐은 마땅히 형벌 받을 내 백성의 허물 때문이라 하였으리요 사 53:7,8

34 내시는 빌립에게 이 내용이 누구를 두고 한 말이냐고 질문합니다.
35 빌립은 이사야가 예언한 분이 바로 예수 그리스도이시며, 그 예언대
로 고난받고 죽으시고 부활하심으로 우리를 구원하셨다고 설명해줘요.
마침 내시가 예수님의 고난에 관한 예언을 읽고 있었으니 빌립은 효과적
으로 복음을 설명할 수 있었을 거예요. 말씀을 사모했던 내시는 복음을
듣고 가슴이 뜨거웠을 거고요.

내시가 세례를 받음(36-38절)

36 두 사람이 탄 마차가 물이 있는 곳에 이르자 내시가 세례 받기를
청합니다. 아마도 빌립이 말씀을 풀며 세례를 언급했고 내시는 자신도
받고 싶었겠지요. 37 (없음)

38 이에 빌립은 명하여 마차를 멈추고 내시와 함께 물로 내려가 그에
게 세례를 베풉니다. 누가는 이때 '명하다', '멈추다', '내려가다', '세례를
베풀다' 동사 네 개를 생동감 있게 사용하여 세례를 베푸는 일이 얼마나
감격스럽고 흥미진진하게 이뤄졌는지 묘사합니다.

동에 번쩍 서에 번쩍(39,40절)

39 그들이 물에서 올라오니 주님의 영이 빌립을 데려가셨어요. 내시는
빌립을 다시 보지 못했지만, 복음을 깨닫고 기쁨에 차서 가던 길을 갔지
요. 40 그 후 아소도에 나타난 빌립은 여러 성을 돌아다니며 복음을 전
하다가 마침내 가이사랴에 이릅니다. 가이사랴는 아소도에서 북쪽으로
올라가는 길에 있어요. 그 길목에 룻다와 욥바가 있는데, 바로 베드로
가 사도행전 9장에서 활동한 도시예요. 그곳에 빌립이 먼저 가서 복음을
전하며 땅을 다져놓았기에 베드로가 갔을 때 꽃피울 수 있었어요. 이렇
듯 복음은 사명자들이 합심하여 연합할 때 확장되고 결실한답니다.

빌립은 동에 번쩍 서에 번쩍 하며 복음을 전합니다. 사마리아 성에서도, 광야 길에서 에티오피아 여왕의 내시에게도 복음을 전해요. 사실 큰 대가를 받아낼 수도 있고 든든한 인맥을 쌓을 수도 있었지만, 그는 복음 전파에 '올인'합니다. 그 자체에 가치를 매기고 충분히 보상받았다고 생각했지요.

천사가 광야로 가라고 하자 그는 즉시 일어나 갑니다. 성령님이 에티오피아 내시의 마차로 바짝 다가서라 말씀하시자 주저함 없이 달려가요. "빌립이 달려가서"(30절)라는 구절이 큰 은혜로 다가옵니다.

나중에 빌립은 사도행전에 다시 등장해요. 약 20년 후 가이사랴의 예언하는 딸 넷을 둔 아버지로 소개됩니다(행 21:8,9). 그때 누가는 그를 '전도자 빌립'으로 기록해요. 그가 평생 성령의 인도하심을 따라 복음을 전하는 전도자로 살았음을 알 수 있어요. 그런 아버지를 보고 자란 딸들

도 성령충만하여 예언하는 사람으로 성장했고요. 저도 빌립처럼 평생 성령께 즉시로 순종하며 말씀을 전하는 전도자로 살아가고 싶어요.

에티오피아 내시는 그 후 어떻게 살았을까요? 아마도 고국의 복음화를 위해 살지 않았을까요. 그 열매로 에티오피아에 전해진 복음의 흔적이 역사적 기록에 많이 남아있답니다.

나의 행전

1. 요즘 성령님이 주신 감동이나 찔림이 있는가? 빌립처럼 순종하는 마음을 부어주시길 기도하고 즉각 행동에 옮기자.

2. 복음 전파 자체에 가치를 두자. 그 과정에서 인맥이나 스펙 등 나의 유익을 취하려는 잘못된 동기가 없는지 늘 점검하자.

3. 안 믿는 자에게 복음을 설명할 준비가 되어있는가? 직접 적거나 말해보면서 나의 언어로 복음을 정리해보자.

Bible Study with Ji-nam Ssam

PART 2

인생이 뒤바뀐 사람들

9-12장

4장

사울의 회심 9장

극적인 회심, 전적인 은혜 9:1-19

숨겨진 시간의 비밀 9:20-31

20 극적인 회심, 전적인 은혜 9:1-19

#여전히 #즉시로 #이끌리는 인생

사도행전에서 가장 드라마틱한 이야기는 사도 바울의 회심일 거예요. 주님이 그를 어떻게 만나주셨는지 살펴보아요.

살기등등한 사울(1,2절)

1 스데반의 죽음에 책임자였던 사울이 다시 등장합니다. 스데반의 순교가 기폭제가 되어 예루살렘 교회에 박해가 일어났고, 그로 인해 그리스도인들이 도망가면서 복음을 전했어요. 들판의 불길이 바람에 번지듯이 복음의 행렬은 아무리 막아도 막을 수 없었습니다. 그래서 사울은 이참에 그들을 뿌리 뽑기로 작정하고 위협과 살기가 등등하여 대제사장에게 갔어요.

2 그러고는 다메섹 여러 회당에 보내는 공문을 써달라고 청합니다. 예수 믿는 사람이면 남녀노소 가리지 않고 닥치는 대로 결박해서 예루살렘에 끌고 오려는 거였지요.

왜 사울은 이토록 그리스도인을 박해했을까요? 바로 그의 유대교 신앙 때문이었어요. 유대교는 하나님을 믿고, 오실 메시아를 기다리는 굳건한 체계를 가지고 있었어요. 그런데 어느 날 '예수'라는 청년이 나타나 자기가 메시아라고 주장하다가 저주의 상징인 십자가에 처형됩니다. 그 후 그가 부활했다는 소문이 돌면서 더 많은 사람이 소동을 일으키기 시작했지요. 사울은 그런 자를 메시아로 인정할 수 없었어요. 부활을 주장하는 무리는 신성모독을 일삼는, 반드시 없애야 하는 존재였지요. 그는 자신이 틀렸을 거라고는 상상조차 못 했을 거예요.

그래서 유대교 신학에 근거한 확고한 신념과 특유의 열정으로 다메섹까지 그리스도인들을 잡으러 갔습니다. 당시 다메섹은 크고 발달하여 유대인도 많이 살았기에 더 시급했어요.

여기까지만 보면 사울은 구원을 받을 수 없는 상태로 보여요. 그러나 하나님께서 그를 돌이키시고 큰 사도로 쓰십니다. 구원이 얼마나 일방적인 하나님의 은혜이고 선물인지를 느낄 수 있지요.

예수님을 만남(3-7절)

3 다메섹은 예루살렘에서 약 217킬로미터 떨어진 도시로 도보로 6일 정도 걸렸어요. 그 길을 한달음에 달려가는 사울의 증오와 살기가 느껴지나요? 그가 다메섹 가까이에 이르렀을 때 하늘에서 환한 빛이 그를 둘러 비추었어요. 초자연적인 경험이었지요. 이 장면은 묵시 문학(하나님이 감추고 드러내시지 않은 신비를 계시한 문학. 신약의 요한계시록, 구약의 다니엘서 등이 있음)에 나타나는 신의 현현의 전형적인 그림 언어예요.

4 사울은 땅에 엎어졌어요. 이때 한 음성이 들렸지요.

"사울아, 사울아, 네가 왜 나를 핍박하느냐?"

하나님이 이름을 두 번 부르시는 건 구약에서 새로운 일을 시작하실 때 주의 종들을 부르시는 중요한 패턴이에요.

아브라함이 외아들 이삭을 하나님께 바치려 할 때도 "아브라함아, 아브라함아!" 하고 두 번 부르셨어요(창 22:11). 예수님의 대속적 죽음을 예표하는 중요한 장면이지요. 또 야곱이 요셉의 초청으로 70인의 식구와 애굽으로 이민을 가려는 순간에도 "야곱아, 야곱아!"라고 두 번 부르세요(창 46:2). 하나님나라 백성을 만들기 시작하신 중요한 순간이었어요.

또 모세에게 이스라엘 백성을 애굽에서 데리고 나오라는 사명을 주실 때도 떨기나무 앞에서 "모세야, 모세야!" 하고 부르셨어요(출 3:4). 영적 흑암기에 새로운 말씀의 부흥을 일으킬 사무엘도 그렇게 부르셨고요(삼상 3:10). 그리고 지금, 복음이 유대를 넘어 이방으로 전파되는 새로운 역사가 시작되는 순간 '이방의 사도'로 사울을 두 번 부르십니다.

5 사울은 "주님, 누구십니까?" 하고 물었어요. 이때 '주님'은 예수님을 부르는 것처럼 보이지만 그는 단지 구약에 능통한 학자로서 이 음성이 신의 출현임을 확신했기에 주님이라고 부른 거였어요.

이에 예수님은 "나는 네가 핍박하는 예수다"라고 대답하세요. 앞서 "왜 나를 핍박하느냐?"라고 물으심으로 그분의 몸 된 교회(그리스도인)와 자신을 동일시하셨는데, 또다시 '네가 핍박하는 예수'라고 답하심으로 확인시켜주십니다.

6 그리고 사울에게 성안으로 가면 그가 할 일을 일러줄 사람이 있을 거라고 말씀하세요. 사명과 함께 정확한 방향성과 동역자까지 예비하셨음을 알 수 있지요. 이처럼 주님은 사명을 주실 때 우리를 철저히 준비시키시고 방향도 알려주시고 동역자도 붙여주십니다.

7 이 놀라운 상황에서 사울과 동행하던 사람들은 소리만 듣고 아무도 보지 못하여 말을 못 하고 멍하게 서있었어요.

눈이 안 보이는 사울 (8,9절)

8 사울이 땅에서 일어나 눈을 떴지만 아무것도 볼 수 없었어요. 그는
사람들의 손에 이끌려 다메섹으로 갔지요. 9 사흘 동안 앞을 보지 못한
채 먹지도 마시지도 않았어요. 금식 기도를 하며 일생일대의 충격적인 체
험을 해석하려 했을 거예요.

아나니아를 준비하심(10-16절)

10 다메섹에는 아나니아라는 제자가 있었어요. 주님이 환상 가운데
그를 부르시자 아나니아는 즉시로 "주님, 여기 있습니다"라고 답합니
다. 이것은 선지자적인 응답으로 이사야나 예레미야, 에스겔도 이렇게
답했지요. 아나니아는 주님의 부르심에 순종할 준비가 되어있었어요.
11 주님은 그에게 '직가'라 하는 거리로 가서 유다의 집에 있는 다소
사람 사울을 찾으라고 하세요. 그가 기도하고 있다고 덧붙이시지요. 직
가는 다메섹 도성 안의 동서로 뻗은 직선 도로를 말해요. '곧은 길'이라
는 뜻으로 '그곳으로 곧바로 향하라'는 의미를 담고 있지요. 하나님이
이방 선교와 복음 전파에 얼마나 화급한 마음이셨는지 느껴집니다.
12 그리고 주님은 사울이 환상 속에서 아나니아라는 사람이 자기에
게 손을 얹어 시력을 회복시켜주는 걸 보았다고 말씀하세요. 사울과 아
나니아, 두 사람에게 정확한 사인을 주신 거예요. 13 하지만 아나니아
는 사울이 예루살렘에서 성도에게 얼마나 해를 끼쳤는지를 많은 사람에
게 들었다고 대답합니다. 14 게다가 이번엔 대제사장의 공문까지 들고
성도들을 잡아갈 권한을 받아 왔다는 사실도 알았지요. 그만큼 사울의

악명이 다메섹에도 자자했기에 아나니아도 처음엔 가기를 꺼렸어요.

15 그러나 주님은 "가라"라고 단호히 말씀하시며 '그는 내 이름을 이방인과 임금들과 이스라엘 자손에게 전하기 위해 택한 나의 그릇'이라고 사울의 사명을 알려주십니다. 이방인의 사도로 부름을 받은 그는 훗날 이 말씀을 그대로 성취하는 삶을 살았지요.

16 더불어 사울이 주님을 위해 얼마나 많은 고난을 받아야 할지를 보여주려 한다고 말씀하세요. 닥쳐올 고난을 알고도 그 길을 가겠냐고 물으신다는 거지요. 주님은 우리를 억지로 끌고 가지 않으세요. 말씀하시고 설득하십니다. 그분은 사명의 길을 결단한 이에게 새 힘을 주시고 쓰러지면 다시 일으키시며 신실하게 동행하세요.

아나니아의 순종(17-19절)

17 아나니아는 그제야 순종해요. 그렇게 등 떠밀려 온 아나니아와 극악한 바리새파 청년 사울의 극적인 만남이 이루어져요. 아나니아는 사울을 찾아가 손을 얹고 "형제 사울아"라고 다정하게 부릅니다. 이것이 복음의 능력이에요. 주님 안에서 사울을 향한 적대감은 눈 녹듯 사라지고 금방 한 형제자매가 되었지요. 아나니아는 예수님이 자신을 보내어 사울의 시력을 회복시키고 성령충만하게 하려 하심을 말합니다.

18,19 그러자 즉시 사울의 눈에서 비늘 같은 게 떨어져 나가며 시력이 회복되었어요. 그는 일어나 세례를 받고 음식을 먹으며 힘을 얻습니다. 그리고 며칠 동안 다메섹에서 제자들과 함께 지냈어요. 시력의 회복은 사울의 영안(靈眼)이 열렸음을 말해요. 흙이었던 아담에게 하나님이

숨을 불어넣으셔서 생령(生靈)이 된 것과 같지요. 또 세례를 통해 그가 죄 사함을 받았음이 여러 증인 앞에서 공식적으로 선포되었어요.

열방을 주께 돌이킬 한 사람을 부르시는 이 극적인 이야기를 통해 모든 것이 하나님의 은혜이며 구원은 그분의 전적인 선물임을 깨달아요. 또 앞으로 이어질 바울의 생애를 통해 부르심 이후의 삶 또한 하나님의 신실한 이끄심으로 이루어진다는 걸 알게 되지요.

하나님을 인격적으로 만나지 못한 사람은 스스로 인생의 주인이 되어 자기 주도적인 삶을 삽니다. 거듭나기 전 사울처럼 잘못된 신념과 열정으로 세상을 정죄하며 살게 되지요. 그런데 주님이 인생의 주인이 되시면 새로운 세계가 보이기 시작합니다. 마치 사울의 눈이 감겼다가 떠진 것처럼요.

사울은 공문까지 받아서 다메섹의 그리스도인을 소탕하러 갈 정도로 아주 '주도적인 인생'을 살았어요. 그런데 하나님의 은혜로 세상을 향한 눈이 감기자 '이끌리는 인생'을 살기 시작했지요(8절). 모든 걸 주님께 맡기고 이끌리는 인생이야말로 복된 인생이랍니다. 우리의 영안이 활짝 열려 참된 복과 기쁨을 깨닫길 소망해요.

나의 행전

1. 구원은 전적인 하나님의 선물이다. 살기등등했던 사울을 사도 바울로 거듭나게 하신 주님을 신뢰하며, 주변에 구원받아야 할 사람을 위해 기도하자.

2. 내가 이끌고 가는 인생이 아닌 주께 이끌려 가는 인생이 축복이다. 내가 주인 된 영역이 있는가? 내 뜻과 다르더라도 즉시 순종하는 마음을 주시길 기도하자.

21 숨겨진 시간의 비밀 9:20-31

#즉시로! #하나님의 애타는 마음 #숙성돼야 제맛 #숨겨진 시간에 일어난 기적

사울은 극적으로 회심했어요. 그리스도인을 소탕하려고 공문까지 받아 다메섹으로 가던 길에서 주님을 만났지요. 그 후로 그는 '예수가 그리스도'임을 전하기 시작합니다. 사람들은 그의 급격한 변화를 받아들이기 어려웠을 거예요.

다메섹에서의 반전(20절)

사울은 일시적으로 눈이 멀었다가 다시 뜨면서 주님을 만났어요. 그리고 며칠간 다메섹에서 제자들과 함께 지내며 예수 그리스도에 관해 많은 대화를 나눴을 거예요.

20 그런 다음에 그는 즉시로 여러 회당에서 예수님이 하나님의 아들이심을 선포합니다. '즉시로'라는 단어에서 하나님의 다급한 마음이 느껴져요. 앞서 전도자 빌립을 통해서도, 아나니아에게 직가로 가라 하셨을 때도 그 마음을 느꼈지요. 어둠에 사로잡힌 시대를 향한 하나님의 애끓는 마음, 그래서 다급하게 주의 종들을 부르시는 아버지의 마음이 크게 다가옵니다.

몇 년 전, 저도 하나님 아버지의 이 마음을 느낀 적이 있어요. 당시 저는 미국에서 타던 밴을 한국에 가져와서 타고 다녔어요. 그런데 차체가 길어서 아파트 주차장에 대면 반대편 차가 한 번에 나오기 어려웠어요. 그래서 아파트 앞 나무 밑에 주차선을 넘어 바짝 대곤 했지요.

하루는 차를 두고 나갔다가 퇴근길에 보니 제 차 위에만 유독 나뭇가지가 많이 떨어져 있었어요. 좀 이상했지만 저녁을 차리러 종종걸음으로 아파트 공동 현관문에 들어서는데 위에서 굉음이 들렸어요. 누군가가 뛰어 내려오며 내는 소리였는데 비명도 아니고 말로 표현할 수 없는 슬프고 다급한 소리였습니다.

곧 한 여성이 맨발로 뛰어 내려오는 거예요. 그녀와 눈이 마주친 순간 자녀에게 문제가 생겼음을 직감했어요. 아니나 다를까, 제 차 위에 그녀의 아들이 떨어진 거였어요. 9층에서 떨어졌는데 다행히 제가 차를 바짝 대서 그 위로 떨어져 살았지요(팔에 골절상만 입었어요).

다음 날 아이의 엄마가 찾아와 아들을 살려줘서 고맙다며 펑펑 울었어요. 119 구급대원이 말하기를 차가 조금만 뒤로 주차되어 있었다면 큰일 날 뻔했다고 하더군요. 그때 말씀이 진짜로 생명을 살린다는 걸 깨달았어요. 영만 살리는 게 아니라 모든 걸 살린다는 것을요. 말씀대로 이웃 사랑을 실천했더니 진짜 사람을 살렸더라고요.

사고 날 마주쳤던 어머니의 눈빛을 잊지 못해요. 문득 죽어가는 영혼들을 향한 하나님 아버지의 절박한 눈빛이 이와 같을 거란 생각이 들었어요. 그 애끓는 마음을 느끼고는 말씀 전하는 일에 더 힘을 냈지요. 일주일에 한 번 라이브방송을 하다가 매일 영상을 올리기로 마음먹은 계기가 되었습니다.

사울도 이 다급하고 간절한 아버지의 마음을 느꼈기에 즉시로! 예수님이 하나님의 아들이심을 선포했을 거예요.

즉시로 복음을 전함(21,22절)

21 사울의 말을 들은 사람들은 다 놀라서 "이 사람은 예루살렘에서 예수의 이름을 부르는 이들을 마구 죽이던 사람이 아닌가? 여기 온 것도 그들을 잡아 대제사장에게 끌고 가려는 것 아닌가?" 하고 말했어요.

22 그러나 사울은 사람들의 수군거림에 아랑곳하지 않고 오히려 더 큰 능력을 얻어 예수님이 그리스도이심을 증명해서 다메섹에 사는 유대인들을 당황하게 합니다. 사울에게서 복음의 확신이 느껴지지 않나요? 그는 극적으로 주님을 만난 후 제자들과 대화하며 더욱 확신했을 거예요. 하나님은 그의 열정적인 기질을 복음 전하는 일에 쏟아붓게 하셨어요.

사울의 피신(23-25절)

23 "여러 날이 지나매"는 어느 정도 기간일까요? 이 말에는 하나님의 시간이 숨어있습니다. 단순히 며칠 후가 아니라 3년 후였지요. 그 근거가 갈라디아서 1장 17,18절에 있습니다. 사울은 다메섹에서 바로 예루살렘으로 가지 않고 아라비아로 갔다가 다메섹으로 돌아갔고, 3년 뒤에 예루살렘에 올라갔다고 기록해요. 그러므로 아라비아에서 3년을 체류했다고 추정할 수 있어요. 즉 "여러 날이 지나매"는 그가 회심하고 아라비아로 갔다가 다메섹으로 돌아온 이후로 볼 수 있습니다.

아라비아는 지금의 요르단 남부 페트라 지역으로 광야예요. 왜 광야로 갔을까요? 그는 구약에 능통한 학자로서 예수님을 메시아로 받아들이지 못하다가 극적인 만남을 통해 그분이 그리스도이심을 인정할 수밖에 없었기에 그 사실을 자기화할 시간이 필요했던 거예요.

3년이 지나 사울이 돌아오자 다메섹의 유대인들은 그를 죽이려고 모의합니다. 그들이 신봉하는 유대교 신념에 사울이 큰 타격을 입힐 수 있으니까요.

24 하지만 그들의 음모가 사울에게 알려집니다. 유대인들은 그를 죽이려고 밤낮으로 성문을 지켰지요. 25 그러나 사울의 제자들이 밤에 그를 광주리에 담아 성 바깥으로 달아 내려 도망가게 했어요. 제자가 있었던 걸로 보아 사울의 영향력이 급속도로 커졌음을 알 수 있지요.

다시 예루살렘으로(26-30절)

26 다메섹을 탈출하여 예루살렘으로 간 사울은 그곳에 15일 동안 머물며 제자들과 어울리려 했어요(갈 1:18). 그러나 제자들은 사울이 회심한 사실을 여전히 믿지 못해 그를 두려워했어요. 불과 3년 전만 해도 교회와 성도들을 핍박하고 무자비하게 죽이던 사람이었으니까요.

27 이때 '위로의 아들'이라 불리는, 모두의 존경을 받던 성품 좋은 바나바가 사울을 맞아줍니다. 그는 사울을 사도들에게 소개하며 다메섹 도상에서의 극적인 회심과 사명을 받은 과정을 전부 설명해주었어요.

28 그제야 제자들은 사울을 받아들였고, 사울은 예루살렘을 자유롭게 드나들며 예루살렘 교회의 리더십들과 교제하고 주님의 이름으로 담대하게 복음을 전했지요.

29 또 헬라파 유대인들과도 토론했어요. 이들은 다름 아닌 스데반을

죽인 무리로 사울도 죽이려고 했지요. 이 변론은 죽음을 각오한 것이었습니다. 30 하지만 신도들이 이 음모를 알고 사울을 가이사랴로 데리고 내려가 다소로 보냈어요. 다소는 사울의 고향으로 길리기아에 속한 도시였습니다(갈 1:21). 아무래도 고향이 가장 안전하다고 생각했겠지요.

학자들은 사울이 다소에 머문 기간을 약 10년으로 봐요. 갈라디아서 2장 1절에 14년 후로 기록되기 때문이지요. 아라비아 3년과 다소 10여 년, 총 13여 년 동안 사울의 이야기는 성경에서 잠시 사라져요. 이후 바나바가 사울을 찾아 다소로 가는 대목부터 다시 등장한답니다(행 11:25).

변함없는 부흥(31절)

31 우여곡절이 많았지만 복음의 물결은 쉼 없이 흘러갔어요. 유대와 갈릴리와 사마리아 온 지역에 걸쳐 교회가 든든히 서가며 부흥했고, 주님을 경외함과 성령의 도우심으로 그 수가 점점 많아졌지요. 이는 예수님이 승천 직전에 하신 말씀의 성취였어요(행 1:8).

바울의 숨은 10여 년을 생각하니 큰 은혜가 됩니다. 저도 한없이 높이 올라보기도 하고 땅에 파묻혀 있는 시간도 통과했어요. 부의 상징인 비벌리힐스에 매장을 열기도 하고, 북경과 상해의 유서 깊은 백화점에서 세계적인 명품과 어깨를 나란히 하기도 했습니다. 하나님이 하셨다고밖에 설명할 수 없는 기적들이 일어났는데 결과는 다 실패였지요. 극과 극의 인생, 열탕과 냉탕을 오가며 하나님은 점점 제 입을 닫으시고 숙성시키셨어요. 그리고 때가 되자 다시 시작하게 하셨지요.

'믿음'은 결국 '견디는 싸움'이에요. 위대한 구약학자인 바울도 13여 년의 숙성 시간을 가졌어요. 광야는 예수 그리스도께 시선을 고정하고 그분만 의지하는 법을 배우는 곳입니다. 훈련을 마친 사람에게는 망함도 부함도 하나님의 영광을 드러내는 도구가 돼요. 저도 광야 한가운데 있을 때는 이해되지 않았어요. 하지만 묵묵히 말씀을 붙잡고 견뎠더니 어느덧 성장한 자신을 발견했지요.

나의 행전

1. 내 삶이 광야 한가운데 있는가? 성경 속 광야 훈련을 거친 인물들의 삶을 묵상하며 이 시간을 허락하신 하나님의 마음을 헤아려보자. 또 넉넉히 감당할 힘과 지혜를 구하자.

2. 교회에 소외된 지체가 있다면 바나바처럼 먼저 다가가 손 내밀어보자.

5장

베드로의 순회전도 9-12장

22 선행이 사람도 살린다 9:32-43

#기적의 역할 #복음을 전하는 구체적 방법

베드로가 중풍병자를 고침(32-35절)

32 베드로는 순회전도 사역을 했어요. 8장에서 그는 사마리아 교회를
둘러보았고 이번엔 룻다로 내려갑니다. 앞서 빌립이 에티오피아 내시에
게 복음을 전한 후에 아소도로 갔고, 여러 성을 지나 가이사랴에 이르렀
는데 그 길에 있는 도시들이 베드로의 사역지인 룻다와 욥바예요(행 8:40).
빌립이 미리 룻다에 복음의 씨앗을 뿌렸음을 알 수 있지요. 또 예루살렘
교회의 박해로 성도들이 흩어질 때도 복음이 전해졌을 거예요(행 8:1,4).
베드로는 룻다의 성도들을 방문해 말씀을 전하고 교제했어요.

33 거기서 8년 동안 중풍병으로 누워있던 애니아라는 사람을 만납니
다. '중풍병', '8년' 이 두 단어가 그의 절망적인 상태를 보여줘요. 34 그
런데 베드로가 애니아에게 "예수 그리스도께서 그대를 고쳐주시니 일어
나 자리를 정돈하시오"라고 말하자 그가 곧 일어났어요. 애니아가 나음
을 입은 거예요. 예수님이 가버나움의 중풍병자를 고치실 때 "내가 네게
이르노니 일어나 네 침상을 가지고 집으로 가라"(눅 5:24) 말씀하셨던 장
면이 떠오르지요? 베드로가 예수님의 뒤를 따르고 있음을 알 수 있어요.

35 룻다는 예루살렘에서 약 40킬로미터 떨어진 도시로 국제 해상 고
속도로가 통과하는 교통의 요충지였어요. 그 덕에 이 치유 이적은 급속
히 퍼져 룻다와 근처 해안 평야인 샤론에 사는 많은 사람이 다 애니아를

보고 주께 돌아왔어요. 이적은 사람의 마음을 열고 하나님을 주목하게 한답니다.

제자 도르가의 죽음(36-43절)

36 이어서 욥바의 다비다라는 여제자를 살린 이야기가 등장해요. 욥바는 룻다에서 약 20킬로미터 떨어진 예루살렘에서 가장 가까운 항구도시였어요. 그곳에 다비다(아람어 이름)라는 여제자가 살았는데 그 이름을 헬라어로 번역하면 '도르가'였어요. 여제자라 불릴 만큼 신앙이 성숙하고 선행과 구제사업을 '심히' 많이 하는 사람이었지요. 당시 사회적으로 여자가 활발히 활동하기 어려웠음에도 심히 많이 했다고 기록할 만큼 그녀의 아름다운 삶이 강조됩니다.

37 그런 도르가가 병들어 죽자 사람들은 그 시신을 씻어 다락에 눕혀요. 아마 그 다락은 욥바의 성도가 모이던 장소로, 성도들은 베드로가 온다는 소식을 듣고 도르가를 살려주기를 기대하며 시신을 다락에 두었을 가능성이 큽니다. 그 정도로 도르가는 욥바의 신앙 공동체에 큰 영향을 미치는 사람이었어요.

38 욥바는 룻다에서 가까웠기에 도르가의 제자들은 베드로가 중풍병자를 고친 소식을 들었을 거예요. 그들은 두 사람을 베드로에게 보내 곧장 와달라고 간청합니다(2는 증인의 수로 2명씩 보내는 게 유대 사회의 관행이었어요).
39 이내 베드로가 욥바에 도착하니 사람들이 그를 다락방으로 인도해요. 과부들이 그의 곁에 서서 울며 생전에 도르가가 지어준 겉옷과 속옷을 보여주고 그녀가 베푼 선행을 말합니다. 그것들을 증거

로 보이며 베드로에게 꼭 살려달라고 간청한 거예요. 당시 여자는 일할 수 없어서 경제적 능력이 없었고 누군가의 도움 없이는 살기 어려웠어요. 신명기에 자기 힘으로 살 수 없는 고아와 과부와 나그네를 도우라는 말씀이 있지요. 도르가는 이런 여인들을 도와주었던 거예요.

40 베드로는 사람들을 다 내보내고 무릎을 꿇고 기도합니다. 그리고 시신을 향해 "다비다여, 일어나시오!"라고 말하자 그녀는 눈을 떠 베드
로를 보고 일어나 앉았어요. 41 베드로가 그녀를 일으켜 세우고는 성도
와 과부들을 불러 그녀가 살아있음을 보여줍니다. 42 이 일이 온 욥바
에 알려지자 많은 사람이 주님을 믿었어요. 죽은 사람이 살아났으니 하나님을 인정할 수밖에 없었지요.

앞서 제 차에 떨어진 남학생이 살아난 이야기를 기억하지요? 아이의 엄마에게 그 일은 특별한 기적이었을 거예요. 다음 날 자동차 수리 비용을 주는 그녀에게 제가 아이를 살린 것만으로도 충분히 보상받았다고 하자 그녀가 말했어요.

"경비 아저씨가 사모님이 신실한 기독교인으로 매일 새벽기도 가는 분이라고 했어요. 저도 이 일로 마음이 많이 열려서 교회에 가보려 해요."

이처럼 기적은 하나님의 살아계심을 인정하게 하고 그분을 보게 만듭니다. 기적 그 자체가 한 사람의 회심을 완성하진 못하지만, 마음 문을 열게 하고 회심으로 이끌지요. 또한 선행도 기적만큼이나 하나님을 소개하는 귀한 통로예요. 일상에서 작은 이웃 사랑부터 실천해보세요.

43 이후 베드로는 여러 날을 욥바에서 시몬이라는 가죽 세공업자의
집에 묵습니다. 당시 가죽 세공업은 부정한 직업으로 세공업자는 인가

와 떨어진 마을 밖이나 해변가에 살아야 했어요. 이런 집에서 전형적인 유대인인 베드로가 머물렀다는 건 파격적인 일이었지요. 이 파격은 여기서 멈추지 않고 이방인의 구원으로 이어져요.

누가는 여기서 두 기적 사건을 마무리하고 '이방인 고넬료의 회심 사건'으로 넘어갑니다. 이제 정결과 부정의 개념을 살펴볼 거예요.

나의 행전

1. 말씀은 사람을 실제로 살린다. 말씀을 삶에 적용할 때의 변화를 관찰해보자.
2. 선행과 기적은 믿지 않는 사람들이 하나님을 느끼고 바라보게 만든다. 일상 속 작은 선행을 실천하며 그리스도의 향기를 퍼뜨리자.

23 내가 하나님을 제한한다고? 10:1-23

#선행의 파워는 어디까지 #전통, 고집, 선입견, 관습의 영향

사도행전 3대 사건을 꼽으면 첫째는 '오순절 성령강림' 사건입니다. 이날은 교회가 공식적으로 시작된 교회의 생일이기에 아주 중요해요. 둘째는 '사울의 회심'입니다. 이 사건을 통해 그가 이방인의 사도로 부르심을 받지요. 셋째는 바로 '고넬료 사건'이에요. 이는 예루살렘 교회의 수장인 베드로가 이방인에게도 성령이 임하고 그들도 구속받는다는 사실을 공식적으로 인정한 계기로 이방 선교의 중요한 전환점이었지요.

경건한 이방인 고넬료(1,2절)

1 고넬료는 이달리야 부대라는 로마 군대의 백부장이었어요. 로마 군대는 6천 명 아래 6백 명, 그 아래 백 명 단위로 이루어졌는데 고넬료는 백 명 단위의 지휘관인 백부장으로 가이사랴에 주둔했어요. 2 그는 경건하여 온 가족이 하나님을 경외했고 피지배국인 유대인에게 자선을 많이 베풀며 하나님께 늘 기도하는 사람이었습니다.

고넬료에게 임한 환상(3-8절)

3,4 어느 날 오후 3시쯤, 그가 환상 중에 하나님의 천사를 똑똑히 봅니다. 천사가 그의 이름을 불렀지요. 그가 두려워하며 무슨 일인지 묻자 천사는 "네 기도와 구제가 하나님 앞에 상달되어 기억하신 바 되었다"라고 답해요. 하나님이 그의 경건한 삶을 인정하신다는 뜻이었어요. 앞서 다비다도 구제와 선행에 힘쓴 결과 죽음에서 살아났듯이 누가는 이 구제와 선행이 실질적으로 사람의 영과 육을 살린다는 사실을 강조합니다.

5-8 이어 천사는 고넬료에게 욥바로 사람을 보내 베드로를 데려오라고 해요. 그가 바닷가에 사는 가죽 세공업자 시몬의 집에 있다고 장소까지 분명하게 알려주면서요. 천사가 떠나자 고넬료는 하인 두 사람과 경건한 병사 하나를 불러 이 모든 일을 이야기하고 욥바로 보냅니다.

베드로도 환상을 봄(9-16절)

9 이튿날 정오쯤, 고넬료가 보낸 사람들이 욥바에 가까이 이르렀을
때 베드로는 기도하려고 지붕에 올라가 있었어요(당시 지붕은 평편해서
채소를 말리는 등 여러 가지 일을 할 수 있는 생활 공간이었어요).

10 베드로가 배가 고파 사람들이 음식을 준비하는 동안에 그는 황홀
경에 빠져듭니다. 11 하늘이 열리고 큰 보자기 같은 그릇의 네 귀퉁이가
끈에 매달려 땅에 내려오는 걸 보지요. 12 그 안에는 온갖 네발짐승과
땅에 기는 것들과 공중의 새들이 골고루 들어있었어요. 13 그때 "베드로
야, 일어나 잡아먹어라" 하는 음성이 들립니다.

14 이에 베드로는 "주님, 절대 그럴 수 없습니다. 속되고 부정한 건 한
번도 먹은 일이 없습니다"라며 완강히 거절해요. 유대 정결법에 근거해
부정한 것을 먹을 수 없다고 한 거지요. 유대인에게 정결한 음식을 먹는
건 정체성과 직결되는 일이었어요. 게다가 율법을 지킴으로써 구원을 얻
는다고 생각했으니 구원과 관련한 중요한 문제였지요.

아이러니하지 않나요? 율법은 하나님과의 신실한 관계를 위한 건데 그 율법을 지키기 위해 하나님의 명령을 완강히 거절하는 모습이요. 물론 베드로는 주를 위해 목숨을 바칠 각오가 있었지만 부정한 걸 먹으라는 명령은 거부할 만큼 종교적 편견이 짙었어요(세계사에도 십자군처럼 종교적 신념의 변질로 인류에 큰 해악을 끼친 사건이 많았습니다).

15 베드로에게 두 번째 음성이 들려옵니다. "하나님께서 깨끗하게 하
신 것을 속되다고 하지 말아라." 16 이런 일이 세 번이나 있고 난 뒤에
그릇이 갑자기 하늘로 들려 올라가요.

성령께서 환상을 해석해주심(17-23절)

17 베드로가 환상의 뜻을 해석하지 못해 의아해하고 있을 때, 고넬료
가 보낸 사람들이 시몬의 집에 도착합니다. 18 그들은 큰 소리로 베드로
를 찾아요. 19 그런 줄도 모르고 환상을 곰곰이 생각하고 있는 베드로
에게 성령께서 세 사람이 그를 찾고 있음을 알려주세요. 20 성령께서 보
낸 사람들이니 의심하지 말고 함께 가라고 하시지요.

21 성령의 직접적인 지시를 들은 베드로는 내려가서 방문자들에게 "내
가 당신들이 찾는 사람인데, 무슨 일로 오셨소?"라고 묻습니다.

22 그들이 차분히 답해요. "고넬료라는 백부장이 보내서 왔습니다.
그는 의로운 사람이요, 하나님을 두려워하는 사람입니다. 그는 온 유대
백성에게 존경을 받고 있습니다. 그는 사람을 보내어 당신을 집으로 모
셔다가 말씀을 들으라는 지시를 거룩한 천사에게서 받았습니다." 누가
는 고넬료에 관해 두 번 반복하여 소개함으로 그가 얼마나 신실한 사람
인지 강조해요.

23 베드로는 그들을 불러들여 묵게 하고 이튿날 함께 떠납니다. 욥바
에 있던 성도 몇 사람도 동행해요. 가이사랴는 욥바에서 약 50킬로미터
떨어진 곳으로 바로 가기엔 먼 거리여서 하루 묵고 다음 날 출발합니다.

이 장면은 앞으로 일어날 일의 복선이랍니다. 정결한 자와 부정한 자의 경계가 허물어지는 의미 있는 순간이지요. 유대인과 이방인, 로마 백부장의 부하들과 부정한 직업군이던 가죽 세공업자 등 사회적 지위의 높고 낮음과 관계없이 다 함께했으니까요.

베드로는 하나님 안에서 새로운 피조물이 되었지만, 여전히 유대인의

종교적 전통, 신념, 편견, 고정관념이 내면에 견고하게 자리 잡혀 있었어요. 그는 주님이 보자기 속 짐승을 잡아먹으라 하셨을 때 부정한 것은 먹을 수 없다며 무려 세 번이나 강하게 부인했지요.

성령충만한 베드로가 그 정도였으니 다른 유대인은 말할 것도 없었어요. 하지만 유대인과 이방인 사이에 막힌 담은 반드시 헐려야 했습니다. 그리스도의 피로 막힌 담이 헐리고 둘이 하나가 되어 화평하며 십자가로 원수 된 것을 소멸해야 했어요(엡 2:14-16).

결국 이 사건을 통해 바울의 이방 선교의 당위성이 인정됩니다. 예루살렘 교회의 수장인 베드로가 이방인에게도 똑같이 성령이 임하는 걸 체험하고 바울의 선교를 공식 인정하지요. 이 평범한 사건 속에 하나님의 세계사적인 큰 그림이 감춰져 있었어요. 하나님의 일은 한 치의 오차도, 우연도 없어요. 이 진리를 깨달으면 내게 일어나는 모든 일과 만나는 사람들이 소중해진답니다.

나의 행전

내 안에 하나님을 제한하고 순종하지 못하게 만드는 편견과 고집, 고정관념을 3가지 적어보고, 이것들을 파쇄하는 기도를 하자.

①

②

③

24 작은 순종도 결정타가 될 수 있다 10:24-48

#상상도 못 한 결론 #큰 그림을 믿으며 순종

고넬료가 베드로를 극진히 맞음(24-26절)

24 다음 날 베드로는 가이사랴에 있는 고넬료의 집에 도착합니다. 고넬료는 친척들과 가까운 친구들을 불러놓고 기다리고 있었어요. 그가 복음을 얼마나 사모했는지 느껴져요.

25 고넬료는 베드로를 마중 나가 그의 발 앞에 엎드려 절하며 극진히 예의를 갖춥니다. 로마의 백부장이 평범한 유대 식민지인에게 이런 태도를 보이는 건 있을 수 없는 일이었어요. 26 베드로가 "일어나십시오, 나도 역시 사람입니다"라며 고넬료를 일으켜 세웁니다. 아마 고넬료는 기적을 일으키는 베드로에게 사람 이상의 경외심을 가졌던 것 같아요.

베드로가 온 이유를 말함(27-29절)

27 베드로는 집 안에 많은 사람이 모여있는 걸 보고 28 유대인이 이방인과 교제하거나 가까이하는 게 위법임을 주지시켰어요. 그런데 하나님께서 사람을 속되거나 부정하게 여기지 말라고 지시하셔서 왔다며 29 무슨 일로 자기를 불렀는지 물어요. 베드로는 하나님의 명령을 따라 비난을 감수하면서도 그들을 만난 거예요.

사람이 사람을 부정하게 분류하여 만나는 걸 금지했다는 게 참 안타깝고 우스운 일이지요. 유대 선민사상이 하나님의 뜻과 한참 멀어져 있음을 알 수 있습니다.

고넬료의 대답(30-33절)

30-32 고넬료는 나흘 전에 기도 중 본 환상으로 대답해요. 빛난 옷을 입고 나타난 천사가 그에게 말하기를 "고넬료야, 하나님께서 네 기도를 들으시고 네 자선 행위를 기억하고 계신다. 욥바로 사람을 보내어 베드로라고도 하는 시몬을 불러오너라. 그는 바닷가에 있는 무두장이 시몬의 집에 묵고 있다" 하였지요.

33 천사의 말대로 그는 베드로를 청했고 주님께서 지시하신 모든 말씀을 들으려고 다 같이 하나님 앞에 모였다고 말해요. 하나님의 말씀을 사모하는 마음과 열정, 순종의 의지가 보입니다.

베드로의 새로운 깨달음(34,35절)

34 베드로는 하나님께서 사람을 외모로 가리지 않으시고 35 하나님을 경외하고 의를 행하는 사람은 그가 어느 민족이든 다 받아주심을 깨달았다고 말해요. 여기서 '외모'는 인종, 민족, 성별, 계층 등 외적인 기준을 포괄하는 말로 하나님이 유대인뿐 아니라 모든 민족을 구원하길 원하신다는 사실을 깨달았다고 고백하는 놀라운 순간입니다.

예수 그리스도의 사역 소개(36-38절)

36 이어서 베드로는 '만유의 주'를 통해 전하신 '화평의 복음'으로 유대인과 이방인의 경계를 허물어버려요. 37 그리고 예수 그리스도의 생애

를 간략히 소개합니다. 그분의 사역은 요한의 세례 사역 이후 갈릴리에
서 시작해 온 유대 지방에서 이루어졌어요. 38 그분은 하나님께서 부어
주신 성령과 능력으로 두루 다니며 선한 일을 행하셨고 마귀에게 억눌린
모든 사람을 고쳐주셨지요. 그건 하나님께서 함께하셨기 때문이었어요.

예수 그리스도의 죽으심과 부활 소개(39-43절)

39 베드로는 자신과 사도들이 예수님이 행하신 모든 일의 증인이라고
말해요. 사람들이 그분을 십자가에 달아 죽였지만 40 하나님께서 사흘
만에 살리셨다고 합니다. 41 부활하신 예수님이 미리 택하신 증인인 제
자들에게만 나타나셔서 함께 먹고 마셨으며 이 부활이 육체의 부활임을
강조하지요.

42 또 예수님이 제자들에게 명하시기를, 하나님께서 예수님을 산 자
와 죽은 자의 심판자로 세우신 것을 사람들에게 증언하라고 하셨다고
말해요. 43 더불어 모든 선지자가 '예수님을 믿는 사람은 누구든지 그
분의 이름으로 죄 사함을 받는다'라고 증언했다며 그분이 그리스도임을
믿는 자는 이방인도 구원받는다고 결론을 맺어요.

이방인에게도 성령이 내림(44-48절)

44 그때 베드로의 말을 듣던 모든 사람에게 성령이 임하십니다.

45 당시 욥바에서부터 베드로와 동행했던 할례받은 유대인 형제들은
할례받지 않은 이방인에게도 동일한 성령이 임하시는 걸 보고 깜짝 놀랐
어요. 46 이방인들이 방언으로 말하고 하나님을 높이 찬양하는 걸 들으

며 그들의 고정관념이 무너집니다.

47 베드로가 그들도 성령을 받았음을 확인하며 48 세례를 베풀어 하나님의 백성이 되었음을 확증해요. 그들은 베드로에게 며칠 더 머물기를 청합니다. 하나님의 말씀을 더 듣고 싶었던 거지요.

고넬료 사건은 이방인에게도 성령이 임하시는 아주 중요한 사건이에요. 이를 계기로 베드로가 바울의 이방 선교의 당위성을 인정합니다.

바울은 핍박자로 살다가 회심하여 예수님을 믿었어요. 그런 자가 이방인의 사도로 부르심을 받았다고 주장한들 주변에선 믿기 어려웠지요. 당시 대부분의 유대인이 이방인을 부정하게 여겼고, 선민사상이 강해서 이방인에게 동일한 성령이 임하시리라고는 상상도 못 했어요. 그런데 예루살렘 교회의 수장이자 전통 사도의 길을 걸어온 베드로가 바울을 인정하자 사람들의 신뢰도도 자연히 높아졌지요.

또한 이 사건은 15장에 나오는 예루살렘 종교회의에서 결정적인 역할을 합니다. 바울과 바나바가 1차 선교여행을 다녀왔을 때 예루살렘에서 온 유대인들이 바울의 파송교회인 수리아 안디옥 교회에 할례를 받지 않으면 구원도 못 받는다고 말해서 큰 혼란이 있었어요. 예수 그리스도를 믿음으로써 구원을 얻는다고 실컷 가르쳤는데 잠시 선교하러 간 사이 허사가 되어버린 거예요. 바울과 바나바는 이 문제를 공식적으로 정리하기 위해 예루살렘에 가서 종교 지도자들과 회의를 합니다.

이때 적지 않은 다툼과 논쟁 속에서 할례가 아닌 믿음으로 구원을 얻는다고 결론을 내린 사람이 바로 베드로예요. 그는 고넬료 사건을 들어 할례받지 않은 이방인에게도 성령이 임하시고 그들이 구원받는 걸 직접 경험했다고 증언합니다. 그 결정으로 공식 서류를 만들어 이방 선교를 하는 바울에게 주지요. 하나님께서 고넬료 사건을 크게 쓰신 걸 알 수 있어요.

나의 행전

1. 내 안에 주님의 뜻과 충돌하는 세상적인 메시지나 고정관념이 있는가? 내 뜻을 주님 뜻 앞에 굴복시키는 기도를 하자.
2. 작은 순종은 하나님의 큰 그림에 꼭 필요한 퍼즐 조각이다. 일상에서 매 순간 그분의 뜻을 구하며 살아가자.

25 생각만 바꿔도 역사가 달라진다 11:1-18

#아무리 고집불통도 하나님은 못 당한다 #내 생각이 하나님의 생각이 될 때

패러다임은 한 시대의 사회 전체가 공유하는 공통된 견해나 사고, 가치 등을 말해요. 이것이 바뀌기란 정말 어렵지요. 그런데 그 일이 성경에서 일어납니다.

유대인 성도들의 비난(1-3절)

1 사도들과 유대에 있는 성도들이 고넬료 사건을 전해 들어요. 2 그
래서 베드로가 예루살렘에 올라왔을 때 할례받은 사람들은 3 그가 할
례받지 않은 이방인의 집에 들어가 함께 음식을 먹은 것, 곧 교제한 것에
대해 나무랐어요.

2절의 "할례자들"(할례를 받은 사람들)은 유대주의적 전통에서 벗어나지 못한 유대 그리스도인으로, 1절의 "사도들과 유대에 있는 신도들"과는 다른 입장이에요. 할례자들은 이방인을 개돼지 취급했고 이방인과의 교제를 불법으로 여겼어요. 그런데 담임목사 급인 베드로가 이방인과 교제했으니 발끈한 거지요. 그들은 이방인을 공동체의 일원으로 인정해 영적인 교제를 나누는 걸 우상숭배로 여겼어요.

베드로의 해명(4-10절)

4-10 베드로는 비난하는 유대인 성도들에게 욥바에서 본 환상부터 고넬료를 비롯한 이방인들에게 성령이 임했던 일을 차근차근 설명합니다. 10장 9-16절 내용을 거의 그대로 전달하는데, 이 내용은 10장 28절에 요약 정리되어 있어서 이 대목은 세 번째 진술이에요.

앞서 고넬료의 입장도 두 번 기록돼요. 10장 3-8절은 고넬료가 경험한 내용이고, 10장 30-33절은 베드로에게 설명하는 장면이지요. 이처럼 누가는 중요한 사건을 반복적으로 기록하며 강조합니다. 이를 통해 하나님께서 이방인도 똑같이 구원하심을 공적으로 선포했지요.

베드로의 보충 설명(11-14절)

11 베드로는 보충 설명을 이어갑니다. 우선 고넬료가 보낸 세 사람, 곧 하인 둘과 경건한 병사 한 사람(행 10:7)이 베드로가 묵던 집에 도착해요. 12 그때 성령께서 그들과 함께 가라고 하셔서 베드로는 여섯 형제와 고넬료의 집에 들어갑니다. 고넬료가 보낸 세 사람과 욥바의 성도 세 사람도 동행하여(행 10:23) 베드로까지 총 7명이었지요.

숫자 7은 성경에서 완전수이며 증인의 수예요. 보통 증인의 수는 둘이지만 역사적 사건이나 하나님의 특별한 섭리가 나타난 세계사적 사건에는 반드시 7명이 필요했어요. 그러므로 일곱 증인이 등장하는 이 사건이 교회사에 얼마나 중요한 일인지를 알 수 있지요.

13,14 베드로는 고넬료가 천사의 지시로 자기를 불렀다고 말합니다. '베드로가 너와 네 온 집안이 구원받을 말씀을 일러줄 거다'라고 천사가 말했다고요.

베드로에게도 놀라웠던 경험(15-17절)

15 베드로는 자신이 설교를 시작하니 "성령이 처음에 우리에게 내리시던 것과 같이" 그들에게도 내리셨다고 말합니다. 오순절 성령강림 사건 때처럼 유대인이나 이방인이나 똑같이 성령이 임했다는 말이지요.

16 그리고 그때 "요한은 물로 세례를 주었으나, 너희는 성령으로 세례를 받을 것이다"(행 1:5) 하신 주님의 말씀이 생각났다고 해요. 성도 됨을 공표하는 절차인 세례를 이방인이 받음으로써 공식적인 교회공동체의 일원이 된 거지요. 유대인이나 이방인이나 하나님의 교회공동체로 묶

여 한 몸이 된 것입니다. 17 이어 베드로는 "하나님께서 우리가 주 예수 그리스도를 믿을 때 주신 것과 같은 선물을 그들에게도 주셨는데, 내가 감히 하나님을 거역하겠냐"라고 말합니다. '같은 선물'은 동일한 성령을 뜻해요.

사실 이 사건은 베드로에게도 충격이었어요. 앞서 10장 45절에 그가 "놀랐다"(astonished, NIV)라고 기록될 만큼 고정관념이 깨지는 깜짝 놀랄 만한 일이었던 거예요. 예수님이 하신 말씀을 체험을 통해 확신하는 순간이었지요.

이 장면에서 우리나라 대표적인 신학자인 박윤선 박사의 일화가 떠올라요. 그는 성경 주석을 창세기부터 요한계시록까지 쓴 말씀의 사람이었어요. 그런데 방언을 인정하지 않다가 본인이 방언을 받으면서 인정할 수밖에 없었다고 해요. 스스로 체험하고는 방언에 대한 견해를 공식적으로 수정했지요.

이처럼 고정관념은 쉽게 깨지지 않습니다. 하나님의 크신 사랑만이 뿌리박힌 편견과 고집을 무너뜨릴 수 있지요. 그분은 베드로에게도 선명한 환상, 직접적인 명령, 사람을 통한 확인이라는 여러 통로로 깨달을 때까지 말씀해주셨어요.

수긍할 수밖에 없는 반대자들(18절)

18 베드로의 말을 듣고 반대자들은 잠잠했어요. 이방인에 대한 패러다임이 전환되는 순간이었지요. 예루살렘 교회의 수장인 베드로가 공식적으로 인정하는데 누가 토를 달겠어요. 만약 사울이 얘기했다면 아마

벌떼처럼 들고일어났을 거예요. 하나님의 지혜가 참으로 놀랍지요? 그분의 섭리대로 세상이 흘러가고 우리를 통해 그분의 뜻을 이뤄가시는 것도 정말 신비해요. 유대인 성도들은 하나님께 영광을 올려드리고, 하나님께서 이방인에게도 회개하여 생명에 이르는 길을 열어주셨다며 믿기 어려운 사실을 인정합니다. 베드로의 눈이 뜨이자 그들의 눈도 뜨인 거예요. 이 일로 이방 선교의 당위성이 깔끔하게 정리됩니다.

나의 행전

1. 스스로 변하지 않을 거라고 제한하는 자신의 모습이 있는가? 주님의 은혜로 놀랍게 변화되길 기도하자.
2. 리더십의 변화와 성장은 너무나 중요하다. 나라의 위정자를 비롯해 크고 작은 리더십들을 위해 기도하자.

26 이름값 하는 인생 11:19-30

#창조적 마인드에 #인생이 달려있다 #세상을 바꾼다

하나님 안에서 창조적 마인드를 갖게 되면 어떤 일이 벌어지는지 본문을 통해 알아보아요.

스데반 순교의 여파로 크게 네 방향으로 복음이 전파되었어요. 첫째, 빌립의 사마리아 선교와 에티오피아 내시 전도(행 8:26-8:40). 둘째, 바울의 회심과 이방 선교의 시작(행 9:1-31). 셋째, 베드로의 순회 사역과 이방인 고넬료의 회심(행 9:32-11:18). 넷째, 흩어진 성도들에 의한 수리아 안디옥 교회 설립(행 11:19-21).

스데반의 순교는 분명 환란이었지만 그 뒤에 하나님의 새로운 시작이 기다리고 있었습니다.

헬라인에게도 전해진 복음(19-21절)

19 이 구절은 8장 4절과 이어져요. 흩어진 성도들은 베니게와 구브로와 안디옥까지 이르러 '유대인'에게만 말씀을 전했어요. 여기서 유대인이란 '흩어진 유대인'과 '하나님을 경외하는 자'와 '개종자'를 의미해요. 오랜 시간 동안 유대인과 이방인 사이의 벽이 얼마나 높이 쌓였는지 잘 드러나지요. 당시 유대인은 이방인과 교제하는 것 자체가 위법이었으니까요(행 10:28).

20 그런데 구브로와 구레네에서 온 몇 사람이 안디옥에 이르러 헬라인에게도 예수님을 전합니다. 고정관념을 깬 창조적 마인드로 민족의 벽을 뛰어넘은 결과 수리아 안디옥 교회가 세워졌고, 바울을 파송하는 이방 선교의 중심지가 되었어요.

21 주님의 권능이 함께하시니 수많은 사람이 주께 돌아오며 안디옥 교회가 든든히 성장합니다.

바나바가 수리아 안디옥 교회 목사로 파송됨(22-24절)

22 예루살렘 교회가 이 소식을 듣고 바나바를 안디옥으로 파송해요. 앞서 사마리아 교회가 세워질 때 베드로와 요한을 파송했듯이 예루살렘 교회가 모교회 역할을 하면서 이방 교회에 신학적 문제가 없는지 살피고 교회를 굳건히 세우기 위함이었어요.

23 바나바는 모두에게 하나님의 은혜가 충만한 것을 보고 기뻐하며 굳건한 마음으로 주와 함께 머물러 있으라고 권합니다. 초신자인 그들에게 믿음의 성장을 격려했지요.

24 누가는 바나바의 성품을 다시 언급합니다. 그는 착하고 성령과 믿음이 충만한 사람이며 하나님 보시기에, 사람이 보기에도 좋은 일꾼이었지요. 그로 인해 많은 사람이 주께 나아왔어요.

바나바가 사울을 동역자로 부름(25,26절)

25,26 교회가 세워지고 성도의 수가 더해지자 말씀을 가르칠 동역자가 필요했어요. 바나바는 사울을 적임자로 여겨 다소에 있는 그를 안디옥으로 데려옵니다(당시 사울은 헬라파 유대인의 위협을 받고 고향인 다소에 가있었어요, 행 9:28-30). 사울은 가말리엘의 문하생으로 구약에 능통한 학자였으니까요.

바나바와 사울은 1년간 줄곧 안디옥 교회에 머물며 많은 사람에게 말씀을 가르치고 하나님을 전합니다. 예수님도 엠마오로 가는 두 제자에게 구약을 풀어주시며 '예수 사건'을 해석해주셨어요. 그러자 제자들의 가슴이 뜨거워졌지요. 이렇듯 성령님의 가장 큰 역할이 바로 말씀을 깨닫게 하시는 거예요.

바나바와 사울이 계속 말씀을 가르치자 제자들의 삶이 변화해요. 그들은 안디옥에서 처음으로 '그리스도인'이라 불립니다. 스스로 그리스도인이라고 자랑한 게 아니라 믿지 않는 사람들이 보기에 그들의 삶이 확연히 다르니까 그리스도인이라고 이름 붙여준 거예요.

초대교회의 모습이 수리아 안디옥 교회에도 나타납니다. 기적과 기사가 일어나고, 물건을 서로 통용하고, 재산과 소유를 팔아 필요에 맞게 나눠주고, 날마다 예배하고 교제하고 찬양하니 온 백성에게 칭송을 받았어요(행 2:43-47). 급기야 '그리스도인'이란 이름까지 생겼지요.

우리도 일상을 그리스도인답게 살아야 합니다. 저는 사업가로서 좋은 상품을 만들고 소개하려 노력해요. 그 어떤 전도지보다 강력한 건 제가 판매하는 상품이고 제 삶의 태도와 성품이에요. 완벽하지 않아도 주어진 일에 최선을 다하는 것이 그리스도인의 삶의 예배랍니다.

안디옥 교회가 예루살렘 교회를 도와줌(27-30절)

27 그 무렵 예언자 몇 사람이 예루살렘에서 안디옥에 내려옵니다.

28 그중 아가보라는 사람이 성령의 감동을 받고 일어나 온 세계에 큰 기근이 들 거라고 예언해요. 그 기근은 글라우디오 황제 때(주후 41-54년) 일어났는데, 유대 역사가인 요세푸스의 기록에 의하면 주후 46년 전후로 추정돼요.

29 그래서 제자들은 각자 형편에 맞게 유대 성도들에게 구제금을 보
내기로 합니다.
30 바나바와 사울이 구제금을 들고 예루살렘에 방문했

지요. 사울은 이 일로 예루살렘 교회와 이방 교회의 관계가 좋아지길 바랐을 거예요. 또 예루살렘 교회가 이방 교회의 지원금을 받아들인다는 건 그들을 한 형제자매로 인정하는 것이기에 의미가 컸어요. 이 일을 통해 이방 선교는 더 활기를 띠게 됩니다.

절망을 기회로 여기고, 도망하며 복음을 전하고, 모두가 꺼리는 사울을 좋은 일꾼으로 알아보고, 큰 흉년을 지원금 조달의 기회로 여겨 이방인과 유대인 사이의 담을 허문 창조적 마인드. 누구나 하나님 안에서 이렇게 살아갈 수 있어요.

혼자 잘 먹고 잘살기 바쁜 세상에서 나보다 이웃을 더 생각하는 마음, 세상 스펙이 아닌 하나님의 말씀이라는 최고의 스펙 앞에 매일 나아가는 자세…. 하나님 안에서 얼마나 창조적 마인드로 사느냐에 인생의 승리 여부도 달려있답니다.

나의 행전

1. 해결되지 않는 삶의 문제가 있는가? 위기를 기회로 만드는 창조적 지혜를 구하자.
2. '그리스도인'의 정체성을 기억하고 사명을 찾자. 내 삶에 그리스도인답지 않은 모습이 없는지 돌아보고 회개하자.

27 절망 끝에서 꼭 붙들어야 하는 말 12:1-19

#제발 믿고 기도하자 #하나님이 일하시기 시작하는 지점

혹시 인생이 막다른 골목에 다다랐다고 생각한 적 있나요? 한 줄기 소망의 빛도 찾지 못해 절망한 적 있나요? 바로 그때 일하기 시작하시는 하나님을 만날 수 있어요.

야고보의 순교(1,2절)

1 바나바와 사울이 수리아 안디옥 교회 성도들이 모은 '기근 지원금'을 들고 예루살렘을 방문할 즈음, 헤롯 왕이 교회에 속한 몇몇 사람을 해합니다.

2 그는 먼저 요한의 형제인 야고보를 칼로 죽여요. 성경에 헤롯이 여러 명 등장하는데 이들은 정치력이 뛰어난 에돔 족속 가문이었어요. 본문에 등장하는 헤롯은 아그립바 1세로 예수님이 태어나셨을 때 통치하던 대헤롯의 손자입니다.

사도 중에 최초로 순교한 야고보는 요한의 형제였어요. 예수님의 마지막 예루살렘행 때 그분을 영접하지 않는 사마리아인에게 불을 내려 싹 없애버린다고 했던 그 야고보지요. 그는 수산업을 크게 하는 가문의 아들로 성격이 불같았어요. 또 그때만 해도 예수님이 정권을 잡으시면 한 자리하려고 어머니까지 동원해서 청탁하던 자였지요.

그랬던 그가 예루살렘 교회의 핵심 리더로 섬기다가 가장 먼저 순교합니다. “칼로 죽였다”는 말은 불법적인 죽음이었음을 강조하는 표현이에요. 당시 유대인을 칼로 처형하는 건 금지되어 있었거든요.

이어진 베드로의 투옥(3-5절)

3 헤롯 가문은 유대를 다스리고 있었지만 에서의 혈통이다 보니 유대인의 인정을 받지 못했고 민심에 민감했어요. 그런 상황에서 헤롯은 유대인들이 야고보의 죽음을 기뻐하는 걸 보고 수장인 베드로까지 잡아들입니다. 헤롯의 정치적 야욕의 희생양이 된 거지요. 시기도 유대 최대의 명절인 무교절을 택합니다.

무교절은 유월절 다음 날부터 7일간 지내는 절기로 당시엔 이 둘을 딱히 구분하지 않고 지켰어요. 전 세계에 흩어졌던 유대인들이 모였고 민족적 자긍심이 최고조에 달하는 시기였지요. 헤롯은 이보다 좋은 때는 없다고 생각했을 거예요.

4 그는 베드로를 잡아 옥에 가둡니다. 유대 관습에 의해 유월절엔 재판이나 처형을 못 하니 일단 가두었다가 이후에 죽일 생각이었지요. 또 이미 기적적으로 감옥을 빠져나간 전례가 있어(행 5:17-23) 이번에는 4인조 경비병을 4조로 짜서 철저히 감시하게 했어요. 베드로의 생존 가능성은 0퍼센트였지요.

5 예루살렘 교회는 야고보의 순교에 이어 베드로의 투옥까지 절망적인 상황에서 간절히 기도합니다. 이번에도 기적적으로 풀려나게 해달라고 기도했을 거예요.

베드로가 기적적으로 풀려남(6-10절)

6 드디어 베드로의 사형 집행 전날 밤, 베드로는 양팔이 쇠사슬에 묶여 두 군인 틈에 잠들어 있었고 문 앞에는 파수꾼들이 지키고 있었어요. 누가는 이 장면을 상세히 설명하며 탈출이 불가한 상황임을 강조해요. 무려 16명이 철통 경비를 서고 있으니 말이에요. 그런데 정작 베드로는 이 상황에서 자고 있었어요.

7 베드로가 한창 꿈나라에 있을 때 홀연히 주님의 천사가 나타나 감방을 환히 비추고 베드로의 옆구리를 쳐서 깨웁니다. 천사가 빨리 일어서라고 말하자 쇠사슬이 그의 두 손목에서 풀렸어요. 여기서 "홀연히"가 정말 중요해요! 베드로는 내일 처형을 당하는 인생의 마지막 순간에 있었어요. 철통 감시 속에 탈출과 구출 모두 불가능한 소망이 없는 상황이었지요. 그런데 그 지점이 바로 하나님이 홀연히 일하시기 시작하는 자리입니다. 홀연히의 원어에는 '지금부터 보라'라는 뜻이 있어요.

8,9 천사가 띠를 띠고 신을 신으라고 하자 베드로가 그대로 합니다. 또 겉옷을 입고 따라오라고 하자 그는 감방에서 나와 천사를 따라가요. 자신이 환상을 보고 있다고 생각했지요.

10 첫째 초소와 둘째 초소를 지나 시내로 통하는 철문에 이르니 문이 저절로 열렸어요. 바깥으로 나와 거리를 하나 지나 안전한 장소에 이르자 천사가 떠나갑니다.

역시 하나님의 방법은 상상을 초월해요. 그분은 인생의 끝이라 여겨지는 순간에 홀연히 나타나 일하기 시작하세요. '이제 시작이다!' 말씀하시는 그분의 음성을 듣고 다시 일어나는 은혜가 모두에게 임하길 바라요.

베드로가 동역자들에게로 감(11-17절)

11 천사가 떠나자 베드로는 그제야 정신이 들어 하나님이 도우신 걸
깨닫습니다. 12 그는 요한의 어머니인 마리아의 집으로 가요. 거기에는
많은 사람이 모여 기도하고 있었어요. 13 베드로가 대문을 두드리자 로
데라는 어린 여종이 맞으러 나왔다가 14 그의 목소리를 알아듣고 너무
기뻐서 문 여는 걸 잊은 채 도로 달려 들어가 사람들에게 알립니다. 그런
데 사람들의 반응이 너무 재밌어요.
15 그들은 도리어 여종이 미쳤다며 믿지 않아요. 여종이 진짜라고 우
기자 이번엔 베드로의 천사일 거라고 하지요. 유대인들은 각 사람을 지
켜주는 천사가 존재한다고 생각했거든요. 그들은 베드로를 구해달라고
밤새 기도했지만, 실제로 그 일이 일어나자 믿지 못합니다.
16 한편 밖에서 베드로가 계속 문을 두드리자 마침내 사람들이 문을
열어 그를 보고 깜짝 놀랍니다. 아마 비명을 질렀을 거예요. 17 이에 베
드로는 손짓으로 그들을 조용하게 하고 주님께서 구해주신 이야기를 합
니다. 그리고 이 사실을 예수님의 형제 야고보와 다른 신도들에게 알리
라고 말하고는 몸을 피했어요.

발칵 뒤집힌 군인들(18,19절)

18 날이 밝자 군인들은 베드로가 사라진 일로 적지 않게 소동합니다.
일어날 수도, 일어나서도 안 되는 일이 일어났으니까요.
19 샅샅이 찾아도 찾지 못하자 헤롯은 애꿎은 경비병들을 심문하고
사형을 명합니다. 당시 로마법은 죄수가 도망가면 경비병이 그 죄수의

형벌을 대신 받아야 했어요. 헤롯은 먹이를 놓친 사자와 같은 마음이었을 거예요. 게다가 이런 일이 반복해서 일어나니 체면이 말이 아니었겠지요. 그는 한동안 유대를 떠나 가이사랴에 내려가 지냈어요. 하나님이 하시는 일은 늘 반전에 반전을 거듭합니다.

나의 행전

1. '이젠 끝이다' 싶은 문제가 있는가? 홀연히 나타나 '이제 시작이다!' 말씀하시는 주님의 음성을 듣고 다시 일어서자.

2. 주님은 내 작은 신음에도 반드시 응답하신다. 응답받을 걸 믿고 주께 맡겨드리며 기도하자.

28 우리의 실패가 하나님의 성공?! 12:20-25

#그럼에도 역사는 흐른다 #고통과 아픔과 성공의 참 의미

이어서 살펴볼 내용은 헤롯의 죽음이에요. 이를 이해하려면 배경 설명이 필요합니다. 우선 지금까지의 일들을 정리해볼까요?

헤롯은 베드로를 죽이려 작정하고 옥에 가둬 4인으로 구성된 4개 조로 철통 감시했습니다. 하지만 하나님의 천사가 그를 탈출시켜요. 두 번이나 기적적으로 풀려났으니 헤롯은 하나님이 하셨다는 걸 알아챌 만도 한데 전혀 몰랐어요. 영적인 눈이 닫혀있었기 때문이에요.

베드로가 탈출하자 헤롯은 유대를 떠나 가이사랴로 내려갑니다. 가이사랴는 대헤롯이 야심차게 추진하여 계획적으로 설계한 항구도시였어요. 주전 22-9년 사이에 건설된 이 신도시는 당시 대형 화물선이 들어올 만한 항만 시설이 없었던 팔레스타인 지역을 로마 제국과 연결하는 국제도시로서 소위 헤롯의 '세계의 창'이었어요.

가이사랴 항구 동쪽에는 로마 신전이 있었습니다. 헤롯의 후원자인 아우구스투스에게 충성을 선언하는 증표이기도 했지요. 이 도시는 주후 6년 이후 로마 행정관의 공식 거주지가 되어 팔레스타인에 있는 로마 행정의 중심지가 되었어요. 또 헤롯의 별장도 있어서 행정관과 중요한 논의를 하거나 쉴 때 그곳에 갔지요.

여기 등장하는 헤롯은 아그립바 1세로 대헤롯의 손자였어요. 대헤롯의 아들들은 분봉왕, 즉 영주 정도의 지위였는데 아그립바 1세는 그의 할아버지 때와 견줄 만한 왕국으로 영토를 확장하고 '왕'이란 칭호도 얻었습니다. 당시 글라우디오가 로마 황제 자리에 오르는 데 도움을 주었기 때문이에요.

헤롯의 죽음(20-23절)

20 두로와 시돈은 가이사랴 인근의 부유한 항구도시로 열왕기상에서 솔로몬이 성전 건축 물자를 이곳에서 수송해올 정도로 자원이 풍부했어요. 하지만 바닷가에 있고 돈이 많다 보니 우상숭배가 창궐하고 타락한

도시였지요(북이스라엘의 아합 왕이 시돈의 공주 이세벨을 왕비로 맞으면서 우상숭배 국가로 전락하고 결국 망한 걸 기억하지요?).

두로와 시돈은 부유했지만 식량이 나지 않아 유대 땅에서 식량을 공급받아야 했어요. 그런데 헤롯이 두로와 시돈 사람들을 몹시 노여워하자 그들은 왕의 침실 시종 블라스도를 설득하여 헤롯에게 화평을 청합니다.

21 헤롯이 지정된 날에 왕복을 입고 왕좌에 앉아 백성에게 연설했어
요. 22 이때 군중이 "신의 소리다. 사람의 소리가 아니다!" 하고 외칩니
다. 역사 기록을 보면 헤롯은 이런 반응을 자아내기 위해 여러 연출을
했다고 해요. 이른 아침에 은색 스팽글(반짝거리는 얇은 장식 조각)로 뒤덮인
옷을 입고 지중해의 떠오르는 태양이 옷을 비추어 휘황찬란하도록 했어
요. 신의 현현이 연상되는 광채가 온몸을 금빛으로 물들였을 거예요. 게
다가 그는 탁월한 연설가로 신비로운 분위기에 민심을 사로잡는 연설까
지 더해지자 신의 소리라는 찬사가 쏟아졌지요.

23 헤롯이 자기를 높이며 하나님의 영광을 가로채자 즉시로 주님의
천사가 그를 내리칩니다. 신으로 추앙받던 죄인이 하나님께 영광을 돌
리지 않은 죄로 벌레에게 먹혀 죽고 말아요. 요세푸스는 헤롯이 복통에
시달리다가 닷새 만에 죽었다고 증언합니다.

파란만장의 결론(24,25절)

24 12장에는 수많은 사건이 기록되어 있어요. 야고보가 순교했고 베
드로가 천사의 도움으로 옥에서 탈출했으며 잘나가던 헤롯이 한순간에

죽지요. 생과 사, 희비가 엇갈리는 역사의 소용돌이 속에서 하나님이 계획하신 복음의 역사는 도도히 흘러갑니다.

누가가 종종 결론으로 사용하는 문장을 마음에 꼭 새기세요.

"하나님의 말씀은 흥왕하여 더하더라."

25 바나바와 사울은 예루살렘 교회에 구제금을 잘 전달하고 새로운 동역자, 마가라 하는 요한을 데리고 돌아옵니다.

세상의 성공과 실패는 진정한 성공과 실패가 아니에요. 하나님께서 선을 이뤄가는 데 쓰시는 도구일 뿐이지요. 이 시각이 없으면 '대세'라는 세상 흐름에 우왕좌왕 쓸려가고 맙니다.

환란 속에서 눈을 열어 하나님의 계획을 보세요. 그러면 오히려 실패와 좌절과 절망과 눈물을 통해 하나님의 말씀이 더 널리 퍼지고 주께 돌이키는 자가 많아지는 역사를 경험할 거예요.

인생의 광야 시기에 저는 하는 사업마다 실패했어요. 기적적으로 길이 열려서 가보면 어김없이 절벽이었지요. 그때 비로소 훈련의 시간임을 직감했어요. 그래서 주위에 도움을 청하지 않았고, 어쩌다 어려운 사정을 가까운 이들에게 나누면 왜 진작 말하지 않았냐는 원망 섞인 말을 들었지요.

하지만 하나님이 이끄시는 광야 길은 힘든 만큼 말씀이 달았어요. 그 힘으로 견뎠지요. 새벽예배 때마다 펑펑 울면서도 낮에는 얼굴에 웃음이 떠나지 않았어요. 말로 설명할 수 없는 기쁨과 고통이 공존했지요. 우리는 어떤 상황에서든 영적인 눈을 열어 하나님이 세상을 통치하시는 것과 내 삶을 인도하시는 걸 봐야 합니다.

나의 행전

1. 영적인 눈을 열어 하나님의 역사를 보자. 세상 뉴스와 SNS 속 유행에 휩쓸리지 말고 이 시대에 하나님이 이뤄가시는 일들을 바라보자.
2. 사람들의 인정과 찬사를 받을 때 영광의 근원이 하나님이심을 잊지 말자. 스스로 높아진 부분이 있다면 회개하고 하나님께 영광을 올려드리자.

Bible Study with Ji-nam Ssam

PART 3

세상을 소동케 하는 사람들

13-21장

6장

1차 선교여행 13-15장

열외를 쓰시는 방법 13:1-12

내 삶이 성령행전이 되려면 13:13-37

기쁨과 성령으로 가득찰 수 있는 비결 13:38-52

나는 OO의 표지판이다 14:1-18

창창한 앞날을 계획하는 방법 14:19-28

왜 한국 기독교인은 술과 담배를 하지 말아야 하나 15:1-21

29 열외를 쓰시는 방법 13:1-12

#영안을 열어 #치열한 영적전쟁을 보자 #놀랍고 놀라운 경험

드디어 바울이 이방 선교를 떠나요. 1-12장이 베드로 중심의 예루살렘 교회 이야기였다면, 13-28장은 바울 중심의 이방 선교 이야기예요. 이 둘 사이를 연결하는 나사못이 고넬료 사건이고요. 예루살렘 교회의 수장인 베드로는 이방인에게 동일한 구원이 임함을 경험하면서 바울의 이방 선교의 당위성을 인정해요.

누가는 바울의 주치의이자 동역자로서 바울의 이방 선교를 주제로 사도행전을 씁니다. 이는 성령의 인도하심에 따른 '성령행전'이었지요.

하나님의 선택, 바나바와 사울(1-3절)

1 안디옥 교회에는 예언자들과 교사들이 있었어요. 누가는 그 이름을 헬라식으로 표기합니다. 구브로 출신 유대인으로 안디옥 교회의 리더인 바나바, 아프리카 출신의 흑인 니게르('검은 자'라는 뜻), 구레네 사람 루기오, 헤롯 왕가의 젖동생(유모가 낳은 아이로 나이 차가 많이 나는 동생) 마나엔 및 사울이에요. 안디옥 교회의 리더십은 다양한 인종과 출신 배경으로 구성되어 있었어요.

헬라식 표기법은 맡은 일의 중요도에 따라 나열하므로 이름의 순서를 보면 안디옥 교회에서 그 사람의 중요도를 알 수 있어요. 제일 중요한 사람이 바나바이고 제일 중요하지 않은 사람은 사울이었지요.

게다가 "및 사울"이란 표기는 그가 열외였으며 여전히 교회 안에 그에 대한 의심의 눈초리가 있었음을 짐작하게 해요. 바나바가 그를 인정하니 아무 말도 못 했던 거지요.

2 안디옥 교회는 선교사 파송이라는 중요한 결정을 두고 "주를 섬겨 금식"합니다. '섬겨'는 예배한다는 뜻으로 주님을 섬기는 가장 기본이자 적극적인 방식이 예배임을 알 수 있습니다. 또 '금식'은 음식으로 얻는 에너지를 끊음으로써 '이 문제는 오직 하나님만 해결하실 수 있습니다'라는 고백이에요.

성령께서는 "바나바와 사울을 따로 세워라. 내가 그들에게 맡기려 하는 일이 있다"라고 말씀하시며 선교란 주를 위해 맡기신 일을 하는 것임을 알려주세요. 이 두 사람을 택하신 것도 중요한 의미가 있어요. 먼저 바나바는 안디옥 교회의 담임목사 역할로 없어서는 안 될 중요한 인물이었어요. 주님은 그런 바나바를 택하셔서 교회의 주인은 하나님이심을 말씀하세요. 또한 열외로 취급받던 사울을 택하셔서 선교는 하나님이 하시는 일임을 가르쳐주십니다.

세상에 완벽한 사람은 없어요. 모두가 하나님의 원대한 계획 안에서 각자의 구간을 달리며 쓰임 받을 뿐입니다. 저도 좌절할 때면 성경에서 하나님이 사람을 쓰시는 원리를 보고 힘을 얻어요. 그렇게 약속의 말씀을 붙잡고 순종할 때 삶에 놀랍게 결실하는 걸 경험합니다.

3 그들은 금식하고 기도한 뒤에 바나바와 사울에게 안수하여 파송합니다.

드디어 바울의 1차 선교여행이 시작돼요. 그 경로를 지도에서 확인해 보아요.

실루기아를 거쳐 구브로에 도착(4,5절)

4 바나바와 사울은 제일 먼저 실루기아로 내려가 배를 타고 바나바의 고향인 구브로로 건너가요. 친숙한 곳에서 첫 사역을 시작하니 부담이 덜했을 거예요.

5 그들은 구브로의 동쪽 끝에 있는 살라미에 이르러 유대인의 여러 회당에서 하나님의 말씀을 전했어요. 회당은 비교적 말씀 전할 기회를 얻기 쉬웠지요. 이때 예루살렘에서 데려온 바나바의 친척, 마가라 하는 요한이 수행원으로 동행합니다.

구브로 선교(6-12절)

6 그들은 섬을 가로질러 서쪽 끝에 있는 바보에 도착해요. 아마 복음을 전하며 횡단했을 거예요. 거기서 그들은 마술사이며 거짓 예언자인 바예수라는 유대인을 만납니다. 7 그는 총독 서기오 바울을 곁에서 모시는 사람으로 거짓 예언을 하며 상당한 보수를 받았어요(당시 권력자 옆에는 조언해주는 예언자가 있었어요).

여기서 잠깐! 구브로의 영적 상태가 어땠는지 살펴볼게요. 구브로는 아주 큰 섬으로 구리 생산지였어요. 강대국들이 패권 다툼을 할 때 이 섬을 전략적 요충지로 사용하다 보니 종종 초토화되는 아픔이 많은 땅이었지요. 섬 곳곳에는 풍요와 다산을 기원하며 세운 비너스 신전이 있었고, 성(性)과 관련한 예배법이 많아 섬 전체가 음란했습니다(구약성경에 등장하는 기생 라합이 성전 창기였듯이 사창제도가 공식적인 예배 방법이었어요). '구브로 사람 = 음란한 사람'이라는 이미지가 있었지요.

이런 곳에 로마인 서기오 바울이 총독으로 온 거예요. 성경은 그를 총명한 사람으로 소개해요. 아마도 영적으로 문란한 구브로 문화에 거부감을 보이며 영적 갈급함이 있었던 것 같아요. 그런데 마침 하나님의 말씀을 전하는 자들이 왔다는 소식에 곧장 바나바와 사울을 청하여 말씀을 듣고자 했지요.

8 그런데 '엘루마'라고 번역해서 부르기도 하는 그 마술사가 이 상황을 듣고 바나바와 사울을 방해해서 총독이 믿지 못하게 하려고 애씁니다.

하나님의 역사가 일어나는 곳에는 항상 강력한 방해가 있지요. 그래서 저는 중요한 일을 앞두고 방해가 오면 잘 가고 있다고 생각해요. 하나님이 제 보호자시기에 두렵지 않지요. 때로 제가 꿈쩍도 안 하면 주변의 연약한 지체를 공격해서 저를 곤경에 빠뜨리기도 해요. 그러니 연약한 지체를 위한 중보기도도 꼭 필요합니다.

사단은 미움, 분열, 중독, 물질, 음란 등 여러 방면으로 인간의 연약함을 공격합니다. 가정과 일터, 교회, 삶의 모든 영역에서 그들은 간교하고 치밀하게 싸움을 걸어와요. 하나님께 도움을 청하지 못하도록 그분과 우리 사이를 어떻게든 벌려놓으려고 하지요.

다만 악한 세력은 정해진 기간에만 영향력을 발휘할 수 있어요. 이미 머리가 상한 상태로 죽어가면서 마지막 발악을 하는 거예요. 그러니 영적인 눈을 열어 어둠의 세력과 하나님의 세력의 거대한 전쟁을 볼 줄 알아야 해요.

9 드디어 사울의 이름이 '바울'로 바뀝니다(사울은 히브리식 이름이고 바울은 헬라식 이름이에요). 바울의 이방 선교가 본격적으로 시작됨을 알려주지요. 또 이제부터는 '바나바와 사울'이 아닌 '바울과 바나바'로 기록하며 바울이 이방 선교의 주역임을 드러냅니다.

또 하나, 이 장면은 베드로가 사마리아에서 마술사 시몬과 대결했듯이 바울도 마술사 엘루마와 대치하는 비슷한 구도를 보입니다. 이런 의도적 배치는 앞으로도 이어져요. 바울은 성령충만하여 마술사를 노려보며 말합니다.

10,11 "너, 속임수와 악행으로 가득 찬 악마의 자식아, 모든 정의의 원수야, 너는 주님의 바른길을 굽게 하는 짓을 그치지 못하겠느냐? 보아라, 이제 주님의 손이 너를 내리칠 것이니, 눈이 멀어서 얼마 동안 햇빛을 보지 못할 것이다." 그러자 즉시 안개와 어둠이 마술사를 내리덮어 그의 눈이 멀어요. 사람들을 어둠으로 몰고 간 그에게 짙은 어둠이 임합니다.

12 이 모든 일을 지켜본 총독은 주님을 믿으며 주의 가르치심을 놀랍게 여겨요. 서기오 바울이 회심하여 그의 영안이 열린 순간이었지요.

나의 행전

1. 영안이 열려 영적전쟁을 분별하고 대응할 수 있기를 기도하자.

2. 주의 손이 우리를 승리로 이끄신다. 이를 경험하며 굳건한 믿음을 쌓아가자.

30 내 삶이 성령행전이 되려면 13:13-37

#과연 내가 할 수 있을까? #아는 것이 힘이다

바보→밤빌리아 버가→비시디아 안디옥(13-15절)

13 바울 일행은 바보에서 배를 타고 밤빌리아에 있는 버가로 건너갑니다. 앞서 바울의 이름이 처음 소개되고(행 13:9) 여기서 제일 먼저 나옴으로써 이 선교여행의 지도자가 바울임을 보여줘요. 그들이 도착한 버가는 바보에서 북서쪽으로 약 280킬로미터 떨어진 매우 발달한 도시였어요. 그런데 마가 요한이 예루살렘으로 돌아갑니다.

그 이유에 대해 여러 가지 설이 있지만 가장 유력한 건 눈앞에 펼쳐진 험준한 토로스산맥을 보고 도망갔다는 추정이에요. 마가는 120명이 들어갈 정도의 다락방이 있는 부잣집 아들이었으니 험난한 선교 여정이 유독 힘겨웠을 거예요. 이 일로 바울과 바나바는 2차 선교여행에 마가를 데려가는 문제로 크게 다투고 갈라섭니다(행 15:37-39).

하지만 하나님께서 결국 마가를 훌륭한 일꾼으로 빚으셨다는 게 은혜예요. 또 바울도 넉넉한 사람으로 다듬으셔서 훗날 그에게 마가는 없어서는 안 될 동역자가 됩니다(골 4:10, 딤후 4:11).

14 그들은 버가에서 내륙으로 약 160킬로미터 더 들어가 비시디아의 안디옥에 도착해서 안식일에 회당에 들어갔어요. 그러기 위해 지중해 연안에 동서로 뻗은 토로스산맥의 협곡에 난 길을 일주일가량 따라 걸었을 거예요. 요세푸스의 기록에 의하면 비시디아 안디옥에 많은 유대인이

살았다고 해요. 유대인은 남자 10명만 있으면 회당을 만들었는데 바울 일행이 안식일에 그곳을 찾아간 거예요(헬라의 셀레우코스 1세는 부친 안티오코스를 기념하기 위해 16개의 안디옥을 건설했어요. 그리고 지역명을 붙여 '수리아 안디옥', '비시디아 안디옥' 등으로 구분했지요).

15 관례대로 회당장들이 율법과 선지자의 글, 즉 구약을 낭독한 후에 바울과 바나바에게 권면할 말씀이 있으면 해달라고 청해요. 당시 회당 방문자에게 설교할 기회를 주는 건 일반적인 일이었어요.

유대인 대상의 대표적인 회당 설교(16절)

16 16-41절은 유대인을 대상으로 한 바울의 대표적인 회당 설교입니다. 유대인의 마음을 열려면 그들이 믿고 있는 '유대이즘'(유대교, Judaism)에서 시작해야 했어요. 그래서 바울의 설교 내용은 창세기, 출애굽기, 민수기, 여호수아, 사사기, 사무엘상·하, 다윗의 후손 예수님(메시아)으로 이어져요. 구약에서 말한 오실 메시아가 예수님임을 말하지요.

이는 예수님이 죽으시기 전 마지막 화요일에 종교 지도자들과 논쟁하신 내용으로 제자들을 통해서도 동일하게 이어집니다. 베드로와 스데반의 설교도 같은 내용이었지요. 바울의 설교를 한번 들어볼까요?

역사 설교: 구약(17-22절)

17-21 주님은 아브라함을 택하시고(창 12장) 애굽에서 나그네 생활을 하던 이스라엘을 인도해내셨어요(출). 광야 40년 동안 그들을 참아주시고(민) 가나안 땅을 정복하게 하셔서 유업으로 주시기까지 약 450년이

걸렸지요(애굽 생활 400년+광야 40년+가나안 정복 기간 10년, 수). 그 후 사무엘 시대에 이르기까지 사사들을 보내주시고(삿) 그들이 왕을 요구하자 사울을 왕으로 주셔서 40년 동안 통치하게 하십니다(삼상·하).

22 그리고 마침내 다윗을 왕으로 세우시며 "내가 이새의 아들 다윗을 찾아냈으니, 그는 내 마음에 드는 사람이다. 그가 내 뜻을 다 행할 것이다"라고 하세요. 또 다윗에게 언약(삼하 7:16)을 주심으로 그의 후손 중에 메시아가 날 것을 약속하시지요. 이 '다윗 언약'을 근거로 유대인들은 다윗의 후손으로 오실 메시아를 기다리고 있었습니다.

약속대로 오신 예수님(23-25절)

23 바울은 이 언약대로 메시아가 오셨는데 그가 곧 '예수'라고 말해
요. 24 그분이 오시기 전에 세례요한이 모든 이스라엘 백성에게 회개의 세례를 선포합니다.

25 그는 죽음이 임박했을 때 '나는 그리스도가 아니며, 그분의 신발끈을 풀어드릴 자격도 없는 자'라고 자신과 예수님의 관계를 분명히 했어요. 바울이 굳이 세례요한을 들어 말한 건 소아시아 지역에 세례요한의 세례까지만 아는 그의 제자들이 많았기 때문이에요.

예수의 죽으심(26-29절)

26 바울은 오신 메시아에 이어 예수님의 죽으심과 부활하심을 전합니다. 그것이 구속 사역의 정점이며 우리의 소망이기 때문이지요. 바울은 유대인을 "형제들아"(동포 여러분)라고 부르며 하나님께서 구원의 말씀을

우리에게 보내셨다고 해요. 이 구원의 말씀은 바로 예수님이에요.

27 그런데 사람들은 오신 메시아를 알아보지 못하고 안식일마다 읽
은 예언서의 내용도 깨닫지 못하고 예수님을 정죄하며 선지자들의 말을
그대로 이루었다고 해요. 28 예수님을 죽일 아무런 근거도 찾지 못했지
만 빌라도에게 강요하여 그분을 죽였지요. 예수님의 결백하심과 유대인
들의 범죄가 드러납니다.

29 그런데 이 불법적인 재판조차 예언의 성취였어요. 바울은 사람들이
예수님의 시체를 무덤에 두었다고 말하며 그분의 죽음을 강조합니다.

예수의 부활하심(30-32절)

30 그러나 하나님께서 예수님을 죽은 사람 가운데서 살리세요. 31 부
활하신 예수님은 제자들에게 여러 날 동안 나타나셨지요. 그 제자들이
지금 백성 앞에서 '예수의 증인'이고요.

32 또 "우리"(바울과 바나바)가 하나님의 약속을 기쁜 소식으로 전한다
고 말합니다.

부활을 강조함(33-37절)

33 바울은 말씀을 인용하여 예수님의 부활이 구약의 성취임을 거듭
강조합니다. 먼저 "너는 내 아들이라 오늘 내가 너를 낳았도다"(시 2:7)
라는 구절을 인용하여 예수님의 왕 되심을 강조했어요. 이 내용은 예수
님이 세례받으실 때 하늘에서 이와 같은 음성이 들림으로써 입증되었습
니다.

34 다음으로 이사야서 55장 3절을 인용하여 “다윗에게 약속한 거룩하고 확실한 복을, 내가 너희에게 주겠다” 하신 하나님의 약속을 전해요. 여기서 “확실한 복”(미쁜 은사)이란 ‘다윗 왕조가 영원할 것이다’라는 다윗 언약을 가리키는데, 다윗의 후손으로 오신 예수님이 부활하심으로 영원한 왕조가 성취되지요.

35-37 마지막으로 “주님께서는 주님의 거룩한 분이 썩지 않게 하실 것이다”라며 시편 16편 10절을 인용합니다. “주님의 거룩한 분”은 예수님이에요. 다윗은 사는 동안 하나님 뜻을 이루고 죽어 썩었지만, 하나님께서 살리신 예수님은 썩지 않고 부활하셨음을 강조하지요.

유대인에게 역사는 그들의 정체성이자 삶의 에너지였어요. 구약학자 바울은 그들이 그토록 신봉하는 구약성경이 전부 예수님의 죽음과 부활을 가리키고 있음을 증명하지요. 이 모든 걸 다메섹 도상에서 그에게 깨닫게 하신 성령님이 비디시아 안디옥에도 역사하세요. 이렇듯 사도행전은 ‘성령행전’이랍니다.

나의 행전

1. 지금 실패하더라도 마가처럼 훗날 하나님이 다듬어 쓰실 모습을 기대하자.
2. 복음을 구약과 신약을 아울러 잘 전달할 수 있도록 공부하고 정리해보자.

31 기쁨과 성령으로 가득찰 수 있는 비결 13:38-52

#확실한 깨달음 #흔들림 없는 확신

우리는 바울이 유대인에게 어떤 내용으로 설교하는지를 보았어요. 그들이 너무나 잘 아는 구약성경을 도구로 그토록 기다리던 메시아가 예수 그리스도이심을 증명했지요. 그분의 죽으심과 부활하심이 구약의 예언을 성취한 사건임도 밝혔어요. 이어서 바울은 예수님이 왜 죽으시고 부활하셨는지를 말합니다.

설교의 적용(38,39절)

38 바울은 예수님으로 말미암아 죄 용서가 선포된다고 말해요.

39 또 모세의 율법으로 의롭게 될 수 없던 모든 일에서 풀려나며 예수님을 그리스도로 믿는 사람은 누구나 의롭게 된다고 하지요. 유대인들은 율법을 지킴으로써 구원을 얻는다고 생각했어요. 하지만 율법은 우리가 죄인임을 드러낼 뿐 누구도 완벽하게 지킬 수 없어요. 예수 그리스도를 믿는 것만이 구원에 이르는 길입니다.

바울은 이 감격이 누구보다도 컸어요. 그는 바리새인이었고 가말리엘의 문하생으로 율법을 완벽하게 지키려고 몹시 노력했지요. 하지만 도저히 안 된다는 걸 느끼며 절망했을 거예요. 그러니 이 구원의 비밀을 깨달았을 때 얼마나 기쁘고 감격스러웠을까요. 그는 복음을 깊이 깨닫고 확신에 차서 복음 전하는 일에 목숨을 겁니다. 바울의 확신이 느껴지나요?

그는 이런 상황에서 경고를 덧붙여요.

바울의 경고(40,41절)

40,41 바울은 예언서에서 말한 일이 일어나지 않도록 조심하라고 말하며 하박국서 1장 5절을 언급합니다. "보아라, 너희 비웃는 자들아, 놀라고 망하여라. 내가 너희 시대에 한 가지 일을 할 터인데, 그 일을 누가 너희에게 말하여줄지라도 너희는 도무지 믿지 않을 것이다." 한마디로 '내가 전한 복음을 안 믿으면 망한다'는 거예요. 바울의 성격이 그대로 나타나는 준엄한 경고 메시지입니다.

설교의 반응(42,43절)

42 바울 일행이 회당에서 나올 때 유대인들은 다음 안식일에도 이런 말씀을 해달라고 청해요. 바울의 설교가 큰 울림과 감동이 되었음을 알 수 있지요.

43 회중이 흩어진 뒤에도 많은 유대인과 경건한 개종자들이 바울과 바나바를 따랐어요. '경건한 개종자'에는 하나님을 경외하는 자, 유대교 개종자가 모두 포함돼요. 두 사도는 그들에게 늘 하나님의 은혜 가운데 있으라고 권합니다.

바울과 바나바를 시기한 유대인들(44,45절)

44 다음 안식일에도 동네 사람 대부분이 하나님의 말씀을 들으려고
모였어요. 45 그런데 일부 유대인들이 모여든 무리를 보고 질투하여 바

울과 바나바가 한 말을 반박하고 비방했지요.

담대한 바울과 바나바(46,47절)

46,47 그러나 두 사도는 복음의 확신에 차서 담대하게 말합니다.

"우리는 하나님의 말씀을 당신들 유대인에게 먼저 전해야 했습니다. 그러나 당신들이 그것을 버리고 영생을 얻기에 합당치 않은 자로 자처하기에 우리는 이제 이방인에게로 갑니다. 주께서 우리에게 명하시기를 '내가 너를 뭇 민족의 빛으로 삼았으니, 네가 땅끝까지 구원을 이루게 하려는 것이다'(사 49:6) 하셨습니다."

바울은 이사야서 말씀을 인용하여 이방 선교의 부르심을 분명하게 말해요. 그들은 복음의 확신뿐 아니라 사명의 확신도 있었기에 방해 세력을 담대히 뚫고 나갈 수 있었어요.

주님의 말씀이 퍼짐(48,49절)

48 이방인들은 이 말을 듣고 기뻐하며 주님의 말씀을 찬양했어요. 주님이 영원한 생명을 얻도록 정하신 사람은 모두 믿게 되었지요. 49 이렇게 해서 주님의 말씀이 비시디아 안디옥 전역에 퍼져나갔어요. 세상이 아무리 지지고 볶아도 복음은 전파됩니다.

기득권층의 박해로 쫓겨남(50절)

50 그러나 일부 유대인이 경건한 귀부인과 지도층 인사들을 선동해서 바울과 바나바를 박해하게 했고, 결국 둘을 그 지방에서 내쫓았어요.

아마 기득권을 누리던 유대인들이 바울 일행이 전하는 복음이 그들의 기득권을 흔들자 시기하여 쫓아낸 거지요. 진리에는 관심 없고 자기 이익만 밝히는 부류가 어디든 꼭 있어요. 바울의 말처럼 영생을 얻기에 합당치 못한 자로 자처하는 사람들이지요.

박해가 에너지가 되어 이고니온으로 떠남(51,52절)

51 바울과 바나바는 발에서 먼지를 털고 이고니온으로 갑니다. 이 행위는 예수님이 열두 제자와 70인 제자를 파송하실 때 당부하셨던 말씀이자 심판의 메시지예요(눅 9:5, 10:11).

52 누가는 비시디아 안디옥 선교의 결론으로 제자들이 기쁨과 성령으로 충만했다고 기록합니다. 이는 사도행전에 계속 등장하는 표현으로 그 어떤 방해에도 복음이 힘차게 전해졌음을 나타내요.

나의 행전

1. 복음을 확실히 깨달으면 어떤 방해에도 흔들리지 않는 확신이 생긴다.
2. 불가능해 보이는 상황에도, 복음이 심기지 않을 것 같은 사람에게도 주님은 일하신다. 복음 전하는 일에 다시 열심을 내자.
3. 복음을 확신하고 순종할 때 기쁨과 성령으로 가득찰 수 있다.

32 나는 OO의 표지판이다 14:1-18

#도망길도 복음의 지도가 되는 신비 #내 주변의 루스드라

이고니온 선교 시작(1,2절)

1 이고니온은 농업과 상업이 발달했던 큰 도시였어요. 바울과 바나바
가 이곳에서도 이전처럼 회당에서 복음을 전하니 많은 유대인과 헬라인
이 믿게 됩니다. 두 사람은 선교지로 큰 도시나 유대인이 많이 거주하는
지역을 우선으로 정했어요. 도시 중심 선교로 많은 사람에게 복음을 효
율적으로 전했고, 회당 중심 선교로 구약성경을 잘 아는 유대인들이 복
음을 효과적으로 받아들이는 이점이 있었지요.
2 그러나 역시나 여기도 마음을 돌이키지 않은 유대인들이 이방인을
선동해서 믿는 형제들에게 나쁜 감정을 품게 합니다. 이런 악한 반응은
자신의 기득권을 빼앗기지 않으려는 욕심에서 비롯된 거였어요. 복음이
임하자 빛과 어둠이 선명하게 드러났지요.

두 편으로 나뉘다(3,4절)

3 핍박이 있음에도 두 사도는 오랫동안 그곳에 머물며 담대하게 복음
을 전합니다. 생명을 전하기 위해 고난과 핍박을 묵묵히 견디지요. 주님
은 그들의 손으로 표징과 놀라운 일을 행하게 하셔서 그들이 전하는 은
혜의 말씀을 확증해주십니다. 복음이 신적 권위를 가지고 있음을 보여
주는 사인이었지요. 4 그러자 그 도시 사람들은 둘로 나뉘어 더러는 유

대인의, 더러는 사도들의 편을 들었어요.

핍박을 피함(5-7절)

5,6 그런데 이방인과 유대인이 관원들과 합세해서 바울과 바나바를 모욕하고 돌로 쳐 죽이려고 하자 사도들은 루가오니아 지방에 있는 루스드라와 더베와 그 근방으로 피해요. 7 거기서도 줄곧 복음을 전합니다. 도망길이 복음의 지도가 되고, 고난 덕분에 복음이 더욱 전파되는 기적이 일어나지요. 하나님 안에서는 환란도 승리의 길이 된답니다.

루스드라에서의 전도(8-10절)

8 루스드라 선교는 아주 중요한 의미가 있습니다. 루스드라는 이고니온에서 약 30킬로미터 떨어진 곳으로 회당이 없었어요. 이는 유대인이 없었다는 뜻으로 회당 중심 선교가 아닌 진정한 이방인 선교의 시작을 알리지요. 하나님에 대한 지식이 전혀 없던 이들에게 두 사도가 복음을 어떻게 전하는지 살펴보아요. 그곳에는 나면서부터 걷지 못하는 사람이 있었습니다. 9 그는 바울이 전하는 복음을 들었고, 바울은 그에게 고침 받을 만한 믿음이 있음을 봅니다.

10 바울이 큰 소리로 "그대의 발로 똑바로 일어서시오"라고 하자 그가 벌떡 일어나 걷기 시작해요. 이 사건은 베드로와 요한이 성전 미문의 앉은뱅이를 일으킨 사건을 떠올리게 합니다(행 3장). 누가는 두 사건을 의도적으로 배치하여 유대인에게 임했던 하나님의 역사가 이방 땅에도 동일하게 일어남을 보여줘요.

예상치 못한 반응(11-13절)

11 무리가 바울이 행한 일을 보고 루가오니아 말로 "신들이 사람의
모습으로 우리에게 내려왔다"라며 소리를 질렀어요. 12 그들은 바나바
를 제우스라 부르고 바울을 헤르메스라 불렀는데, 바울이 주로 말하는
역할이었기 때문이에요. 헤르메스는 '소식을 전하는 신'이었거든요.

13 그때 성 밖 제우스 신당의 제사장이 황소 몇 마리와 화환을 성문 앞에 가져와 군중과 함께 두 사도에게 제사하려 했어요. 그 지역에 전해 내려오는 다음 전설 때문이었지요.

오래전에 제우스와 그의 아들 헤르메스가 사람의 모습을 하고 땅에 내려왔는데 아무도 그들을 환대하지 않았어요. 신들은 몹시 실망하여 마지막으로 산 중턱의 불빛을 따라갔는데 그곳에 사는 노인이 그들을 환대했지요. 이후 신들은 천상으로 돌아가 악한 인간 세상을 물로 심판하면서 그 노인만 살려주고 큰 재산을 주어 잘살게 했다고 해요.

루스드라 사람들은 이 전설을 믿으며 언젠가 제우스 부자가 다시 찾아오면 극진히 대접해서 복을 받기를 간절히 바라고 있었어요. 그런데 바울과 바나바가 나타나 기적을 베풀자 제우스 부자인 줄 알고 극진히 대접하여 복을 받고자 한 거예요.

군중의 제사를 말리다(14-18절)

14 두 사도는 옷을 찢고 군중 가운데 뛰어 들어가 외쳤어요. 유대 전통에서 옷을 찢는 건 큰 슬픔과 고통의 표현이며 신성모독을 보았을 때 하는 행동이었지요.

15-17 “여러분, 어찌 이런 일을 하십니까? 우리도 여러분과 똑같은 성정을 가진 사람입니다. 우리가 여러분에게 복음을 전하는 것은 이런 헛된 일을 버리고, 하늘과 땅과 바다와 그 안에 있는 모든 것을 만드신, 살아계신 하나님께로 돌아오게 하려는 것입니다. 하나님께서 지나간 세대에는 이방 민족이 자기 방식대로 살게 내버려 두셨습니다. 그러나 그 분이 자신을 드러내지 않으신 건 아닙니다. 비도 내려주시고 철 따라 열매를 맺게 하시고 먹을거리를 주셔서 여러분의 마음을 기쁨으로 가득 채워주셨습니다.”

18 두 사도는 이렇게 말하며 군중이 제사하지 못하게 겨우 말립니다.

비시디아 안디옥에서는 유대인을 대상으로 구약성경으로 예수님을 설명했지만, 루스드라 사람들은 하나님을 모르는 이방인이기에 창조주 하나님으로 소개합니다. 우주 만물을 창조하시고 해와 비를 주셔서 철 따라 결실하게 하시는 분이 바로 하나님이라고요. 사도들은 복음을 전할 때 상대방의 마음을 여는 접촉점을 정확히 파악하고 있었어요.

바울과 바나바의 선교 여정은 험난했어요. 사실 조금만 현실과 타협했다면 신처럼 융숭한 대접을 받을 수 있었지요. 그러나 그들은 비가 오나 눈이 오나 환란이나 환대나 그 어떤 환경에도 휘둘리지 않고 사람들을 주께로 안내하는 표지판 역할을 성실히 감당했습니다.

제 큰아들의 군 입대 날, 새벽에 아들을 위해 기도하는데 이사야서 말씀을 떠올려주셨어요.

“오직 여호와를 앙망하는 자는 새 힘을 얻으리니 독수리가 날개 치며 올라감 같을 것이요 달음박질하여도 곤비하지 아니하겠고 걸어가도 피곤하지 아니하리로다"(사 40:31).

세상의 시각으로는 군 생활이 시간 낭비처럼 보일 수 있지만, 하나님 안에서 이 아이가 오직 여호와를 앙망하여 새 힘을 얻는 시간이 될 거라는 마음을 주셨지요. 독수리가 날개 치며 비상하듯 날아오를 준비를 하는 귀한 시간이 될 거라는 생각에 얼마나 기쁘고 평안했는지요. 덕분에 활짝 웃으며 배웅할 수 있었어요.

아들을 훈련소에 내려주고 오는 길에 한 52패밀리 사업체를 응원하러 갔어요. 코로나19로 사역을 접고 빵집을 하며 '들꽃 공동체'라는 교회를 준비하는 선교사님 부부였지요. 그들과 교제하며 서로를 주님께 더 가까이 이끄는 표지판이 되어주었답니다.

자신의 계획을 내려놓고 주님의 시간표대로 움직이면 그 길이 복음의 지도가 되고, 주변의 '영적 루스드라'에 하나님의 통치가 임하는 걸 봅니다. 내 인생이라는 표지판을 통해 수많은 루스드라가 개척되길 소원해요.

나의 행전

1. 주님의 시간표대로 움직이자. 때론 고난과 핍박 속에 두실 때가 있고, 도망길을 복음의 지도로 만들기도 하신다. 그분의 뜻을 구하고 움직이자.
2. 내 주위에 영적 루스드라가 있는가? 나를 통해 그에게 하나님의 통치가 임하도록 표지판 역할을 하자.

33 창창한 앞날을 계획하는 방법 14:19-28

#천국시민 파워 #나의 복음 지도

세상에서 제일 못 말리는 사람은 말씀을 따라 사는 사람인 것 같아요. 바울과 바나바처럼요. 그들이 가르쳐주는 창창한 앞날 계획법을 배워보아요.

거의 죽을 뻔한 바울(19,20절)

19 안디옥과 이고니온에서 바울과 바나바를 반대했던 유대인들이 루스드라로 몰려와 군중을 설득하고 바울을 돌로 쳤어요. 예수님을 공생애 동안 끈질기게 쫓아다니다가 결국 십자가에 못 박았던 그 유대인들이 이제는 제자들의 뒤를 쫓으며 죽이려고 해요. 그들은 기어이 바울을 돌로 쳐 그가 죽은 줄 알고 성 밖으로 끌어냅니다.

훗날 바울은 그의 사도권을 의심하는 자들에게 자신의 '고생 리스트'를 쭉 읊어요. 여러 번 죽을 뻔했고(고후 11:23), 한 번 돌로 맞았고(고후 11:25), 셋째 하늘에까지 올라가 몸 안에 있었는지 몸 밖에 있었는지 모르는 경험을 했다고(고후 12:2) 회상하는데, 바로 이때를 말하는 거예요.

20 그러나 하나님은 바울을 보호해주셨어요. 제자들, 곧 선교 중에 새로 생겨난 신앙 공동체가 바울을 둘러서서 간호합니다. 여기에는 믿음의 아들, 디모데도 있었어요(행 16:1, 딤후 3:11). 바울은 그들의 간호로 회복되어 성안으로 들어갔다가 이튿날 바나바와 함께 더베로 떠납니다.

더베에서 다시 온 길을 돌아감(21-23절)

21 바울과 바나바는 더베에서 복음을 전하고 많은 제자를 얻은 뒤에 죽을 뻔했던 루스드라와 이고니온과 안디옥으로 되돌아갑니다.

22 다시는 가고 싶지 않은 그곳에 목숨 걸고 돌아간 이유는 갓 주를 영접한 영혼들과 막 세워진 교회를 견고히 하기 위함이었어요. 그들은 제자들에게 마음을 굳게 하여 믿음을 지키라고 용기를 북돋우며 하나님나라에 들어가려면 많은 환난을 겪어야 한다고 말합니다. '하나님나라에 들어간다'는 말은 하나님의 통치를 받는 삶을 뜻하지요.

제자들은 바울의 고난을 눈으로 확인했고 그가 죽음의 위기를 넘는 것도 보았어요. 그런 바울이 핍박의 현장에 돌아와 이런 메시지를 전하니 얼마나 감동이 컸을까요. 바울은 단순한 말이 아닌 순종의 삶을 보여주었고, 그것이 제자들에게 선명한 지표가 되었을 거예요.

세상 풍조에 맞서고 세상 이익을 포기할 때 하나님의 통치를 받는, 생명과 평안과 복을 누리는 삶이 됩니다. 바울은 복음을 받아들이고 환란이 시작되면서 흔들리는 제자들에게 이 원리를 분명하게 알려주며 격려해요.

23 두 사도는 갓 태어난 교회를 위해 금식하며 기도함으로 주님의 통치에 순종하겠다는 믿음의 고백을 드립니다. 그러고는 장로들을 임명하여 교회를 돌보도록 맡겼어요. 조직교회가 세워졌지요.

더베에서 조금만 가면 바울의 고향인 다소가 있었고, 조금 더 가면 파송교회인 수리아 안디옥 교회가 있었어요. 그런데도 바울은 돌로 두들겨 맞은 몸을 이끌고 가깝고 편한 곳을 마다하고 죽을 뻔했던 곳으로 되돌아갑니다. 영혼을 향한 사랑 때문에요. 갓 태어난 아이를 두고 온 엄마처럼 온 마음이 영혼들을 향해있었지요.

1차 선교여행 마무리(24-26절)

24 바울과 바나바는 비시디아 지방을 거쳐 밤빌리아 지방에 이르렀어
요. 25 그들은 버가에서 말씀을 전한 뒤에 앗달리아로 내려가 26 배를
타고 파송교회가 있는 수리아 안디옥으로 향합니다. 이렇게 1차 선교의
열매로 갈라디아 지방에 교회가 개척돼요.

1차 선교 보고(27,28절)

27 두 사도는 수리아 안디옥 교회의 회중 앞에서 1차 선교 보고를 합
니다. 하나님께서 행하신 모든 일과 이방인에게 믿음의 문을 열어주신
일을 말했지요. '우리'가 아닌 '하나님'께서 하셨음을 강조하며 모든 영
광을 그분께 올려드립니다. 28 그리고 제자들과 함께 오랫동안 지냈어
요. 휴식을 취하며 상한 몸을 치료했을 거예요.

하나님의 뜻에 순종할 때 우리가 서있는 자리가 하나님나라가 됩니다. 주한 미국 대사관은 지리적으로는 한국에 위치하지만 미국법으로 통치되듯이 천국 시민권을 가진 우리는 이 땅에 살지만 천국법을 따르며 살아야 해요. 그럴 때 격렬한 영적전쟁이 반드시 따르지만, 두 사도처럼 묵묵히 순종하며 예수 그리스도를 전할 때 그 길이 복음의 지도가 됩니다. 가정, 일터, 삶의 모든 현장에서 생명의 길을 안내하는 표지판으로

살아내기로 해요. 하나님의 꿈이 내 꿈이 될 때 우리는 가장 안전하고 승리가 보장된 창창한 미래로 걸어갈 수 있답니다.

나의 행전

1. 참 제자에겐 반드시 환난이 따른다. 그 속에서 하나님의 통치를 받을 때 생명과 평안이 임한다. 놀라거나 당황하지 말자.
2. 천국 시민권자로서 오직 천국법을 따르자. 내가 가는 길이 복음의 지도가 되게 하자.

34 왜 한국 기독교인은 술과 담배를 하지 말아야 하나 15:1-21

#진리가 주는 자유함 #초점은 언제나 연약한 자

본문에 최초의 종교회의인 '예루살렘 종교회의'가 등장해요. 교회사를 보면 구약에서 하나님이 우림과 둠밈, 제비뽑기를 통해 말씀하셨듯이 많은 종교회의를 통해 그분의 뜻이 드러납니다. 어떤 메시지를 주시는지 살펴보아요.

수리아 안디옥 교회에 생긴 논란(1,2절)

1 유대에서 온 강경 바리새파 유대인 몇 사람이 "모세의 관례대로 할례

를 받지 않으면, 구원을 얻을 수 없습니다"라고 신도들을 가르쳤어요.

지금껏 바울과 바나바가 예수 그리스도를 믿음으로써 구원을 얻는다고 가르쳤는데 그걸 무너뜨리는 말이었지요. 그만큼 유대교인은 구약과 '예수 사건'을 연결하는 게 어려웠어요. 한편 신도들은 어느 말을 믿어야 할지 갈팡질팡했을 거예요.

2 그래서 바울과 바나바 그리고 강경 바리새파 유대인 사이에 적지 않은 충돌과 논쟁이 벌어집니다. 안디옥 교회는 이 문제를 깔끔하게 매듭짓기 위해 두 사도와 몇몇 신도를 예루살렘 교회의 지도자에게 보냅니다. 이 문제가 해결되지 않으면 아무리 복음을 전해도 예수 사건 이전으로 돌아가 버리니 공식적으로 정리해야 했지요.

가는 길에 복음의 소식을 전함(3절)

3 바울과 바나바가 교회의 전송을 받고 베니게와 사마리아를 거쳐 예루살렘으로 가면서 1차 선교여행에서 이방인들이 회개한 일을 전하자 그 지역의 신도들은 매우 기뻐합니다. 두 사도에게 복음 전하는 일은 일상이었지요.

예루살렘의 반응(4,5절)

4 바울 일행은 예루살렘에 이르러서 교회와 사도들과 장로들에게 환영을 받습니다. 그들은 여기서도 하나님께서 이방 땅에서 행하신 일, 1차 선교 보고를 해요.

5 그런데 바리새파였다가 신도가 된 몇 사람이 "이방인에게도 할례를

행하고 모세의 율법을 지키도록 명해야 합니다"고 말했어요. 수리아 안디옥에 왔던 바리새파 출신 신도들과 같은 주장이었지요. 이들은 하나님께서 이방 땅에 행하신 놀라운 일을 듣고도 고정관념이 깨지지 않았습니다.

예루살렘 종교회의에서 베드로의 발언(6-11절)

6 이에 사도들과 장로들은 종교회의를 소집합니다. 7 많은 논쟁이 오
갔어요. 유대주의자는 할례를 받아야 한다고 강경하게 주장했고, 바울
과 바나바를 비롯한 이방 선교를 경험한 사람은 오직 믿음이 구원의 조
건이라며 팽팽하게 맞섰지요. 그때 예루살렘 교회의 수장인 베드로가 고
넬료 사건을 예로 들며 이 문제를 신학적으로 정리합니다.

8 고넬료 사건은 베드로가 이미 말했기에 모두 알고 있었어요. 그는
이를 통해 하나님이 이방인에게도 동일한 성령을 주시고 그들을 인정하
셨음을 강조합니다. 9 또한 하나님이 그들의 믿음을 보시고 마음을 깨
끗하게 하셔서 할례를 받은 자와 받지 않은 자 사이에 아무런 차별을
두지 않으셨음을 증언해요.

10 그러면서 선조들이나 자기들도 율법을 온전히 지키지 못하는데 그
걸 이방인에게 요구하는 건 옳지 않으며 11 유대인이나 이방인 모두 예
수님의 은혜로 구원을 얻는다고 결론을 내립니다.

바울과 바나바의 증언(12절)

12 베드로가 말을 마치자 온 회중이 조용해졌어요. 유대인 성도의 대

표격인 베드로가 경험을 들어 증언하니 더는 할 말이 없었지요. 이 기회를 놓치지 않고 바나바와 바울이 이방 선교 중에 일어났던 온갖 표징과 놀라운 일을 간증합니다. 이때 누가는 유대인에게 더 신망이 높았던 바나바를 먼저 언급해요.

야고보의 발언(13-21절)

13 두 사도가 말을 마친 뒤에 야고보가 발언을 이어갑니다. 그는 예수
님의 친동생으로 베드로와 더불어 예루살렘 교회의 지도자였지요. 14 야
고보는 베드로의 증언을 언급합니다('시므온'은 시몬 베드로의 히브리식
철자로 하나님이 베드로를 통해 이방 선교를 시작하셨음을 나타내요).

15 그리고 선지자들의 말도 이와 일치한다며 16 아모스서 9장 11,12절
말씀을 들어 설명합니다. 예언서에 따르면, 주님이 다시 오실 그날에 무
너진 다윗의 집을 짓고, 허물어진 곳을 고치고, 그 집을 바로 세우실 것
이며 17 그분의 백성이라는 이름을 받은 모든 이방인이 주님을 찾게 된
다고 해요. 18 이미 주님께서 이방인이 그분께 돌아올 것을 말씀하셨으
므로 19 그분께 돌아오는 이방인에게 할례와 같은 유대의 율법을 강요
하여 괴롭히지 말라고 하지요.

20 다만 네 가지 규칙은 지켜야 한다고 합니다. 첫째는 우상에게 바친
더러운 음식을 먹지 않는 거예요. 당시 이방 땅에는 우상에게 바쳐진 고
기가 유통되었어요. 그것을 먹지 말라는 이유는 그것 때문에 연약한 사
람, 곧 초신자가 넘어질 수 있기 때문이에요.

예를 들어 우리나라에서 제사상이나 고사상에 차려진 음식을 그리스

도인이 먹어도 되나요? 네, 먹을 수 있어요. 우리에겐 우상이 없기에 모든 음식을 주님이 주신 일용할 양식으로 먹을 수 있습니다. 진리가 우리를 자유케 하지요(요 8:32).

다만 아직 이 진리를 제대로 알지 못하는 초신자에게는 우상에게 바친 음식을 먹는 것이 걸림돌이 될 수 있으니 그걸 피하라는 거예요. 바울이 만일 음식이 형제를 실족하게 한다면 영원히 고기를 먹지 않겠다고 한 이유와 같아요(고전 8:13).

이처럼 야고보는 자신의 자유에 초점을 두지 않고 연약한 자에 초점을 두는 자세에 대해 말합니다. 그것이 예수님이 십자가를 지신 이유예요.

이것을 우리나라에 적용해볼게요. 이 땅에 처음 기독교가 들어왔을 때 많은 사람이 술과 담배로 피폐한 삶을 살고 있었어요. 선교사들은 복음을 전하며 성도들에게 이를 끊게 했고 그때의 문화가 남아서 '기독교인은 술과 담배를 안 한다'라는 인식이 생겼지요. 그래서 기독교인이 술과 담배를 하는 게 죄는 아니지만, 신앙이 연약한 사람은 시험에 들거나 넘어질 수 있기에 지양하는 거예요.

저는 오랫동안 청년 사역을 하면서 기독교인의 음주에 대해 많은 토론을 했어요. 그때마다 "성경 선생님인 내가 술을 마시면 너희는 어떨 것 같아? 시험 들지 않을까?"라고 물으면 대부분 음주를 옹호하는 청년들까지도 그럴 것 같다고 답했어요. 어떤 아이들은 "저도 바울처럼 주를 위해, 연약한 지체를 위해 술과 담배를 안 하겠습니다"라고 결단했지요. 이것이 우리 문화에서 신앙인에게 기대하는 모습이에요.

다시 본문으로 돌아가서, 나머지 세 가지 규칙인 음행과 목매어 죽인 것과 피를 멀리하는 것도 같은 의미예요. 신전에서 우상숭배를 하는 방법으로서 음행을 금하고, 우상에게 바치는 목매어 죽인 희생제물을 금하며, 우상숭배의 제사법인 피를 마시는 걸 금한 거예요. 한마디로 우상을 숭배하는 방식으로 하나님을 예배하지 말라는 거지요.

21 야고보는 이 내용을 문서로 만들어 말씀을 읽는 회당에 편지로 보내자고 제안하며 논란을 깔끔하게 매듭짓습니다. 이 예루살렘 종교회의를 통해 모든 사람이 하나님의 은혜로 구원받으며 이방인도 동일한 은혜로 하나님의 자녀가 된다는 사실이 공표됩니다.

나의 행전

1. 하나님이 내게 주신 사명은 무엇인가? 이스라엘 백성처럼 사명을 잃고 선민의식만 남지는 않았는지 스스로 점검하자.

2. 말씀은 삶의 유일한 기준이다. 성도 간 의견이 맞지 않을 때 오직 말씀을 기준으로 지혜롭게 대화하자.

7장

2차 선교여행 15-18장

절망한 사람에게 주시는 하나님의 편지 15:22-41

막으심을 해석하는 방법 16:1-15

스펙을 제대로 사용하는 법 16:16-40

하나님의 스피드를 즐기자 17:1-15

이 시대의 쾌락과 지식에 대한 해석 17:16-34

바울도 절망했던 때가 있다 18:1-11

35 절망한 사람에게 주시는 하나님의 편지 15:22-41

#역사를 주관하시는 분 #하나님 스토리는 언제나 해피엔딩

편지 사절단(22절)

22 예루살렘 종교회의는 야고보의 제안에 모두가 동의하면서 끝났어요. 결정된 내용을 편지에 써서 각 회당에 보내기로 하고 편지 사절단으로 지도자였던 유다와 실라가 뽑힙니다.

편지의 내용(23-29절)

23 발신자는 사도와 장로 된 형제들이고 수신자는 안디옥과 수리아와 길리기아에 있는 이방인 형제들이었어요. 발신자와 수신자를 모두 '형제'로 표기한 걸로 보아 '교회는 하나님의 가정'이라는 개념이 있었음
을 알 수 있어요. 24 문안 인사 다음으로 편지를 쓴 목적이 나와요. 예
루살렘 교회의 몇몇 사람이 사도나 장로의 승인 없이 일방적으로 가서 '할례 복음'을 전해 혼란에 빠뜨리고 마음을 어지럽혔다는 소식을 듣고, 그것을 바로 잡기 위함이라고 합니다.

25,26 그래서 바나바와 바울과 몇 사람을 더 뽑아서 보내기로 만장일치로 결정했다고 말해요. 그러면서 두 사도를 "우리 주 예수 그리스도의 이름을 위해 자기 목숨을 내놓은 사람들"로 소개하지요. 이는 예루살렘 교회에서 두 사람의 위치를 확고히 함으로써 그들이 전하는 복음의 정확성을 인정하고 보증하는 거예요.

27 또 함께 가는 유다와 실라가 이 결정의 자초지종을 충분히 설명할
것이고 28 꼭 필요한 몇 가지를 제외하고는 아무 짐도 지우지 않을 거라
고 해요.

29 이어서 회의에서 결정된 내용을 언급합니다. "여러분은 우상에게
바친 제물과 피와 목매어 죽인 것과 음행을 멀리해야 합니다." 즉 이방
신을 섬기는 방식으로 하나님을 섬기지 말라는 거예요. 이런 행위는 유
대인에게 큰 거부감과 혐오감을 주었기에 유대인과 이방인이 하나 되는
데 결정적인 걸림돌이었어요. 이를 삼가라는 말과 함께 평안을 비는 인
사로 편지를 마무리해요.

편지 사절단이 안디옥으로 감(30-35절)

30 편지 사절단은 안디옥에 내려가 안디옥 교회 교인들에게 편지를 전
해주었어요. 31 회중이 편지의 권면을 기쁘게 받아들임으로써 논란이 종
식됩니다. 이방인은 유대의 각종 규례에서 자유하게 되었고, 유대인을
배려해서 자기들의 관습을 내려놓는 것에도 기쁘게 동의했어요. 유대인
과 이방인이 서로 조금씩 양보함으로 더욱 하나 되는 길이 열렸습니다.

32 유다와 실라도 선지자였기에 하나님의 계시를 받아 전달하며 여
러 말로 형제들을 격려하고 믿음이 견고해지도록 도왔어요. 33 그들은
수리아 안디옥에서 잠시 머물다가 전송을 받고 예루살렘으로 돌아갑니
다. 34 (없음) 35 그러나 바울과 바나바는 안디옥에 계속 머물며 다른 여
러 사람과 함께 주님의 말씀을 가르치고 전했어요.

바울과 바나바가 싸움(36-39a절)

36 "며칠 뒤에"라는 표현은 사도행전의 후반부에서 단락이 바뀔 때마다 사용되는데, 불특정한 시간의 경과를 의미해요. 그래서 바울과 바나바가 안디옥에 정확히 얼마나 머물렀는지는 알 수 없어요. 아마 오랜 기간 머무르며 말씀을 가르치고 이방 선교 파송교회로 더욱 견고하게 세웠을 거예요. 상당한 시간이 지난 후, 바울이 바나바에게 1차 선교여행에서 복음을 전했던 도시들을 찾아가 신도들이 신앙생활을 잘하는지 살펴보고 지도하자고 제안해요. 과거에 그는 돌에 맞아 죽을 뻔했을 때도 그 길을 되돌아가 신도들을 격려할 정도였으니 얼마나 궁금했겠어요.

37 그런데 문제가 발생합니다. 바나바가 1차 선교여행 중 도망간 마가 요한을 데려가자고 해요. 바나바는 '사람 중심'의 사람이었어요. 초반에 모두가 바울을 의심했을 때 그를 데려와 세워준 걸 봐도 알 수 있지요. 그는 중간에 도망간 마가 요한에게도 다시 기회를 주고 싶었어요.

38 반면에 '일 중심'인 바울은 밤빌리아에서 험준한 토로스산맥을 보고 도망간 사람을 다시 데려갈 수 없었지요. 사실 세 사람이 선교를 떠났는데 한 사람이 중도 하차를 했으니 얼마나 기운이 빠지고 일손도 부족했을까요. 바울은 그런 일을 다신 반복하고 싶지 않았던 거예요.

39a 그런데 이번엔 어쩐 일인지 착한 바나바가 양보하지 않아요. 그들은 심하게 다툽니다.

바나바와 바울이 갈라섬(39b-41절)

39b 바나바는 마가를 데리고 배를 타고 구브로로 떠나고 40 바울은

실라를 택하여 신도들로부터 주님의 은혜가 함께하길 바란다는 인사를 받고 선교 여정을 떠납니다. 수리아 안디옥 교회는 바울의 손을 들어줘요. 이후 성경에 바나바는 등장하지 않습니다. 바울이 전면에 나서서 하나님의 꿈인 이방 선교를 이루어가지요.

41 바울은 수리아와 길리기아를 돌아다니며 모든 교회를 튼튼하게 했어요. 이곳은 1차 선교여행지가 속했던 '도'(道) 정도의 지역 범위예요. 1차 선교 때는 배로 이동했지만, 이번에는 육로로 그때 세워진 교회들을 역순으로 돌아봅니다.

여기서 바울과 바나바의 다툼 속에 숨겨진 하나님의 놀라운 섭리를 볼 수 있어요. 두 사람이 크게 싸울 때 성도들은 심란했을 거예요. 2차 선교를 시작하기도 전에 두 리더십이 크게 싸우니 선교는 이미 물 건너갔다고 생각했겠지요. 그런데 역사를 주관하시는 하나님께서 인간의 연약함과 부족함과 다툼마저 사용하셔서 당신의 계획을 이루어가세요.

먼저 바울을 향한 하나님의 계획을 살펴볼까요? 바울은 실라와 2차 선교여행을 떠났어요. 그는 로마 시민권자였습니다(행 16:37). 이방 선교가 본격적으로 시작되는 시점에 유대인인 바나바와 마가 요한이 유리할까요, 아니면 당시 '프리패스' 역할을 하던 로마 시민권을 가진 실라가 유리할까요? 당연히 실라지요.

그는 이중국적에 이중언어를 구사했고 다양한 문화를 경험했기에 이방 선교에 꼭 필요했어요. 그의 출신배경이 접촉점이 되어 많은 사람의 마음을 열 수 있었을 거예요. 하나님의 지혜가 정말 신묘막측하지요. 두 사람의 다툼에 이런 놀라운 섭리가 숨어있을 줄 누가 알았겠어요.

그럼 바나바와 마가 요한은 어떻게 된 걸까요? 하나님이 그들을 버리신 걸까요? 아니에요. 바울은 골로새서 4장 10,11절에 마가를 "나의 위로"라고 말해요. 또 그의 유언 같은 편지인 디모데후서 4장 11절에는 "그가 나의 일에 유익하니라"라고 합니다. 마가 요한이 변한 거예요. 그가 성숙하기까지 누구의 도움이 있었을까요? 바로 바나바지요. 사람 중심인 바나바가 마가를 품고 가르치고 세우며 그리스도의 장성한 분량에 이르도록 도왔기에 일 중심인 바울의 눈에도 위로자이며 유익한 사람으로 성장했을 거예요. 물론 그새 바울의 품도 넓어졌고요.

이 모든 것이 하나님의 지혜입니다. 그래서 우리는 사람을 함부로 평가하거나 자신의 연약함에 좌절하면 안 돼요. 부족함과 연약함 속에 어떤 하나님의 지혜와 계획이 기다리고 있을지는 오직 그분만 아시니까요.

세상의 평가에 좌절하지 마세요. 그저 시선을 예수 그리스도께 고정하고 순종하며 나아가세요. 포기와 좌절도 불순종이에요. 하나님이 나를 포기하지 않으셨는데 주저앉으면 안 되지요. 내 부족함 속에서도 멋지게 일하실 하나님을 신뢰하는 우리가 되어요.

나의 행전

1. 내 부족함 때문에 좌절하고 있는가? 하나님의 계획하심을 기대하며 포기하지 말고 나아가자.

2. 하나님나라엔 해피엔딩만 있다. 그분의 주권을 인정하고 순종하자.

36 막으심을 해석하는 방법 16:1-15

#언제나 준비된 동역자 #하나님이 일하시는 방법

바울의 2차 선교여행 지도를 살펴볼까요? 바울은 원래 1차 때 세운 갈라디아 지역의 교회들을 돌아보고 대도시 에베소에 가려고 했어요. 갈라디아 지방 옆에 에베소가 있으니 아주 합리적인 계획이었지요.

디모데의 합류(1-3절)

1 바울이 더베와 루스드라에도 들러 교회를 든든히 세웠어요. 특별히 루스드라는 그가 돌에 맞아 죽을 뻔한 곳이어서 남다른 의미가 있었을 거예요. 그런데 거기서 바울은 영적인 아들이자 신실한 동역자인 디모데를 만납니다. 앞서 돌 맞은 바울을 간호하던 무리에 그가 있었던 걸 기억하지요?

그의 어머니는 신앙이 좋은 유대인이었고 아버지는 헬라인이었어요. 그는 어머니 유니게와 외할머니 로이스에게 신앙교육을 받은 믿음 좋은 청년이었지요(딤후 1:5). 게다가 아버지가 헬라인이라 이중언어와 국적을 갖고 있었고 다문화 가정에서 자랐기에 이방 선교에 적합한 사람이었습니다.

2 또한 루스드라와 이고니온에서 신도들에게 호평을 받았어요. 이고니온은 루스드라에서 약 30킬로미터 떨어진 곳인데 거기서까지 칭찬을 들었지요. 하나님을 사랑하는 사람은 이웃을 사랑하고, 하나님의 칭찬을 받는 사람은 사람의 칭찬도 받는다는 걸 확인할 수 있어요.

3 바울은 디모데와 동행하기를 바라서 그에게 할례를 행합니다. 왜 뜬금없이 할례를 했을까요? 여태 바울은 할례가 필요 없음을 누누이 말했고 예루살렘 종교회의에서도 그렇게 결정을 내렸는데 말이에요.

이는 유대인을 배려하기 위함이었어요. 당시 모두가 디모데의 아버지가 헬라인임을 알았기에 할례받지 않은 디모데가 유대인을 대상으로 복음을 전하면 불편하게 생각할 수 있었지요. 할례는 이를 방지하고 효과적인 사역을 위한 조치였다고 볼 수 있어요.

바울이 진리로 자유함을 누리면서도 유대인과 율법 아래 있는 사람과 율법 없이 사는 사람과 믿음이 약한 사람같이 행하는 건 그들 중 몇 사람이라도 구원하고자 함이었어요(고전 9:19-23). 마찬가지로 디모데에게 할례를 행한 것도 연약한 유대인을 위한 배려였지요. 하나님 안에서 그의 융통성을 볼 수 있는 대목이에요.

순조로운 2차 선교(4,5절)

4 바울 일행은 여러 도시를 두루 다니며 예루살렘 종교회의에서 정한
규정을 사람들에게 전하고 지키게 했어요. 5 교회들은 점점 더 튼튼해지
고 나날이 늘어갔어요. 질적, 양적 성장을 모두 이룬 진정한 부흥이었지
요. 예루살렘 종교회의의 결정이 유대인과 이방인 사이의 걸림돌을 제거
하고 주 안에서 하나 되게 했습니다.

성령의 막으심(6-8절)

6 바울의 2차 선교여행의 목적지는 아시아의 대표 도시인 에베소였어요. 2차 선교여행 마지막에 에베소에 들러 3차 선교를 준비하는 걸 보면 알 수 있지요(행 18:19). 에베소는 클레오파트라가 명품을 쇼핑하러 왔다는 설이 있을 정도로 상업과 교통이 발달해서 복음을 널리 전하기에 아주 적합한 도시였습니다. 또 갈라디아 바로 옆이 소아시아여서 에베소로 넘어가는 게 너무도 자연스럽고 전략적인 선택이었지요. 게다가 바울의 개인적 욕심이 아닌 오직 주를 위해 목숨 걸고 가는 선교 길이었어요.

그런데 아시아에서 말씀을 전하려는 그의 계획을 성령께서 막으십니

다. 그래서 그들은 북쪽 브루기아와 갈라디아 지방을 거쳐 7 무시아 가
까이에 이르러 북동쪽 비두니아로 들어가려 했지만, 성령께서 이 또한
허락하지 않으셨어요. 소아시아 쪽은 다 막으셨지요.
8 그들은 할 수 없이 무시아를 지나 유일하게 남은 북서쪽 드로아에
이릅니다. 드로아는 '트로이의 목마'로도 유명한 고대 항구도시였지요.

마게도냐 환상(9,10절)

9 바울은 드로아에서 '마게도냐 환상'을 봅니다. 한 마게도냐 사람이
그의 앞에 서서 마게도냐로 건너와 도와달라고 간청하는 환상이었어요.
10 이를 본 뒤에 "우리는" 곧 마게도냐로 건너가려 했다고 기록합니
다. 여기서 사도행전의 저자인 누가가 바울 일행에 합류했음을 알 수 있
어요. 그들은 하나님께서 마게도냐 사람들에게 복음을 전하기 위해 자
신들을 부르셨다고 확신했지요.

이 본문은 우리가 하나님의 일을 할 때 막으시는 이유를 알려줍니다. 하나님은 2차 선교여행의 목적지로 에베소를 택한 바울의 합리적인 선택을 왜 막으셨을까요? 바로 그분의 큰 그림을 보여주시기 위함이었어요.

하나님은 바울을 이방인의 사도로 부르셨습니다. 그런데 그는 여전히 회당 중심의 선교에서 벗어나지 못했어요. 그에게 이중국적의 실라와 디모데를 붙여주며 사인을 주셨지만 깨닫지 못했지요. 그래서 성령께서 두 번이나 여정을 막으심으로 다시 사인을 주신 거예요.

그런데도 못 깨닫자 마게도냐 환상을 통해 그분의 뜻을 보여주세요.

진정한 이방 선교의 포문을 여신 거지요.

많은 사람이 환상과 같은 신비하고 특별한 계시를 기대해요. 하지만 끝까지 못 알아들은 바울에게 역사하신 방법이었으니 결코 바람직하진 않지요. 10절 끝에 '인정'이라는 단어가 나오는데, 단순히 결정했다는 게 아니라 고심 끝에 하나님의 뜻으로 결론을 내렸다는 의미예요. 사람의 생각을 꺾고 하나님의 뜻을 인정하게 된 거지요.

하나님은 우리의 일상과 만남을 통해 그분의 뜻을 충분히 말씀해주시지만, 우리가 못 알아듣거나 그것만으로 안 되는 위기의 순간에는 특별한 방법으로 역사하십니다. 이런 경험을 하게 된다면 '내가 진짜 하나님의 말씀을 못 알아들었구나' 하고 돌아봐야 해요.

저는 매일 말씀과 기도로 하나님과의 교제에 부족함을 못 느끼고 있어요. 그런데 한번은 이런 생각을 했어요.

'딱 1년만이라도 골치 아픈 사업을 하지 않고 말씀 공부만 할 수 있다면 얼마나 좋을까?'

제가 가장 좋아하는 게 말씀을 연구하고 전하는 일이거든요. 한국에 와서 이 마음으로 기도했을 때 주님은 한 손에 복음, 한 손에 사업을 들게 하셨어요. 그 후 그분이 이끄시는 길을 걸으면서 왜 사업을 시키셨는지 깨달았고, 역시 최고의 길로 인도하시는 하나님께 감탄했답니다.

그런데 오랜만에 아주 심각하게 또 그런 생각을 한 거예요. 하나님은 어김없이 이 본문을 통해 '꿈 깨!'라고 말씀하셨어요. 내 꿈에서 깨어 하나님의 꿈을 꾸라고요. 정신이 번쩍 들었지요.

하나님과 일상에서 소통하는 게 가장 중요해요. 그걸로 충분하지요. 자꾸 특별한 체험만 사모하지 마세요. 매일 건강한 세 끼를 꾸준히 먹어야 몸이 건강해집니다. 아무리 좋은 보약이라도 그것만 먹는 건 유익하지 않아요. 혹시 특별식만 사모하고 있다면 바울을 향한 아버지의 마음을 헤아려보세요. '하나님께서 오죽 답답하셨으면 환상을 보여주셨을까?' 생각하게 될 거예요.

드로아에 가다(11,12절)

11 누가와 합류한 바울 일행은 드로아에서 배를 타고 사모드라게로
직행하여 이튿날 네압볼리로 갔고 12 거기서 빌립보에 이르렀어요. 드로
아에서 네압볼리까지는 약 250킬로미터로 돌아올 때는 닷새가 걸렸다고 해요(행 20장). 그런데 이틀 만에 갔으니 하나님께서 순풍으로 배를 밀어주셨음을 알 수 있지요. 마게도냐의 영혼들을 향한 아버지의 마음을 느낄 수 있습니다.

로마 식민지였던 빌립보는 마게도냐의 대표 도시로 '리틀 로마'라 불리던 계획도시였어요. 로마 정부가 퇴역 군인을 빌립보에 대거 이주시킴으로 로마의 정신과 문화가 꽃을 피웠지요. 이곳에서 바울 일행은 며칠을 묵어요.

루디아를 만남(13-15절)

13 빌립보는 회당조차 없는 완전한 이방 땅이었어요. 그래서 바울 일행은 안식일에 성문 밖 강가로 나가 유대인의 기도 처소가 있을 법한 곳

을 찾아가요. 그리고 거기 모인 여자들에게 말씀을 전합니다.

14 그들 가운데 루디아가 있었어요. 그녀는 두아디라 출신의 자색 옷감 장수로 하나님을 공경하는 사람이었지요. 당시 자색 옷감은 귀족만 입을 수 있는, 고동에서 나는 자색 염료로 염색한 값비싼 옷감이었어요(두아디라 지방은 고동이 많이 나서 자색 염색 산업이 발달했지요).

또 '루디아'는 이름이라기보다 '안성댁, 전주댁'처럼 지역을 딴 호칭으로 그녀는 두아디라 지방의 자색 옷감을 빌립보에서 파는 성공한 여성 사업가였습니다. 주께서 그녀의 마음을 여셔서 바울의 말을 열심히 듣게 하셨어요.

15 루디아는 집안 식구와 함께 세례를 받은 후에 말씀을 더 배우길 원해서 바울 일행에게 자기 집에서 머물기를 간청해요. 그렇게 루디아의 집은 유럽의 첫 교회, 빌립보 교회의 전신이 됩니다(행 16:40). 그 후에도 그녀는 주도적으로 끝까지 바울을 지원했어요(빌 4:15,16).

나의 행전

1. 본질이 아닌 문제는 약자에게 양보하며 배려하자.
2. '내 꿈'에 부풀지 말고 '하나님의 꿈'이 나의 비전이 되길 기도하자.
3. 순종의 길에는 언제나 동역자를 붙여주신다. 루디아처럼 사역자를 신실하게 섬기는 자세를 기르자.

37 스펙을 제대로 사용하는 법 16:16-40

#감추고 드러내는 묘미 #절망 끝에서 만난 하나님의 마음 #마음이 통하면 끝

바울은 자신의 스펙을 분명한 기준으로 때로는 감추거나 드러내며 하나님의 뜻에 순종합니다.

귀신 들린 여종을 고침(16-18절)

16 하루는 바울 일행이 기도하는 곳으로 가다가 귀신 들려 점을 치는
한 여종을 만났어요. 이 여종은 점을 쳐서 자기 주인들에게 큰돈을 벌
게 해주었어요. 17 그녀는 바울 일행을 따라오면서 큰 소리로 "이 사람
들은 지극히 높으신 하나님의 종들인데, 여러분에게 구원의 길을 전하고
있다"라고 외쳤어요. 복음서에서 귀신들이 예수님을 알아본 것처럼 제자
들을 알아보았지요. 18 여러 날을 따라다니며 외치자 바울이 귀찮게 여
겨 돌아서서 그 귀신에게 "예수 그리스도의 이름으로 네게 명하니, 이 여
자에게서 나오라"라고 하자 바로 귀신이 나왔어요.

바울과 실라가 감옥에 갇힘(19-24절)

19 그러자 여종의 주인들은 귀신이 나가서 돈벌이가 끊겼다며 바울과
실라를 붙잡아 광장의 관원들에게 끌고 갑니다. 이 광장은 복합 문화공
간으로 온갖 걸 교류하는 장이었지요. 특히 리틀 로마로 불리는 빌립보
의 광장에서는 로마의 가치를 한눈에 볼 수 있었어요.

그곳은 법정의 역할도 했는데, 당시 로마는 여러 나라를 정복했기에 사회질서를 어지럽히는 문제에 아주 예민했지요. 그래서 관원들에게 즉결 처형권까지 부여하고 기강을 무너뜨리는 일을 엄중히 다루었습니다.

20 이런 배경에서 여종의 주인들은 바울과 실라를 치안관들 앞에 세우고 이 유대인들이 도시를 소란하게 하고 있다며 고발했어요. 21 두 사람이 유대인임을 강조하며 이들이 로마 시민이 받아들일 수도, 실천할 수도 없는 부당한 풍속을 선전한다고 말합니다. 관원들의 예민한 부분을 자극했지요.

22 무리가 일제히 일어나 이 고발에 합세하자 치안관들은 바울과 실라의 옷을 찢어 벗기고 매로 치라고 명령했어요. 정식 재판도 하지 않은 채 흥분한 무리를 진정시키기 위해 긴급 조치를 내리지요. 그런데 이상한 건 바울과 실라가 자신이 로마 시민권자임을 밝히지 않았다는 거예요. 억울한 상황에서 벗어날 수 있었는데도요. 그 이유를 찾으며 더 묵상해보아요.

23 부하들은 명령대로 두 사람에게 매질을 많이 한 뒤에 옥에 가두고 간수에게 단단히 지키라고 명령합니다. 대개 방망이나 채찍 끝에 여러 부착물을 달아서 칠 때마다 살점이 떨어져 나가는 가혹한 매질이었지요.

24 간수는 바울과 실라를 깊은 감방에 가두고 그들의 발에 차꼬를 단단히 채웠어요. 로마 감옥은 경범죄자를 가두는 곳, 중범죄자를 가두는 내옥, 사형수나 흉악범을 가두는 지하 감옥인 하옥으로 나뉘었는데, 둘은 하옥에 갇힙니다. 발에 차꼬까지 단단히 채워진 채로요.

이때 바울의 심정이 어땠을까요? 온몸의 살점이 떨어져 나가는 고통 속에서 하나님께 질문했을 거예요. 그가 원해서 온 것도 아니고, 하나님께서 다른 길을 막으셔서 떠밀리듯 온 빌립보에서 죽기까지 매를 맞고 지하 감옥에 갇혔으니 하나님의 뜻이 궁금했을 거예요.

기도 중 터져 나온 찬송(25,26절)

25 바울과 실라는 한밤중에도 잠을 잘 수 없었습니다. 몹시 아팠겠지요. 그들은 기도했어요. 깊은 기도 가운데 영혼들을 향한 하나님의 애끓는 마음을 느끼고, 고난을 통해 역사하실 그분을 기대하는 마음이 차올라 마침내 찬양이 터져 나왔어요.

그런데 놀랍게도 죄수들이 듣고 있었습니다. 여기서 "듣더라"(듣고 있었다)는 그냥 들려서 들은 게 아니라 헬라어 동사로 '깊이 경청하다'라는 의미예요. 소망 없이 죽을 날만 기다리던 지하 감옥의 죄수들이 하나님을 찬양하는 바울과 실라의 노래를 깊이 경청했어요. 그 순간 바울은 깨달았을 거예요. '이들을 위해 나를 보내셨구나. 매질과 모욕과 환란을 통과하며 복음이 이방 땅에 조금씩 심기고 있구나.' 하나님의 계획을 깨닫는 순간 그의 찬양에 기쁨과 감격이 더했겠지요.

26 그때 갑자기 큰 지진이 일어나 감옥의 터전이 흔들립니다. 모든 문이 열리고 모든 죄수의 수갑과 차꼬가 풀렸어요. 이는 복음이 전해지는 곳마다 영혼들을 묶고 있는 어둠의 권세와 죄악의 결박이 풀리고 참 자유가 임할 것을 확인시켜주는 장면이에요.

간수의 회심(27–34절)

27 간수가 잠에서 깨어 옥문이 열린 걸 보고는 죄수들이 달아난 줄
알고 칼로 자결하려 했어요. 당시 간수는 죄수를 놓치면 그 벌을 대신
받아야 했거든요.

28 그때 바울이 큰 소리로 외칩니다.

"그대는 스스로 몸을 해치지 마시오. 우리가 모두 그대로 있소."

죄수들이 이 틈을 타서 도망가지 않은 게 놀라워요. 아마 절망적인 상
황에서 기쁨의 찬송을 부르는 두 사람을 보며 마음이 열리고 하나님의
능력에 압도되었던 것 같아요.

29 간수가 바울의 목소리를 듣고는 등불을 들고 뛰어 들어가 무서워
떨면서 바울과 실라 앞에 엎드립니다. 복음의 능력 앞에 엎드린 거지요.
30 그리고 그들을 바깥으로 데리고 나가 묻습니다.

"두 분 사도님, 내가 어떻게 해야 구원을 얻을 수 있습니까?"

31 바울과 실라가 답해요.

"주 예수를 믿으시오. 그리하면 그대와 그대의 집안이 구원을 얻을 것
입니다."

32 그러고는 하나님의 말씀을 간수와 그의 집에 있는 모든 사람에게
들려줍니다. 33 그 밤 그 시각에, 간수는 두 사도를 데려다가 상처를 씻
어주었어요. 그리고 그와 온 가족이 그 자리에서 세례를 받았지요.

34 간수는 그들을 자기 집으로 데려다가 음식을 대접합니다. 그는 하
나님을 믿게 되어 온 가족과 함께 기뻐했어요. 복음의 능력과 구원의 감
격이 고스란히 느껴지는 대목이에요.

두 사람의 석방(35,36절)

35 "날이 새니"는 새로운 국면에 접어들었음을 나타냅니다. 복음의 능력이 만천하에 드러나기 시작하자 치안관들이 부하를 보내 바울과 실라를 놓아주라고 명령했어요. 더 이상 문제를 일으키고 싶지 않았겠지요.
36 간수는 이 말을 바울에게 전하며 평안히 가라고 합니다.

그러나 반전(37-40절)

37 바울은 그제야 자신이 로마 시민임을 밝히며 치안관들이 직접 와서 석방해야 한다고 주장해요. 38 당시엔 정식 재판 없이 로마 시민을 가두거나 때리는 것이 금지되어 있었기에 치안관들은 이 사실을 알고 두려웠을 거예요. 바울은 자신이 무죄이며 억울하게 매를 맞고 불법으로 투옥되었다는 사실을 공식적으로 알립니다. 이 일은 빌립보 사람들에게 하나님을 생각하게 만드는 큰 뉴스가 되었을 거예요.

39 결국 치안관들은 두 사도를 위로하고 데리고 나가 도시에서 떠나달라고 청합니다.

왜 바울과 실라는 처음부터 로마 시민임을 말하지 않았을까요? 그랬으면 매도 안 맞고 감옥에도 안 갔을 텐데요. 그들은 '로마 시민에게 이상한 걸 전한다'는 죄목으로 잡혀 들어갔어요(20,21절). 민족적 기준으로 고소를 당했지요. 그때 바울이 "나는 로마 시민이요"라며 환란을 피했다면 유대인들은 배신감을 느꼈을 거예요.

바울은 회당 중심으로 복음을 전하며 동족의 구원을 위해서도 애쓰고 있었어요. 그런데 필요할 때는 로마 시민임을 주장하고 회당에서는 히브리인 중의 히브리인이라고 말한다면 기회주의자로 보였을 거예요. 그런 사람이 전하는 복음은 듣고 싶지 않았겠지요. 이미 전한 복음과 앞으로 전할 복음에도 타격이 컸을 테고요.

바울은 주를 위해, 복음을 위해 로마 시민의 권리를 포기했어요. 그로 인해 엄청난 고난을 겪었지만, 깊은 감옥에서도 감격스런 찬양을 올려드리고 하나님의 역사를 경험하며 영혼을 구했어요.

그리고 마침내 석방이 결정되자 로마 시민임을 밝힙니다. 무죄가 증명돼야 사람들이 복음을 신뢰할 것이고, 로마 시민의 권리를 내려놓고 감옥에서 복음을 전했다는 이야기가 복음 전파의 촉매제가 될 것이기 때문이었지요. 그가 로마 시민권을 감춘 것도, 드러낸 것도 다 복음을 위해서였어요.

40 바울과 실라는 감옥에서 나와 루디아의 집으로 갑니다. 그녀의 집에 세워진 가정교회를 방문하여 신도들을 격려하고 떠났지요. 이 가정교회가 유럽의 첫 교회인 빌립보 교회라는 사실도 시사하는 바가 큽니다. 당시 여자의 사회적 신분은 아주 낮았어요. 로마의 철학과 문화를 가진 마게도냐의 대도시 빌립보와 낮은 사회적 지위를 가진 한 여인의 집에서 시작한 교회는 극명한 대조를 이루어요. 이 겨자씨 같은 작은 가정에서 빌립보 교회, 원대한 하나님나라가 탄생한 거지요.

또 바울과 실라가 빌립보 교회 신도들을 만나 "위로"(격려)했다고 기록하는데, 이는 말씀을 가르쳤다는 뜻이에요. 성경 각주에 보면 "권면하고"라고 쓰여있는데 이것도 하나님의 말씀을 가르쳤다는 뜻이지요. 즉 바울은 마지막으로 그들에게 하나님의 말씀을 가르치고 빌립보를 떠났어요. 미약하게 시작한 빌립보 교회는 훗날 바울의 든든한 후원 교회가 된답니다. 끝까지!

바울의 선교 여정은 그야말로 파란만장했어요. 그럼에도 그는 변함없이 복음을 전하고 말씀을 가르치며 영혼을 살립니다. 자신의 스펙을 때로는 숨기고 때로는 드러내면서요. 가슴이 뜨거워지지 않나요?

제가 광야 길을 통과할 때 하나님이 주신 말씀이 "내가 광야에 길을 사막에 강을 내리니"(사 43:19)였어요. 말씀대로 저는 지난 15년 동안 물이 없는 광야에 길을 내고 사막에 강을 내는 훈련을 했지요. 그런데 놀랍게도 그 끝은 언제나 '망함'이었어요. 한결같은 결론에 좌절하고 낙담했지만, 내 힘이 아닌 하나님의 힘으로 사는 법을 배웠고 흥하든 망하든 요동치 않는 법도 깨달았습니다.

때가 차니 하나님은 그분의 꿈을 이뤄가게 하셨지요. 한 손에 복음, 한 손에 사업을 들고 내게 주신 스펙을 감추기도, 드러내기도 하며 온전히 주를 위해 사용할 것을 오늘도 다짐해요.

나의 행전

1. 내게 주신 스펙을 때로는 감추며, 때로는 드러내며 복음을 전하는 데 사용하자.
2. 내 인생의 최종 목적지가 어디인지 항상 확인하자.
3. 어떤 인생길을 걷더라도 초지일관 복음을 전하자.

38 하나님의 스피드를 즐기자 17:1-15

#복음에 붙들린 인생이 되려면 #말씀의 능력

하나님을 사랑하는 사람은 복음의 능력에 붙들린 인생을 살고 싶어해요. 그러려면 어떻게 해야 할까요? 아주 간단해요. 날마다 말씀을 연구하고 그 능력을 경험하면 되지요. 바울의 발자취가 이를 증거합니다.

데살로니가에도 복음을 전함(1-3절)

1 바울 일행은 암비볼리와 아볼로니아를 거쳐 데살로니가에 이르렀어요. 거기에는 유대인의 회당이 있었습니다. 빌립보에서 데살로니가는 약 160킬로미터 떨어져 있어요.

2 바울은 자신의 선교 전략에 따라 회당 중심으로 복음을 전합니다.
세 안식일, 곧 3주에 걸쳐 그들과 성경을 토론했지요. 3 그는 비시디아
안디옥에서 설교한 것처럼 구약성경을 풀어 설명하며 그리스도를 증거합니다. 예수 그리스도의 죽으심과 부활이 구약성경의 성취라고요.

역시나 두 가지 반응(4-9절)

4 청중 가운데 몇몇 사람이 은혜를 받고 바울과 실라를 따랐고, 많은 경건한 헬라인과 적지 않은 귀부인들이 복음을 받아들였어요.

5 그러나 유대인들은 바울 일행을 시기해서 불량배들을 모아 시내에 소요를 일으키고 회당장 야손의 집을 습격해 바울 일행을 끌어내려고 찾

았어요. 회당장이 그들을 숨겨주었다고 생각했던 것 같아요.

6,7 그런데 찾지 못하자 야손과 몇몇 신도를 시청 관원들에게 끌고 가서 큰 소리로 외쳤어요.

"세상을 소란하게 한 그 사람들이 여기에도 나타났습니다. 그런데 야손이 그들을 영접했습니다. 그들은 모두 예수라는 또 다른 왕이 있다고 말하면서, 황제의 명령을 거슬러 행동합니다!"

당시 한 도시에 시청 관원이 5명 정도 있었는데 이들에게 제일 주요하고 민감한 사항이 반란이 일어나지 않게 막는 일이었어요. 그래서 속국에서도 서로 만나면 "가이사랴가 주님이십니다"라고 인사하게 했지요. 그런 사회적 분위기에서 유대인들이 바울 일행을 정치적 반동분자로 고발한 거예요. 예수님을 반역죄로 고발했던 것처럼요.

또 유심히 볼 표현은 '세상을 소란하게 한'이에요. 복음이 전해지면 빛과 어둠이 충돌합니다. 복음은 세상적 가치관을 무너뜨리고 새로운 삶의 질서를 제시하기에 복음이 전해질 때 세상이 소란하고 천하가 어지러울 수밖에 없지요.

8 군중과 시청 관원들은 유대인의 고발을 듣고 소동합니다. 반란의
조짐이 보이는 거니까요. 9 그러나 시청 관원들은 야손과 신도들에게서
보석금을 받고 놓아주었어요. 아마도 바울과 실라를 데살로니가에서
내보내는 조건이 붙었을 거예요. 바울이 고린도에서 쓴 데살로니가전서
를 보면 급하게 떠났음을 알 수 있고, 한두 번 가고자 했는데 가로막힌
정황이 보여요(살전 2:17,18).

베뢰아에서 복음을 전함(10-12절)

10 그날 밤 신도들은 바울과 실라를 곧장 약 72킬로미터 떨어진 베뢰아로 보냈어요. 마게도냐의 가장 큰 성이 빌립보이고 수도가 데살로니가라면 베뢰아는 산동네였어요. 두 사람은 역시나 베뢰아에서도 회당을 찾아갑니다.

11 베뢰아의 유대인은 데살로니가의 유대인보다 더 너그러워서 말씀을 간절한 마음으로 기꺼이 받아들였어요. 그들은 고상하고 열린 마음으로 적극적으로 배우려는 자세가 있었고, 배운 말씀이 사실인지 알아보려고 날마다 성경을 공부했어요. 말씀이 삶의 우선순위가 되니 궁금해서 날마다 묵상한 거예요. 안식일에만 말씀을 들은 데살로니가 사람들과 비교되지요. 그래서 '더 너그럽다'라는 비교급을 씁니다.

12 바울이 전한 말씀은 베뢰아 사람들에게 역사했어요. 많은 이들에게 믿음이 생겼고, 지체 높은 헬라의 귀부인과 남자 가운데서 적지 않은 사람이 믿었지요. 말씀은 그 자체로 능력이 있기 때문이에요.

> 하나님의 말씀은 살아있고 활력이 있어 좌우에 날 선 어떤 검보다도 예리하여 혼과 영과 및 관절과 골수를 찔러 쪼개기까지 하며 또 마음의 생각과 뜻을 판단하나니 **히 4:12**

전 말씀의 능력을 매일 경험해요. 부족한 제가 전한 말씀도 여러분 안에서 놀랍게 역사하잖아요. 그러니 실력이 아닌 말씀의 능력을 믿고 정확히 전하는 게 중요합니다.

2021년 12월, 전국 보육원에 크리스마스 선물 보내기 프로젝트를 하며 크고 완벽하신 하나님의 계획이 너무도 감격스러워서 한동안 잠이 안 왔어요. 급속도로 일을 진행하시는 걸 보며 이 땅의 고아들을 향한 하나님의 화급한 마음을 느꼈답니다.

우리는 내 속도가 아닌 하나님의 속도를 따라가야 해요. 그분의 속도는 정말 엄청나요. 그걸 따라갈 수 있는 유일한 동력이 바로 '말씀'이에요. 성령께서 깨닫게 해주신 말씀의 은혜가 순종의 에너지가 되고, 순종의 경험이 쌓여 견고한 믿음이 되지요.

어떤 것도 한 방은 없어요. 저도 오랫동안 매일 말씀을 연구하고 순종의 몸부림을 쳤기에 하나님 말씀에 무조건 '예스!' 하며 따라갈 수 있게 되었지요. 내 능력으로는 하나님의 속도를 따라갈 수도, 그분의 일을 해낼 수도 없지만 순종하는 순간에 완벽하게 준비된다는 걸 아니까요.

어김없이 따라붙은 유대인들(13-15절)

13 데살로니가의 유대인들은 바울이 베뢰아에서도 하나님의 말씀을
전하는 것을 알고 따라와서는 무리를 선동해 소동을 벌입니다. 14 그래
서 신도들은 곧바로 바울을 바닷가로 떠나보내지요. 그러나 실라와 디
모데는 남았어요. 막 도착해서 복음을 전했으니 좋은 밭에 씨를 더 뿌리
기 위해 전략적으로 갈라진 거예요.

15 바울을 안내하는 사람들이 그를 약 357킬로미터 떨어진 아덴으
로 인도했어요. 그들은 실라와 디모데가 최대한 빨리 바울과 합류해야
한다는 지시를 받고 베뢰아로 돌아갔지요. 이후 디모데는 아덴에서 바

울을 만나 중간 보고를 한 후 데살로니가로 돌아갔고(살전 3:1,2) 나중에 고린도에서 실라와 함께 바울에게 합류해요(행 18:5). 실라와 디모데가 베뢰아에서 말씀을 충분히 전했음을 알 수 있어요.

나의 행전

1. 복음 앞에선 늘 두 가지 반응이 있다. 그러니 반대 세력을 만나도 중단하지 말자.
2. 말씀의 씨앗이 뿌려진 곳에는 반드시 열매가 맺힌다. 지금 당장 눈에 보이는 결실이 없어도 계속 말씀을 선포하자.
3. 말씀은 그 자체로 능력이 있다. 날마다 열린 마음으로 말씀을 연구하고 묵상하자.

39 이 시대의 쾌락과 지식에 대한 해석 17:16-34

#접촉점의 파워 #창조주 하나님을 전함

우리는 어떤 마음으로 세상을 바라봐야 할까요? 살펴볼 본문에서 그 해답을 얻을 수 있어요. 바울의 마음이 우리의 마음이 되기를 기도하며 말씀 속으로 들어가 보아요.

본문을 이해하려면 먼저 아덴의 도시 문화를 알아야 해요. 아덴은 헬라 문명의 중심지로 신약 시대의 그리스-로마 세계에 큰 영향력을 행사했어요. 그러다 보니 당시 아덴 시민이 되는 건 최고의 긍지였지요.

아덴은 크게 세 가지 특징이 있었습니다. 첫째, 철학의 도시였어요. 우리가 잘 아는 소크라테스, 아리스토텔레스, 플라톤이 거주하며 철학을 논했지요. 둘째, 우상의 도시였어요. 아덴 시민의 수보다 신들의 수가 더 많다는 말이 있었을 정도로 도시 전체가 신전으로 가득했지요. 우리가 아는 제우스, 헤르메스, 아테나, 디오니소스 등의 신전이 다 있었어요. 셋째, 쾌락의 도시였어요. 그리스 신화 속 신들의 이야기는 쾌락주의가 만연한데, 이것이 곧 아덴의 정신세계였지요.

오늘날 아덴(아테네)은 관광지로 유명하듯 당시에도 모두가 선망하는 도시였습니다. 이 화려한 도시에 바울이 홀로 떨어진 거예요. 그의 눈으로 아덴을 살펴볼게요.

아덴을 향한 바울의 격분(16-18절)

16 바울은 베뢰아에서 피신하여 아덴에서 실라와 디모데를 기다립니다. 그런데 온 도시가 우상으로 가득 찬 걸 보고 격분했지요. '격분'이라는 단어는 아주 중요해요. 헬라어로 '하나님의 분노와 질투'라는 뜻으로 특별히 우상숭배를 향한 하나님의 마음을 표현할 때 사용됩니다.

바울은 우상이 가득한 아덴을 보고 하나님의 마음으로 격분한 거예요. 이것이 우리의 시각이어야 합니다. 화려하고 발달한 도시에 감탄할 게 아니라 영안을 열어 하나님의 시각으로 세상을 볼 줄 알아야 하지요.

17 그래서 바울은 율법을 가르치는 회당과 아덴 문화가 결집된 장터에서 만나는 사람마다 토론을 벌였어요. 유대인, 경건한 이방 예배자,

아덴 시민 등 가릴 것 없이요. 그의 외롭고 처절한 싸움이 느껴집니다.

18 그는 에피쿠로스와 스토아 철학자들과도 논쟁했어요. 이들은 당대 철학의 양대 산맥으로 둘 다 '쾌락'과 '새로운 지식'을 추구했지요. 그들의 주장을 알아야 바울의 행적을 이해할 수 있습니다.

에피쿠로스학파는 '쾌락주의'였어요. 신을 인정하지만 그 신이 현실에는 상관하지 않는다고 여겼기에 고단한 인생길을 쾌락으로 해결하려 했지요. 또한 창조, 내세, 심판을 받아들이지 않았어요. 이들을 향한 바울의 설교를 찾아볼까요?

"사람이 하나님을 더듬어 찾기만 하면 만날 수 있을 것입니다. 하나님은 우리 각 사람에게서 멀리 떨어져 계시지 않습니다. 우리는 하나님 안에서 살고, 움직이고, 존재하고 있습니다"(27,28절).

반면에 스토아학파는 '금욕주의'였어요. 당시 복음을 가장 희석시키고 혼란스럽게 했던 영지주의(신적인 계시와 현몽에 의한 초자연적인 지식을 소유할 때 구원을 받는다는 사상)가 이 학파에서 나왔지요. 이들도 신은 인정했지만 생각 속에만 존재한다고 여겼어요. 상상 속에 존재하는 신관을 갖고 있으니 당연히 심판과 내세를 부정했지요.

또한 범신론을 주장해 신과 사람, 물질세계가 하나이며 모든 만물에 신이 깃들여 있다고 주장했습니다. 우리나라도 범신론의 영향으로 온갖 귀신이 있듯이 아덴도 마찬가지였어요.

바울은 설교 중 스토아학파를 향해 말해요. "내가 다니면서 '알지 못하는 신에게'라고 새긴 제단도 보았습니다. 나는 여러분이 알지 못하고 예배하는 그 대상을 알려드리겠습니다"(23절).

두 학파의 철학자 몇 사람은 바울을 향해 "이 말쟁이가 도대체 무슨 소리를 하려는 것인가?", "그는 외국 신들을 선전하는 사람인 것 같다"라며 비웃었어요. 그가 예수님과 부활을 전했기 때문이지요.

아레오바고 설교의 배경(19-21절)

19,20 철학자들은 바울을 붙들고 공식 의결 기구였던 아레오바고 법정으로 데려갑니다. 종교에 관해 막강한 사법권을 가진 그들이 바울을 고소했다기보다는 공식적인 의견을 들으려 했던 것 같아요. 그들은 "당신은 우리 귀에 생소한 것을 소개하고 있는데, 도대체 그게 무엇인지 알고 싶소"라고 말했어요.

21 이때 누가가 아덴 사람들의 특징을 언급해요. 무엇이든 새로운 걸 말하고 듣는 일로 세월을 보내는 사람들이라고요. 그들은 눈만 뜨면 '무슨 새로운 지식이 있나', '누가 새로운 말을 하나' 하며 찾았지요.

이방인 대상 설교의 표본, 아레오바고 설교(22-31절)

22 바울의 '아레오바고 설교'는 아주 중요합니다. 이방인 대상 설교로서 복음 전파의 표본이 되지요.

앞서 복음을 전할 때는 접촉점이 중요하다고 했습니다. '비시디아 안디옥 설교'는 유대인 대상으로 구약성경이 접촉점이었고, 이방인 대상일 때는 성경 지식이 없으므로 '창조주 하나님'이라는 새로운 접촉점이 필요했어요. 여기서 바울은 아덴 시민들이 종교심이 많다는 걸 언급하며 시작합니다.

23 그는 '알지 못하는 신에게'라고 새긴 제단도 보았다고 말해요. 혹여 빠뜨린 신이 있을까 봐 만든 제단에서 그들의 열렬한 종교심을 볼 수 있지요. 그러면서 바울은 그들이 알지 못하고 예배하는 그 대상을 알려주겠다고 하며 진짜 신, 바로 창조주 하나님을 소개합니다. 24 우주 만물을 창조하신 하나님은 사람이 지은 신전에 거하지 않으신다고 말하며 '신은 신전에 산다'라는 그들의 생각을 깨뜨려요.

25 또 하나님은 스스로 존재하시는 분이라고 말해요. 그분은 부족한 게 있어서 사람의 섬김을 받는 존재가 아니라 모든 사람에게 생명과 호흡과 만물을 친히 주시는 분이라고요. 신을 기쁘게 하려고 화려한 신전을 만들던 아덴 사람들에겐 충격이었을 거예요.

26 그리고 역사를 주관하시는 하나님을 전합니다. 전 인류가 하나님께서 만드신 사람의 후손이며 그들을 온 땅에 흩어져 살게 하셨고, 그들이 살 시기와 거주할 지역의 경계도 한정하셨다고 말하지요. 이를 통해 모든 민족을 향한 하나님의 계획과 섭리가 있음을 알려줍니다.

27 이렇게 하신 건 사람이 하나님을 찾게 하기 위함이라고 덧붙여요. 하나님은 우리 각 사람에게서 멀리 떨어져 계시지 않으며 그분을 더듬어 찾기만 하면 만날 수 있다고요. 이는 이데아 속에 있는 신을 주장하던 에피쿠로스학파를 겨냥한 말이었어요.

28 바울은 그들의 마음을 더 열기 위해 헬라 시인들의 말 "우리도 하나님의 자녀이다"를 인용합니다. 이 구절이 설교 내용과는 상관없지만 그들의 마음과 설교를 연결하기 위해 인용하며 시구처럼 "우리는 하나님 안에서 살고, 움직이고, 존재한다"라고 말합니다.

29 그러므로 하나님의 자녀인 우리가 신을, 금과 은과 돌에 새겨 만든
것과 같이 여겨서는 안 된다고 해요. 30 무지했던 시대에는 하나님께서
눈감아 주셨지만, 이제 알게 되었으니 모든 사람이 회개해야 한다고 말
하지요.

31 이는 하나님께서 심판의 날을 정해놓으셨고 '정하신 사람' 곧 예수님을 죽은 자 가운데서 살리심으로 모든 사람에게 믿을 만한 증거를 주셨기 때문이에요. 이로써 바울의 설교는 마무리됩니다.

아덴 사람들의 반응(32-34절)

32 바울이 복음을 전하자 다양한 반응이 나타났어요. 더러는 부활을 비웃었고, 더러는 그의 말을 다시 듣고 싶어 했지요. 전자의 경우, 헬라인은 육체를 저급하게 여기고 영혼을 고상하게 생각하는 이원론적 사고를 했기에 육체의 부활을 비웃은 거예요.

33 바울이 그들을 떠나자 34 몇몇 사람이 신자가 됩니다. 그 가운데
는 아레오바고 법정의 판사인 디오누시오와 다마리라는 부인과 다른
사람들도 있었지요.

나의 행전

1. 우상이 만연한 세상을 하나님의 마음으로 바라보고 기도하자.
2. 이 시대도 아덴처럼 쾌락과 새로운 지식에 초점을 맞추고 산다. 우상이 아닌 진리에 시선을 고정하자.
3. 복음을 전할 때 상대의 관심을 파악하여 접촉점을 찾아내자.

40 바울도 절망했던 때가 있다 18:1-11

#다시 일어서는 법 #말씀을 전하는 원칙

'바울' 하면 어떤 단어가 떠오르나요? 열정, 강직함, 추진력, 사명감, 불굴의 사도 등이 떠오르지요. 그런 그도 두려워 떨었어요. 대체 무엇이 바울을 두렵게 했는지, 그가 어떻게 극복했는지 말씀을 살펴보아요.

고린도에 도착(1절)

1 바울은 아덴을 떠나 고린도로 갔어요. 고린도는 아가야 지역의 수도로 항구도시였어요. 동서를 연결하는 교통의 요충지였기에 상업이 발달하여 부유했습니다. 무역항답게 성적 타락과 부패가 만연했고 미신과 종교로 가득했지요.

브리스길라와 아굴라를 만남(2-4절)

2 바울은 그곳에서 브리스길라와 아굴라 부부를 만납니다. 아내 브리스길라는 로마 귀족 출신이었고 남편 아굴라는 본도 태생의 유대인으로 둘 다 신실한 그리스도인이었어요. 그들은 글라우디오 황제의 '나사렛 칙령'에 의해 로마에서 쫓겨나 고린도까지 왔지요(글라우디오 황제 재임 당시 로마에 예수님의 부활 소식이 전해지자 그리스도를 믿는 유대인과 믿지 않는 유대인 사이에 큰 분쟁이 일어났고, 논란이 커지자 유대인을 추방하라는 나사렛 칙령이 내려졌어요). 바울이 그들을 찾아갑니다.

3 그들의 생업은 천막을 만드는 일이었는데 바울도 그 집에 묵으며 함께 일했어요. 당시 디아스포라 유대인들은 현지에서 생계를 유지할 기술이 하나씩 있었답니다. 4 자비량 선교를 시작한 바울은 안식일마다 회당에서 토론을 벌이며 유대인과 헬라인을 설득하려 했어요.

실라와 디모데의 합류로 복음 전파에 전념함(5-8절)

5 그러던 중 실라와 디모데가 마게도냐에서 내려오자 바울은 오직 말씀 전하는 일에 전념합니다. 그들이 후원금을 가져왔기 때문이지요(고후 11:9). 바울은 유대인들에게 예수가 그리스도이심을 밝히 증언했는데, 이때 접촉점은 구약성경이었을 거예요.

6 그러나 유대인들은 바울을 비난하며 인정하지 않았어요. 그러자 바울은 옷에서 먼지를 털며 "여러분이 멸망을 받으면 그건 여러분의 책임이지 내 잘못은 아닙니다. 이제 나는 이방인에게로 가겠습니다"라고 말해요. 이제 고린도의 이방인 선교에 집중하겠다는 뜻이었지요.

7 바울은 회당을 떠나 그 옆에 살던 디도 유스도라는 사람의 집으로 갔어요. 그는 이방인으로 하나님을 경외하는 사람이었지요. 8 또 회당장 그리스보가 그의 온 집안 식구와 함께 믿음을 가졌고, 많은 고린도 사람이 주님을 믿고 세례를 받았어요.

주님의 약속(9-11절)

9,10 어느 날 밤, 환상 가운데 주님께서 바울에게 말씀하셨어요.

"무서워하지 말아라. 잠자코 있지 말고 끊임없이 말해라. 내가 너와 함께 있으니 아무도 네게 손을 대어 해하지 못할 것이다. 이 도시에는 나의 백성이 많다."

11 바울은 그들 가운데서 하나님의 말씀을 가르치며 1년 6개월을 머물렀습니다.

바울은 왜 두려워했을까요? 왜 주눅이 들어 잠자코 있었을까요? 당시 그의 심경을 보여주는 말씀이 고린도전서에 있어요. "내가 너희 가운데 거할 때에 약하고 두려워하고 심히 떨었노라"(고전 2:3).

이 두려움은 아덴에서 시작되었어요. 아덴은 철학의 도시로 위대한 철학자들이 대거 살았지요. 비록 아레오바고에서 멋지게 설교한 바울이었지만, 은연중에 그들의 화려한 지식과 언변에 위축되었을 거예요. 철학자들의 무리 속에 그는 혼자였으니까요.

물론 바울도 가말리엘의 문하생이자 대학자로서 지식으로 맞서볼 생각을 했던 것 같아요. 고린도전서에 그 근거가 나와요.

> 내가 여러분에게로 가서 하나님의 비밀을 전할 때에, 훌륭한 말이나 지혜로 하지 않았습니다. 나는 여러분 가운데서 예수 그리스도 곧 십자가에 달리신 그분밖에는, 아무것도 알지 않기로 작정하였습니다. … 나의 말과 나의 설교는 지혜에서 나온 그럴듯한 말로 한 것이 아니라, 성령의 능력이 나타낸 증거로 한 것입니다. 그것은, 여러분의 믿음이 사람의 지혜에 바탕을 두지 않고 하나님의 능력에 바탕을 두게 하려는 것이었습니다. **고전 2:1,2,4,5**

바울은 오직 하나님을 의지하며 성령의 능력으로 말씀을 전했어요. 하지만 끊임없는 반대와 핍박 속에서 마음 깊은 곳에 두려움이 생겼던 것 같아요. 하나님은 이를 아시고 친히 환상을 통해 위로하시고 힘을 주셨지요.

그가 고린도에 머무는 동안 실라와 디모데가 데살로니가 교회의 소식을 전해주었어요. 이를 듣고 바울이 쓴 편지가 데살로니가전·후서예요.

또 그가 처음 개척한 갈라디아 교회에서 여전히 율법 준수를 주장하는 유대인들이 분란을 일으킨다는 소식도 들려왔어요. 바울이 예루살렘 종교회의 공문까지 전달하며 그 문제에 단단히 못을 박았는데, 불과 몇 개월 만에 같은 문제가 발생하니 기가 막히고 화가 났겠지요. 그래서 쓴 편지가 갈라디아서예요. 바울의 화난 어조가 들리는 듯합니다.

"여러분을 그리스도의 은혜 안으로 불러주신 분에게서, 여러분이 그렇게도 빨리 떠나 다른 복음으로 넘어가는 데는, 나는 놀라지 않을 수 없습니다. 실제로 다른 복음이 있는 것은 아닙니다. … 하늘에서 온 천사일지라도, 우리가 여러분에게 전한 것과 다른 복음을 여러분에게 전한다면, 마땅히 저주를 받아야 합니다"(갈 1:6-8 참조).

나의 행전

1. 우주에 홀로 떨어진 것 같을 때도 하나님은 늘 함께하시고 동역자를 붙여주신다.
2. 천하의 바울도 절망했다. 아무리 절망적이어도 하나님의 능력을 의지하면 다시 일어날 힘이 생긴다.

8장

3차 선교여행 18-21장

이미 완성된 각본, 의미심장한 고난 18:12-17

순종과 노력의 황금비율 18:18-28

혹시, 성령 받으셨어요? 19:1-20

개혁은 어떻게 시작되나 19:21-41

행복한 사람이 되려면 20:1-12

불끈 에너지를 유지하는 법 20:13-38

어느 성령이 맞나요? 21:1-16

41 이미 완성된 각본, 의미심장한 고난 18:12-17

#환란 속에서도 기대할 수 있는 이유 #감춰진 보물

인생의 사소한 일에서도 주님의 계획을 느끼나요, 아니면 이해할 수 없는 문제 앞에서 하나님께 질문 중인가요? 말씀에서 그 해답을 찾아보아요.

의미심장한 갈리오 법정(12,13절)

12 바울은 1년 6개월이라는 비교적 긴 시간 동안 고린도에 머물며 복음을 전합니다. 8-9개월이 될 무렵 갈리오가 아가야의 총독으로 부임했어요. 보통 정권이 바뀌면 평소보다 민원이 늘어나는데 정권을 잡은 세력도 초반에는 민심 다지기를 위해 웬만하면 민원을 들어줍니다. 고린도의 유대인들은 이때를 기회 삼아 바울을 법정으로 끌고 갔어요.

13 죄목은 '법을 어기며 하나님을 경외하라고 사람들을 선동한다'였지요.

갈리오, 그는 누구인가?(14-17절)

14,15 바울이 막 변론하려고 할 때 갈리오가 딱 잘라 말합니다.

"유대인 여러분, 사건이 무슨 범죄나 악행에 관련된 일이면 내가 여러분의 송사를 들어주는 게 마땅할 것이오. 그러나 언어와 명칭과 여러분의 율법에 관련된 것이면 스스로 알아서 처리하시오. 나는 이런 일을 재판하고 싶지 않소."

당시 로마는 정복 국가에 로마법을 적용했지만 종교의 자유는 허용했어요. 갈리오가 객관적으로 봐도 바울이 고소당한 건 로마법으로 다스릴 사회적 범법 행위가 아닌 유대 종교 문제였던 거지요.

16 총독은 그들을 재판정에서 몰아냅니다.

이런 일은 오늘날에도 일어나기에 특별할 게 없어 보여요. 그런데 갈리오라는 인물과 이 무죄 판례를 통한 하나님의 계획을 안다면 놀랄 거예요. 갈리오는 당시 황제의 스승이던 세네카의 형제였어요. 세네카는 최고의 철학자이자 수사학자였지요. 수사학은 사상이나 감정을 효과적, 미적으로 표현하여 다른 사람을 설득하고 영향을 끼치도록 하는 언어기법을 연구하는 학문이었어요. 황제에게 꼭 필요했지요. 수사학의 대가인 세네카와 함께 자란 갈리오도 이 학문에 능했을 거예요.

그는 하나님의 타이밍에 바울이 사역하던 고린도가 속한 아가야 지방의 총독으로 부임합니다. 그의 판결문을 보면 '언어', '명칭', '여러분의 율법' 등 단어 하나하나가 예사롭지 않아요(15절). 그의 성장 배경 때문에 가능한 언어 선택이었지요. 이런 단어를 사용한 판례는 앞으로 펼쳐질 바울의 인생에 큰 영향을 미칩니다.

뒤에서 살펴볼 25장 11,12절을 보면, 바울이 예루살렘에서 유대인들에게 또 고소당해 총독 베스도의 법정에 세워지는데, 그때 '갈리오의 판례'를 근거로 로마 황제에게 항소합니다. 이미 로마 법정에서 같은 일로 무죄를 받은 판례가 있기에 다른 판결은 용납할 수 없으며 로마 시민으로서 최고 상위 법정인 황제의 법정에서 판결을 받겠다고 주장하지요. 그 결과 그는 당시 전 세계를 제패한 로마 황제 앞까지 갈 수 있었어요.

23장 11절을 보면, 바울이 유대인들로 인해 목숨이 위태로울 때 주님께서 그에게 말씀하세요.

"용기를 내어라. 네가 예루살렘에서 나의 일을 증언한 것과 같이 로마에서도 증언하여야 한다."

또 27장 24,25절에서 바울이 배를 타고 로마로 압송될 때 풍랑을 만나는데 사람들이 두려워하자 그는 하나님의 사자가 들려준 말을 전하며 안심시켜요.

"'바울아, 두려워하지 말아라. 너는 반드시 황제 앞에 서야 한다. 보아라, 하나님께서는 너와 함께 타고 가는 모든 사람의 안전을 네게 맡겨주셨다' 하고 말씀하셨습니다."

그리고 바울은 마침내 로마에 입성해요. 주님은 그에게 병사 한 사람까지 붙이시며 안전을 보장해주십니다(행 28:16). 모든 걸 완벽하게 계획하시고 때마다 바울에게 힘주시며 끝내 그분의 일을 이루시는 스케일이 정말 놀랍지요?

바울은 자신이 죄수 신분으로 로마에 갈 줄은 몰랐을 거예요. 또한 갈리오의 판례로 인해 황제 앞에 서게 될 거라곤 상상도 못 했지요. 하나님은 그 일을 위해 갈리오라는 인물을 준비하셨고 위대한 판결을 내리게 하셨어요. 정작 갈리오는 이 일에 관심조차 없었지만요.

17 유대인들은 고소가 기각되자 애꿎은 회당장 소스데네를 잡아 법정 앞에서 때렸어요. 갈리오는 이 일에 조금도 참견하지 않지요. 그는

자기의 성공을 위해 스펙을 쌓았지만 하나님은 그의 의도와 상관없이 그를 쓰셨어요. 그를 대학자의 집안에서 자라게 하시고 바울이 고린도에 있을 때 부임하게 하신 놀라운 섭리! 역사를 주관하시는 하나님의 주권이에요. 공중의 새도, 들풀 하나도 하나님이 키우시는데 그분의 자녀인 우리는 얼마나 세심히 돌보실까요? 삶에 일어나는 크고 작은 일도 전부 우연을 가장한 하나님의 완벽한 계획이에요. 그 계획을 이루시기 위해 믿지 않는 사람뿐 아니라 갈리오와 같은 권력자도 쓰신답니다.

저는 이 섭리를 요즘 더 세밀하게 경험하고 있어요. 그래서 작은 인연도 소중히 여기지요. 2011년, 처음 가방 브랜드 사업을 시작했을 때 지금의 52패밀리 보육원 사역을 담당하는 CS팀장님을 만났어요. 사모님이기도 한 그분이 복음이 담긴 가방을 구입하려고 제 가방 매장을 찾아왔고 제가 가방을 선물하면서 인연이 되었어요.

간간이 SNS에서 연락을 주고받다가 2021년 4월, 제가 후원하는 다애다문화학교의 꽃꽂이 수업 요청이 있어서 꽃꽂이를 전공한 사모님에게 연락했어요. 그렇게 또 한 번 인연이 쌓여 교제하다가 그분을 우리 회사 CS팀장으로 영입했지요. 비록 경험은 없지만 하나님의 사랑을 실천하는 삶의 태도를 보고 결정했어요. 회사의 온도를 느끼게 하는 중요한 부서에 그만한 적임자가 없었지요.

그런데 하나님의 계획은 훨씬 컸어요. 저는 사모님을 CS팀장으로 영입했지만, 하나님은 52패밀리의 보육원 사역을 위해 만나게 하신 거였지요. 그분이 CS팀장으로 입사한 지 한 달 뒤에 '갈비 오병이어 프로젝트'(보육원에 갈비 보내기)를 했고 52패밀리가 만들어진 거예요.

최근에 52패밀리 중 한 약사님으로부터 30명의 아이에게 영양제를 후원하고 싶다고 연락이 왔어요. 팀장님은 따로 분류해둔 사정이 어려운 보육원에 영양제 후원 공지를 올리고 꼭 필요한 아이들의 사연을 받았지요. 그중 30명을 선정해 영양제 1년 치를 보냈어요. 이처럼 세심한 팀장님 덕분에 52패밀리의 후원금이 진심과 정성으로 전해지고 있답니다. 10년 전의 우연한 만남을 통해 하나님은 큰 그림을 그리고 계셨어요. 든든한 동역자를 붙여주시는 걸 보며 이 일을 기뻐하심을 느끼지요.

역사는 하나님이 주관하십니다. 세상은 성공을 위해 스펙을 쌓고 죽기 살기로 달려가지만, 그것을 쓰시는 분은 하나님이세요. 때로는 악인의 역할로, 때로는 도움의 손길로 사용하며 그분의 역사를 이루시지요.

살면서 이해할 수 없는 일을 만나기도 하지만, 모든 건 하나님의 주권 아래 일어납니다. 능력의 하나님이 나를 죽기까지 사랑하시는 선한 분임을 믿을 때 지금의 상황과 환경을 '최고'라고 고백할 수 있어요.

바울이 죄수의 몸으로 갇힌 건 분명 환란이었지만 로마 황제와 시민 앞에서 복음을 전하기 위해서는 최고의 조건이었던 것처럼요.

나의 행전

1. 역사를 주관하시는 하나님의 주권을 인정하자.

2. 작은 인연도 소중하게 여기며 사랑으로 가꿔나가자.

3. 환란 속에 있는가? 하나님께서 허락하신 시간임을 믿고 충성하며 견뎌내자.

42 순종과 노력의 황금비율 18:18-28

#하나님 뜻이 최우선 #오픈 마인드

하나님의 뜻과 내 노력의 상관관계가 궁금한가요? 하나님의 뜻을 구하며 나는 아무것도 안 하는 게 올바른 믿음인지, 반대로 내가 노력하는 것이 불신앙의 증거인지 말이에요. 바울에게 그 해답을 얻어보아요.

고린도를 떠남(18절)

18 바울은 선교여행 중 고린도에 가장 오래 머물렀어요. 그곳에서 1년 6개월 동안 복음을 전한 후 그는 2차 선교여행을 마무리하고 선교 보고를 하러 수리아로 향합니다. 바울의 파송교회가 있는 수리아는 우리로 말하면 도(道)라고 할 수 있지요.

이때 브리스길라와 아굴라가 동행해요. 누가는 처음 이 부부를 소개할 때만 아굴라, 브리스길라 순으로 기록하고(행 18:2) 이후엔 '브리스길라와 아굴라'로 표기합니다. 유대의 이름 순서 표기법은 맡은 일의 중요도에 따라 나열하므로 브리스길라가 더 주도적으로 바울의 일을 도왔음을 알 수 있어요. 처음 수리아 안디옥 교회에서 사역자들을 소개할 때 앞에 다른 이름들이 나오다가 맨 끝에 '및 사울'로 기록하며 열외 인물로 소개했듯이요(행 13:1).

바울은 서원한 것이 있어서 겐그레아(고린도의 남동쪽 항구도시로 수리아로 가는 길목에 위치)에서 머리를 깎았어요. 이는 유대인이면 다 아는 '나실인 서원'입니다(민 6:1-21). 나실인은 거룩하게 구별된 사람으로 서원 기간에는 머리를 깎지 않으며 구별된 생활을 했지요. 그들은 세 가지를 지켰어요. 첫째, 포도나무에서 난 것은 씨나 껍질조차도 먹지 않았습니다(민 6:4). 특히 포도주와 독주는 술의 지배하는 특성 때문에 마시지 않았지요(민 6:3). 여기에는 오직 하나님께만 지배받는 인생을 살겠다는 신앙고백이 녹아있어요. 둘째, 머리에 절대로 삭도를 대지 않았습니다(민 6:5). 주께 헌신하는 기간이 다 찰 때까지는 거룩한 몸이므로 머리털이 길게 자라도록 두었지요. 셋째, 시체를 가까이하지 않았어요(민 6:6). 시체는 죄의 삯인 죽음의 결과이기에 모든 죄를 멀리한다는 의미에서요.

바울은 두 번째에 해당했어요. 그의 서원이 명확히 알려지지는 않았지만, 서원 기간이 끝났다는 의미로 머리를 깎은 거예요(민 6:18,19).

바울 일행이 에베소에 도착(19-21절)

19 바울 일행이 에베소에 도착합니다. 그는 두 사람을 떼어놓고 혼자 회당에 들어가 유대인과 토론해요. 이는 복음을 전했다는 뜻이에요.

20,21 에베소 사람들은 좀 더 오래 머물러 달라고 청하지만, 바울은 거절하고 하나님의 뜻이면 다시 오겠다고 작별 인사를 하고는 에베소를 떠납니다. 바울이 2차 선교여행을 마무리하며 에베소에 들른 것과 그곳 사람들이 붙잡아도 떠난 것에 여러 설이 있어요. 가장 유력한 이유는 브리스길라와 아굴라 부부를 두고 떠난 데서 찾아볼 수 있습니다.

원래 에베소는 2차 선교여행의 목적지였어요. 그런데 성령의 막으심으로 마게도냐로 건너갔고, 그 결과 빌립보, 데살로니가, 베뢰아, 고린도 교회가 세워졌지요. 2차 선교여행을 마치고 선교 보고를 하러 수리아로 돌아가는 길에 최초 목적지인 에베소에 들른 건 3차 선교여행지로 점찍어 놓은 것으로 볼 수 있어요. 하지만 바울은 '하나님의 뜻이면'(21절)이라고 중요한 단서를 붙입니다. 하나님의 뜻이면 에베소를 3차 선교여행의 목적지로 삼겠다는 의미예요.

바울은 하나님의 뜻을 최우선으로 구하면서도 자유의지로 분별하며 하늘의 지혜로 최선을 다해 전략을 짰어요. 그는 여전히 번영의 도시인 에베소에 복음을 전해야 한다고 생각했지요. 지리적으로도 갈라디아와 마게도냐 사이가 빈 상태였으니까요. 다만 그것이 하나님의 뜻인지를 늘 분별하되 기도만 하고 손 놓고 있는 게 아니라 브리스길라와 아굴라 부부를 에베소에 두고 떠나면서 3차 선교여행의 기반을 다지게 합니다. 하나님께 온전히 순종하면서 인간적인 최선도 다하지요. 이것이 뜻이 하늘에서 이루어진 것같이 땅에서도 이루어지는 모습입니다.

2차 선교여행 마무리(22,23절)

22 마침내 바울은 가이사랴에 내렸어요. 그는 유대인의 삶과 신앙의 중심지인 예루살렘으로 올라가 교회에 문안한 뒤에 파송교회인 수리아 안디옥 교회로 내려가 선교 보고를 하며 2차 선교여행을 마무리합니다.

23 그리고 1차 때처럼 그곳에서 얼마간 휴식을 취한 다음 다시 갈라디아와 브루기아 지방을 차례로 두루 다니며 모든 신도를 굳세게 했어요. 1차 때 세워진 교회들을 돌아보면서요. 22절은 2차 선교여행의 마무리, 23절은 3차 선교여행의 시작입니다.

한편 에베소에서는(24-28절)

24 이제 무대 A와 무대 B를 함께 볼게요. 무대 A는 바울의 행적, 무대 B는 에베소에서 브리스길라와 아굴라의 행적이에요. 같은 시간대에 다른 장소에서 일어난 일임을 염두에 두고 살펴보아요.

무대 B

- **장소: 에베소**
- **등장인물: 브리스길라 아굴라 부부, 아볼로**

알렉산드리아 태생의 아볼로라는 유대인이 에베소에 옵니다. 그는 말을 잘하고 성경에 능통했지요. 알렉산드리아는 이집트 북부에 있는 대도시로 당시 로마 다음으로 인구가 많았어요. 이집트는 유대에 큰 영향을 미쳤던 나라로 유대인이 많이 살았는데, 특히 알렉산드리아에는 헬라어 번역 성경인 '칠십인역'(가장 오래된 헬라어역 구약성경으로 히브리어를 모르는 유대인들을 위해 유대인 학자 70여 명이 번역한 성경)이 만들어질 정도로 큰 유대 공동체가 있었어요.

25 아볼로는 이미 주님의 도를 배워서 알았고 예수님에 관한 일을 열심히 말하고 정확하게 가르쳤습니다. 그러나 요한의 세례까지만 알고 예수님 죽음 이후에 일어난 성령강림과 성령세례는 알지 못했어요.

26 그가 회당에서 담대하게 말씀을 전하자 브리스길라와 아굴라가 그의 말을 듣고서 따로 그를 데려다가 하나님의 도를 더 자세히 설명해 줍니다. 바울에게 배운 내용을 알려줬겠지요.

27 아볼로는 아가야로 건너가고 싶어 했어요. 브리스길라와 아굴라가 얼마 전에 그곳에서 떠나오면서 말썽 많은 고린도가 마음에 걸려 그에게 소개했을 거예요. 아볼로 같은 신학자가 가서 양육하면 더 좋을 거라고 생각했겠지요. 그래서 두 사람은 고린도 교회에 아볼로를 격려하고 잘 영접하라고 추천서와 같은 편지를 보내요. 아볼로는 고린도로 가서 하나님의 은혜로 신도가 된 사람들에게 큰 도움을 줍니다.

28 그는 성경을 가지고 예수가 그리스도이심을 증명하며 대중 앞에서 유대인과의 논쟁에서 이겼어요. 성경에 능통하고 언변이 뛰어났으니 얼마나 힘있게 복음을 전했을까요. 해박한 성경 지식과 진리 위에 선 논리를 유대인들이 이길 수 없었지요. 모든 게 성령의 능력이었습니다.

사람들은 아볼로의 매력에 빠져들었어요. 그 부작용으로 '아볼로파'가 생기기도 하지만(고전 1:12) 그건 연약한 지체들의 시각이었고, 바울과 아볼로는 서로를 귀한 동역자로 여기며 함께 하나님나라를 확장해갔습니다. 바울이 한 말에서 이를 확인할 수 있어요.

"나는 심고, 아볼로는 물을 주었습니다. 그러나 하나님께서 자라게 하셨습니다"(고전 3:6).

나의 행전

1. 100퍼센트의 순종과 최선의 열심으로 하나님의 뜻을 분별하며 이루어가자.
2. 내게 주신 달란트는 무엇인가? 아볼로처럼 복음 앞에 겸손하되 하나님나라 확장에 적극적으로 사용하자.

43 혹시, 성령 받으셨어요? 19:1-20

#말씀 근거 #성령세례 확인하는 법 #퍼져가는 복음의 물결

에베소에서도 성령이 임함(1-7절)

1,2 아볼로가 고린도에서 사역하는 동안 바울은 선교 전략대로 교회들을 방문하여 격려하고 에베소에 도착합니다. 그는 몇몇 제자를 만나 물어요. "여러분은 믿을 때 성령을 받았습니까?" 그러자 제자들은 "성령이 있다는 말을 들어보지도 못했습니다"라고 답했어요.

3 바울이 다시 "그러면 여러분은 무슨 세례를 받았습니까?"라고 묻자 그들은 "요한의 세례를 받았습니다"라고 답합니다. 이들이 요한의 제자임을 알 수 있지요.

요한의 세례란 무엇일까요? 요한은 회개를 촉구하는 물세례를 주지만 그 뒤에 오시는 분, 예수님은 성령과 불로 세례를 베푸실 거라고 했어요(눅 3:16). 이때 '불'을 '불같은 성령', '불(성령) 받았다' 등의 뜻으로 오해할 수 있는데 정확한 의미는 그다음 구절에 있어요. "쭉정이는 꺼지지 않는 불에 태우실 것이오"(눅 3:17), 즉 심판을 의미합니다.

바울이 에베소에서 만난 요한의 제자들은 여기까지만 알고 있었어요. 사도 요한의 죽음과 스데반의 순교와 박해로 많은 성도가 흩어졌고 이들도 도망가다가 에베소에 살게 되었지요. 그래서 그새 오순절에 성령이 임하신 사실을 알지 못했습니다. 알렉산드리아에 살던 아볼로처럼요.

사실 2절 때문에 성령세례에 관한 논란이 많아요. 오순절 계통의 성령세례를 강조하는 교파에서는 이 구절을 근거로 사람이 회심한 후 어느 시점에 성령세례를 받는다고 주장해요. 하지만 이 해석을 따르면 믿는 사람 중에 성령세례를 받은 사람과 받지 않은 사람이 나뉘어 신앙적 열등감과 우월감이 생기고 은사만을 사모하는 부작용이 일어나지요.

성경은 그 누구도 성령을 힘입지 않고서는 예수를 주님이시라고 말할 수 없다고 해요(고전 12:3). 예수님도 성령의 주된 사역을 "너희에게 모든 것을 가르쳐주실 것이며, 또 내가 너희에게 말한 모든 것을 생각나게 하실 것"(요 14:26)이라고 하셨어요.

다시 말해, 우리가 예수님을 그리스도로 시인할 수 있는 건 성령의 능력이라는 거예요. 복음을 믿고 말씀을 깨닫고 은혜받는 것 자체가 성령의 능력이자 성령세례를 받았다는 증거라는 거지요.

4 바울은 요한의 제자들에게 말했어요.

"요한은 백성들에게 자기 뒤에 오시는 이 곧 예수를 믿으라고 말하며 회개의 세례를 주었습니다."

5 이 말을 듣고 그들은 주 예수의 이름으로 세례를 받았어요. 6,7 바울이 그들에게 손을 얹으니 성령이 임하셔서 그들이 방언으로 말하고 예언도 했는데 모두 12명쯤 되었어요. 에베소에서도 고넬료의 가정처럼 이방인에게 성령이 임하셨지요.

이 대목에서 은사를 강조하는 이들은 성령세례를 따로 받아야 한다고 주장해요. 그러나 사도행전에서 방언과 예언은 하나님이 하신 일임을 공증하는 역할을 합니다. 성경을 그 시대 안에서 해석한 후에 그 속에서 찾아낸 원리를 자신에게 적용하는 게 올바른 자세예요.

3년 동안의 에베소 사역(8-10절)

8 바울은 늘 하던 대로 회당에서 3개월간 하나님나라의 일을 강론하고 권면하며 담대하게 전했어요. 9 그러나 몇몇 사람은 마음이 완고해

져 믿으려 하지 않고, 온 회중 앞에서 이 도를 비난합니다. 그래서 바울은 제자들을 따로 데리고 나가 날마다 두란노 서원에서 강론했어요.

10 그렇게 2년 동안 하자 에베소가 속한 소아시아에 사는 사람들은 유대인이나 헬라인 모두 주님의 말씀을 듣게 됩니다. 3년간의 에베소 사역으로(행 20:31) 소아시아 지역에 수많은 교회가 세워져요. 대표적으로 골로새, 라오디게아, 히에라볼리(골 4:13)와 같은 요한계시록에 등장하는 교회들이지요.

바울을 통한 기적(11,12절)

11 하나님께서 바울의 손을 통해 놀라운 기적을 행하셨어요. 12 그가
몸에 지닌 손수건이나 앞치마를 가져다가 앓는 사람 위에 얹기만 해도 병이 물러가고 악한 귀신이 쫓겨 나갔지요. 이는 사람들에게 하나님께서 바울과 함께하심을 보여주었고, 그가 전하는 말씀이 하나님으로부터 왔음을 입증해주었습니다.

흉내 내는 가짜들(13-16절)

13 그런데 귀신 축출가로 행세하며 떠돌아다니는 몇몇 유대인이 "바울이 전파하는 예수를 힘입어 내가 너희에게 명령한다"라며 악귀 들린 사람들에게 주 예수의 이름을 이용하여 귀신을 내쫓으려고 시도했어요.

14,15 스게와라는 유대인 제사장의 일곱 아들도 이런 일을 했는데, 귀신은 그들에게 예수도 알고 바울도 알지만 당신들은 누군지 모른다고
합니다. 16 그러고는 악귀 들린 사람이 달려들어 짓눌러 이기니 그들은

상처를 입은 채 벗은 몸으로 도망갔지요.

이 일을 통해 '주 예수의 이름'을 이방 종교에서 사용하는 주문처럼 함부로 사용해선 안 된다는 걸 배울 수 있습니다. 예수님의 이름에 분명 구원과 치유의 능력이 있지만 "열려라 참깨"라고 외치면 문이 열리는 기계적인 주문은 아니라는 거지요.

퍼져가는 주님의 말씀(17-20절)

17 이 일이 에베소에 소문이 나자 모두 두려워하고 주 예수의 이름을
찬양했어요. 18 신도가 된 많은 사람이 자기들이 한 일, 곧 마술이나 주
술적인 일들을 자백하고 공개했지요.

19 또 마술을 부리던 많은 사람이 그들의 책을 모아 모든 사람 앞에
서 불사르며 결단합니다. 책값을 계산해보니 은돈(당시 통용되던 드라크마
은화) 5만 닢에 맞먹었지요. 한 드라크마는 노동자의 하루 평균 품삯이
었으니 엄청난 액수였습니다. 20 이렇게 주님의 말씀이 능력 있게 퍼져나
가고 점점 힘을 떨쳤어요.

나의 행전

1. 무작정 하는 것보다 먼저 준비되어야 한다. 중요한 에베소 사역을 위해 먼저는 막으시고 충분히 준비시키신 하나님의 섭리를 기억하자.
2. 회심과 성령세례는 동시에 일어난다.

44 개혁은 어떻게 시작되나 19:21-41

#소동을 일으키는 사람들 #새로운 문화 창출

바울의 선교 일정(21,22절)

21 앞서 살펴본 에베소 사역에서 바울은 처음에 회당에서 말씀을 전하다가 반대하는 사람들이 생기자 두란노 서원에서 매일 강론했어요. 3년이라는 긴 시간을 에베소에 머물며 복음을 전하는 하루하루가 전쟁이었지요. 방해하는 사람도 많았고(고전 16:9), 맹수와 싸웠다고(고전 15:32) 표현할 정도로 치열했어요.

이후 바울은 마게도냐(빌립보, 데살로니가, 베뢰아)와 아가야(고린도), 즉 2차 선교여행 때 세워진 교회들을 돌아보고 예루살렘으로 돌아갈 일정을 잡았습니다. 또 3차 선교 보고 후에 로마 선교 계획도 세웠지요.

22 이에 앞서 디모데와 에라스도를 마게도냐에 있는 교회로 먼저 보내고 바울은 얼마간 아시아(에베소)에 더 머물러 있었어요. 바울이 이런 동선을 짠 가장 큰 이유는 예루살렘 교회에 보낼 연보를 모으기 위함이었지요(롬 15:22-26). 만일 예루살렘 교회가 이 연보를 받아준다면 이방 교회를 인정한다는 의미였기에 매우 중요했습니다.

그즈음 고린도 교회에서 바울이 전한 복음대로 신앙생활을 하던 중 생긴 문제에 대해 질문지가 왔어요. 이에 대한 답변으로 쓴 편지가 고린도전서입니다. 그러나 고린도 교회의 상황이 더 악화되자 바울은 직접 교회를 방문하여 강한 말로 권면했어요. 그래도 해결이 안 되자 다시 방문하겠다고 약속하고 돌아오지요. 그러나 방문 대신에 디도를 통해 소위 '눈물의 편지'를 써서 보냈어요(고후 2:1).

데메드리오의 선동(23-27절)

23 '눈물의 편지'에 대한 고린도 교회의 답변을 기다리던 중 에베소에서는 주님의 도 때문에 적지 않은 소동이 일어납니다. 1세기 초대 교인들의 별명이 '소동하는 무리'였듯이 복음이 가는 곳마다 빛과 어둠이 충돌하여 소동이 일어날 수밖에 없었지요.

24 에베소의 은장색 데메드리오는 상인 조합의 회장쯤 되는 인물로 아데미 여신(에베소의 수호신이자 풍요와 다산을 주관하는 소아시아 모든 여신의 어머니 신. 그리스 신화 속 제우스의 딸이기도 함)의 모형 신전을 만드는 직공들에게 적지 않은 돈벌이를 시켜주었어요.

당시 에베소에는 거대한 아데미 신전이 있었고, 매년 3-4월을 아데미의 달로 정하여 각종 종교 축제와 행사를 벌였습니다. 이 기간이면 사람들은 신전 모형을 사서 풍요와 다산을 빌기 위해 멀리서부터 몰려들었는데, 어느 순간부터 매출이 떨어지기 시작한 거예요.

25-27 이에 데메드리오가 업계 종사자들을 모아놓고 말했어요.

"여러분이 아시는 바와 같이 우리는 이 사업으로 잘살고 있습니다. 그런데 바울이라는 사람이 에베소뿐 아니라 거의 온 아시아에서 사람의 손으로 만든 신은 신이 아니라고 말하며, 많은 사람을 설득해서 마음을 돌려놓았습니다. 그러니 우리의 사업이 명성을 잃을 위기에 처했을 뿐 아니라 위대한 아데미 여신의 신전도 무시당하고, 나아가 아시아와 온 세계가 숭배하는 여신의 위신이 땅에 떨어질 위험이 있습니다."

그는 종교적 명분을 내세웠지만 속마음은 금전적 손실에 있었어요. 직공들에게도 생계를 위협하는 일이므로 데메드리오의 발언은 엄청난 선동이 되었습니다.

아데미 사업자들의 분노(28-31절)

28 사람들은 격분해서 "에베소 사람의 아데미 여신은 위대하다!"라고
소리를 질렀어요. 29 온 도시가 큰 혼란에 빠졌고 군중이 바울의 동행자
인 가이오와 아리스다고를 붙잡아 한꺼번에 극장으로 몰려갔습니다. 당
시 이 극장은 큰 축제와 음악회, 공적인 일을 논하는 장소로 약 2만4천
명을 수용할 수 있었어요.

30 바울이 군중 속으로 들어가려 하자 제자들이 말립니다. 31 바울
에게 호의적인 아시아의 몇몇 고관들도 사람을 보내어 극장에 들어가지
말라고 권했지요. 바울이 전한 복음의 영향력을 볼 수 있는 대목이에요.

대중의 분노의 실체(32-34절)

32 극장에 모인 사람들이 저마다 다른 말을 외치자 모두 혼란에 빠집
니다. 자기들이 무엇 때문에 모였는지 모르는 사람이 많았지요. 데메드
리오와 아데미 신전 종사자들이 선동해서 모이긴 했으나 아무런 명분이
없었던 거예요.

33,34 유대인들은 알렉산더를 대표자로 세워 군중에게 변명하려 했지

만, 군중은 그가 유대인인 걸 알고는 한목소리로 거의 두 시간 동안 "에베소 사람의 아데미 여신은 위대하다!"라고 외쳤어요. 유대인이 아데미 여신을 믿지 않음을 알고 있었기 때문이지요.

시청 서기관의 진압(35-41절)

35-40 드디어 에베소의 최고 행정관인 시청 서기관이 무리를 진정시키고서 말했어요.

"에베소 시민 여러분, 우리의 도시 에베소가 위대한 아데미 여신과 하늘에서 내린 그 신상을 모신 신전 수호자임을 모르는 사람이 어디 있습니까? 이것은 부인할 수 없는 사실이니 여러분은 마땅히 진정하고 절대로 경솔한 행동을 해서는 안 됩니다. 여러분은 신전 물건을 도둑질하거나 여신을 모독하지도 않은 사람들을 여기에 끌고 왔습니다. 데메드리오와 그와 함께 있는 직공들은 송사할 일이 있다면 재판정도 열려있고 총독들도 있으니, 당사자들이 서로 고소도 하고 맞고소도 해야 할 것입니다. 또 여러분이 더 해결하고자 하는 문제가 있다면 정식 집회에서 처리돼야 할 것입니다. 우리는 오늘 일을 소요죄로 문책받을 위험이 있습니다. 이 소요를 정당화할 아무 명분이 없기 때문입니다."

41 그러고는 모임을 해산시켰어요. 서기관의 말은 아데미는 여신이기에 바울의 주장대로 '사람의 손으로 만든 우상'에 해당하지 않는다는 거예요. 이로써 당시 복음 전파가 로마법과 상충되지 않으며 사회를 혼란스럽게 하지도 않음을 알 수 있습니다.

또 고소할 일이 있으면 정식 절차를 밟아야 하며, 명백한 사유 없는 불법 집회를 열면 소요죄로 로마 정부로부터 문책받을 수 있음을 주지시켰지요. 하나님께서 고린도 법정에서 갈리오를 사용하셨던 것처럼 에베소에서는 서기관을 통해 바울을 보호해주셨어요.

본문을 보면 바울의 성실함이 보여요. 고린도전서의 언급처럼 에베소 사역은 만만치 않았어요. 그러나 그가 애쓴 끝에 복음의 문이 활짝 열렸고 에베소가 속한 아시아 전역에 복음이 전파되었지요. 그는 회당에서 반대가 일어나도 두란노 서원으로 옮겨 말씀을 전했어요(행 19:9).

주님의 말씀이 능력 있게 퍼지며 힘을 떨치자 에베소에 개혁이 일어납니다. 마술책을 불태우고 회개의 물결이 일었지요(행 19:18,19). 사람들은 아데미 여신을 멀리하기 시작했고 이런 영적 각성이 아시아 전역에 뻗어나갔어요.

에베소는 몹시 화려하고 발달한 도시로 해상과 육로의 요충지였어요. 한 사람의 성실한 말씀 선포를 통해 이 도시 문화가 완전히 뒤집힌 거예요. 주님은 바울이 유명인도 아니고 말재주도 없었지만 능력 있는 말씀의 통로로 쓰셨습니다.

52패밀리의 사역도 사회 문화를 바꾸는 일이에요. 오늘날 크리스마스는 본연의 의미를 잃고 상업화되어 흥청망청 즐기는 날이 되었지요. 그런 세상 문화 속에서 52패밀리는 전국 보육원 아이들에게 크리스마스 선물을 보내며 복음의 문화를 제시하고 전국에 확산시키는 역할을 했어요. 이 기쁜 날의 주인공이 바로 예수님이심을 알려주었지요.

이 사역은 지난 14년간 성실히 말씀을 선포하는 가운데 시작됐어요.

한 사람의 순종을 들어 쓰시는 하나님의 능력이 놀랍고 감격스러워요. 52패밀리를 통해 주님의 말씀이 능력 있게 퍼져나가고 점점 힘을 떨치기를 바라요(행 19:20). 복음의 능력으로 당신이 가는 곳마다 거룩한 소동과 문화충격이 일어나기를 소망합니다.

나의 행전

1. 내 시선과 마음을 빼앗는 세상의 문화는 무엇인가? 대세에 휩쓸려 주님을 놓치지 말자.

2. 한 사람의 성실한 복음 전파는 도시 전체를 바꾼다. 내가 있는 자리에 거룩한 영적 각성이 일기 위해 할 수 있는 일을 생각해보자.

45 행복한 사람이 되려면 20:1-12

#눈앞에 펼쳐진 십자가 사건 #죽은 것 같은 인생을 덮는 은혜

계획대로 간 행로(1,2절)

1 에베소에서 '아데미 소동'이 그치자 바울은 제자들을 격려한 후에 마게도냐로 떠납니다. 앞서 말한 고린도 교회의 문제를 해결하기 위함이었어요. 바울의 사도권에 관한 논란이 일어 그가 전한 복음까지 훼손

될 수 있는 심각한 문제였지요. 게다가 고린도 교회 안에서 소송 문제도 일어났고요.

모든 것이 불확실한 상황에서 마게도냐 초입인 드로아에 도착했는데 감사하게도 복음의 문이 활짝 열렸어요. 하지만 바울은 마음이 불편해서 복음을 전하지 못하고(고후 2:12,13) 마게도냐로 가서(빌립보로 추정) 오매불망 기다리던 고린도 교회의 소식을 가져온 디도를 만납니다. 그를 통해 고린도 교인들의 속마음을 듣고 오해를 풀어야겠다는 생각으로 쓴 편지가 고린도후서예요.

사도권 논란도 해결되고 교회의 분란도 가라앉았으니 바울이 얼마나 감사하고 위로를 받았을까요. 그래서 고린도후서 1장에 '위로'라는 단어가 여러 번 등장합니다.

2 바울은 마게도냐의 여러 지방을 거치며 제자들을 말씀으로 격려하고 그리스, 즉 말썽 많은 고린도에 도착해요.

수정된 계획(3-6절)

3 바울이 고린도에서 3개월간 머물며 다음 선교를 위해 로마에 보낸 편지가 바로 로마서예요. 그는 3차에 걸쳐 헬라어권 선교를 마치고 라틴어권 선교를 시작할 계획을 세웠어요. 그는 편지에서 수리아 안디옥 교회가 헬라어권 선교의 파송교회였듯이 로마 교회가 라틴어권 선교의 파송교회가 되어달라고 부탁합니다.

1-3차 선교여행을 통해 전했던 복음이 한편의 교리 논문처럼 완숙하게 정리되어 로마서가 탄생해요. 이 편지는 로마 교인들에게 바울 자신

을 소개하고 선교 지원을 요청하는 '복음 프레젠테이션'이 됩니다.

3개월 후 바울은 배를 타고 수리아로 가려다가 그를 죽이려는 유대인들의 음모를 알게 되어 육로로 마게도냐를 거쳐 돌아가기로 작정해요.

4 그때 베뢰아 사람 소바더, 데살로니가 사람 아리스다고와 세군도, 더베 사람 가이오와 디모데, 아시아 사람 두기고와 드로비모 등 7명이 동행했어요. 각 지역 교회의 대표가 '헌금사절단'으로 함께 갔음을 알 수 있지요(고전 16:1-3, 고후 8:20,21). 이 7명은 이방 교회를 대표하는 상징성을 띠었고 거액의 헌금을 안전하고 정직하게 전달했다는 공적 보증인이 되었어요.
5,6 이들이 먼저 드로아에 가서 바울 일행을 기다렸고 바울 일행은 무교절 뒤에 배를 타고 빌립보를 떠나 닷새 만에 드로아에 이르러 그들을 만나 7일간 머물렀지요.

유두고를 살리다(7-12절)

7 바울 일행은 드로아에 도착한 주간의 첫날에 떡을 떼기 위해 모였어요. '주간의 첫날'은 주일을 말하고, 떡을 떼는 건 성찬과 애찬을 포함해요. 바울은 다음 날 떠나기로 되어 있어서 밤이 깊도록 강론했어요. 언제 다시 만날지 모르니 하나라도 더 알려주고 싶었을 거예요.

8 그들이 모인 다락방에 등불이 많이 켜져있던 걸 보아 규모가 컸음을 알 수 있어요.
9 그때 유두고라는 청년이 창문에 걸터앉아 있다가 바울의 말이 오랫동안 계속되자 졸음을 이기지 못해 3층에서 떨어져 죽고 맙니다. 헬라 시대에는 이름만 들으면 신분을 알 수 있었는데 유두고라는 이름은 그가 노예였음을 나타내요. 종일 일한 후에 고된 몸을 이끌고

말씀을 사모해서 왔지만, 설교가 길어지자 졸다가 떨어졌을 거예요. 사람들이 그를 살펴보니 이미 죽어있었어요. 누가가 의사였기에 의학적으로 죽었음을 확인할 수 있었지요.

10 바울이 내려가 유두고에게 엎드려 끌어안고는 "소란을 피우지 마십시오. 아직 목숨이 붙어있습니다"라고 말합니다. 살릴 수 있다는 말이었지요. 11 바울은 위층으로 올라가 빵을 떼어 먹고는 날이 밝도록 설교하고 떠났어요. 12 사람들은 살아난 청년을 집으로 데려갔고, 이 사건을 통해 큰 위로를 받습니다. 하나님의 말씀이 생명을 살리는 걸 실제로 경험하며 그분이 함께하심을 느꼈지요.

말씀을 믿고 순종할 때 우리는 하나님의 동역자가 됩니다. 복음은 죽은 사람을 살리는 능력뿐 아니라 이 땅에서 우리의 영과 육을 살리며 전인적 구원을 이루지요. 사람이 사람답게 살도록 해요.

저도 말씀대로 순종했더니 기적이 일어나는 걸 여러 번 경험했어요. 보육원 아이들에게 아이로서 누려 마땅한 환경과 사랑을 전하는 사역을 하며 주는 사람과 받는 사람 모두 살아나는 경험을 했습니다.

고단한 종의 신분으로 죽은 유두고는 죄악 속에 사는 우리의 상태를 대변해요. 하지만 그게 끝이 아닙니다. 유두고라는 이름은 '행복한 사람'이라는 뜻으로 비록 고단하고 죽은 것 같은 인생이지만 예수 그리스도로 인해 살아나고 행복해질 수 있음을 담고 있지요. 사람은 주 안에서만 행복하도록 창조되었어요. 십자가의 사랑으로 우리는 행복한 인생을 살 수 있고 다른 사람도 행복하게 할 수 있습니다.

유두고 사건은 빵을 떼는(7절) 성찬으로 시작해서 성찬(11절)으로 마무리돼요. '떼어'는 으깨어 부서뜨려 찢어준다는 뜻이에요. 이는 예수님이 이 땅에 생명의 떡으로 오셔서 자기 몸을 으깨어 부서뜨려 찢어주신 십자가의 고난을 의미해요. 즉 유두고의 죽음과 부활은 육신의 몸을 입고 오신 예수 그리스도께서 자기 몸을 찢어주심으로 모든 사망 권세를 덮고 우리를 구원하신 걸 나타냅니다. 바울의 말씀 선포 가운데 이 복음이 눈앞에 상징적으로 펼쳐져 더 확실히 믿을 수 있게 했지요.

나의 행전

1. 하나님의 일은 안전하고 투명하게 공증해야 한다.
2. 이 땅에서도 영과 육, 전인적 구원을 누리자.
3. 고단하고 죽은 것 같은 인생을 덮으신 하나님의 은혜에 감사하자.

46 불끈 에너지를 유지하는 법 20:13-38

#성경에 매인 인생 #나의 유언

드로아에서 밀레도까지의 항해(13-16절)

13 바울을 제외한 나머지 일행은 배를 타고 앗소로 향했고, 바울은

혼자 그곳까지 걸어갔어요. 드로아에서 앗소까지는 약 32킬로미터로 홀로 걸으며 주님 앞에 마음을 쏟아내고 앞으로의 여정 가운데 은혜를 구했을 거예요. 14 그들은 앗소에서 재회하여 미둘레네로 갑니다. 15 그리고 기오, 사모를 거쳐 밀레도에 이르러요. 16 에베소에 들르지 않고 뱃길을 택한 건 시간을 최대한 아껴 오순절까지 예루살렘에 도착하기 위함이었어요.

밀레도에서의 고별설교: 회고(17-21절)

17 바울이 밀레도에서 에베소 교회 장로들을 불러 18 그들과 함께했던 에베소 사역을 회고합니다. 19 겸손과 많은 눈물로 주님을 섬긴 일과 유대인들의 음모로 당한 온갖 시련을 언급해요. 20 또 유익한 것이면 빼놓지 않고 전하며 대중 앞에서나 각 집에서 가르쳤음을 말하지요. 21 또 유대인에게나 헬라인에게나 똑같이 회개하고 하나님께로 돌아올 것과 예수님을 믿을 것을 엄숙히 증언했다고 말해요.

밀레도에서의 고별설교: 앞으로의 계획(22-27절)

22 바울은 앞으로의 계획을 말하며 이 여정이 성령님의 강권적인 인도하심이라고 해요.

“이제 나는 성령에 매여서 예루살렘으로 가는 길입니다. 거기서 무슨 일이 내게 닥칠지 나는 모릅니다.”

23 다만 여정 끝에 투옥과 환란이 기다리고 있음을 안다며 그럼에도 십자가의 길을 택하지요.

24 그는 각오를 다집니다.

"내가 나의 달려갈 길을 다 달리고, 주 예수께 받은 사명 곧 하나님의 은혜의 복음을 증언하는 일을 다하기만 하면, 나는 내 목숨이 조금도 아깝지 않습니다."

바울은 훗날 사명을 다한 뒤에 유언과 같은 말을 디모데에게 남기고 의의 면류관을 바라봅니다.

나는 선한 싸움을 싸우고 나의 달려갈 길을 마치고 믿음을 지켰으니 **딤후 4:7**

바울의 이 고백이 삶의 끝날 우리의 고백이 되길 진심으로 소망해요. 저도 달릴 수 있을 때 힘껏 달리고 나이 들어 힘이 빠져 걷더라도 모든 걸 주님 앞에 쏟아붓는 인생이 되고 싶습니다.

25 바울은 에베소 장로들을 다시 보지 못할 거라고 말해요. 이제 아
시아에서의 사역 계획은 없고, 로마 교회의 파송을 받아 라틴어권 선교
를 할 계획이기 때문이었지요. 26 그래서 마지막으로 에베소 교회에서
누군가 구원을 받지 못하더라도 자신의 책임이 아니라고 엄숙하게 증언
합니다. 27 이는 바울이 하나님의 모든 경륜을 그들에게 남김없이 가르
치고 쏟아부었음을 알 수 있어요.

밀레도에서의 고별설교: 권면(28-35절)

28 바울은 장로들에게 자기 자신을 잘 살피고 양 떼를 잘 보살피라고 권면합니다. 성령께서 장로들을 감독으로 세우셔서 하나님께서 자기 아

들의 피로 사신 교회를 돌보게 하셨음을 각인시켜요.

29 또 자신이 떠난 후에 율법주의 유대인들이 사나운 이리 떼처럼 공동체에 들어와 양 떼를 해할 것과 30 그들 가운데서도 이단과 거짓 선지자가 나타날 걸 안다고 합니다. 31 그러니 깨어서 자신이 3년 동안 밤낮 쉬지 않고 눈물로 훈계한 걸 기억하라고 하지요. 바울은 자기 삶을 표본으로 기억하라고 말할 정도로 매 순간 하나님 뜻대로 살았어요.

32 그는 '장로'라는 리더십이 아닌 '하나님과 말씀'에 에베소 교회를 맡깁니다.

"나는 이제 하나님과 그의 은혜로운 말씀에 여러분을 맡깁니다. 하나님의 말씀은 여러분을 튼튼히 세울 수 있고, 거룩하게 된 모든 사람 가운데서 여러분이 유업을 차지하게 할 수 있습니다."

바울은 누구보다 열심히 사역했어요. 그러면서 말씀이 사람들을 세우고, 그들이 하나님나라의 유업을 차지하는 걸 보았지요. 그랬기에 말씀 가르치는 일에 목숨을 걸었고 말씀에 그들을 맡길 수 있었습니다.

33 이어 바울은 대가를 바라지 않고 복음을 전했다고 말해요. 34 그는 모두가 알듯이 자비량 선교를 했어요. 당시 철학자들은 강사료에 따라 명성이 좌우됐지만, 바울은 일절 받지 않아서 '가짜 사도'라는 소문까지 돌았지요.

35 그는 자신이 에베소 교회에서 모든 일에 신앙의 모범을 보였다고 당당히 말해요. 또 이렇게 힘써 일해서 약한 사람을 돕는 게 마땅하다고 하며, 주님이 친히 "주는 것이 받는 것보다 더 복이 있다"라고 하신 말씀을 반드시 명심하라고 권면합니다.

저도 한 손에 복음을 들고 한 손에 사업을 들고 최선을 다해 일해왔어요. 하나님을 팔아서 사업한다는 억울한 말도 많이 들었지만, 매일 제 마음에 주신 주님의 확신이 이 길을 묵묵히 걷게 했지요. 돈을 많이 벌어 성공하는 건 제 목표가 아니에요. 주님이 보여주신 어려운 이웃, 도움 없이는 만나를 거두지 못하는 장막 안의 사람들을 돕는 기업을 세우는 게 제 부르심이고 사명이기에 작지만 가치 있는 걸음을 걷고 있답니다.

눈물겨운 작별(36-38절)

36 바울은 말을 마치고 무릎을 꿇고 그들과 함께 기도해요. 37 모두
실컷 울고서 바울의 목을 끌어안고 입을 맞추었어요. 38 그들의 마음을
가장 아프게 한 건 다시는 그의 얼굴을 볼 수 없으리라는 말이었어요.
그들은 배 타는 곳까지 바울을 배웅했습니다.

나의 행전

1. 다가올 고난을 알면서도 십자가의 길을 택하고 부르심을 따라가는 복된 삶을 살자.
2. 사람이 아닌 하나님과 말씀에 모든 것을 맡기자.
3. '작은 예수'로서 본이 되는 삶을 살자.

47 어느 성령이 맞나요? 21:1-16

#막힌 담이 헐리는 기적 #하나님의 뜻을 이루는 인생길

때로 성령님이 깨닫게 해주신 것과 주위에서 기도해준 내용이 다를 때가 있어요. 그럴 때는 어떻게 해야 할까요?

두로까지의 여정(1-3절)

1 바울은 밀레도에서 에베소 장로들과 눈물의 작별을 한 뒤 배를 타
고 고스, 로도, 바다라로 갔어요. 2 그곳에서 베니게로 가는 배를 만나
3 두로에 도착합니다. 그 배는 거기서 짐을 풀기로 되어있었지요.

두로에서 7일간 머물다(4-6절)

4 바울 일행은 두로에서 제자들을 만나 7일을 머물러요. 아마도 배가 정박한 후 화물을 내리고 싣는 동안에 제자들을 만났을 거예요. 그런데 그들이 성령의 지시를 받아 바울에게 예루살렘에 올라가지 말라고 간곡히 말합니다. 뭔가 이상하지요? 그는 분명 '성령에 매여서' 예루살렘으로 올라가고 있는데(행 20:22) 갑자기 제자들이 '성령의 감동으로' 예루살렘행을 막아서니 말이에요. 대체 뭐가 맞는 걸까요? 둘 다 맞아요. 같은 메시지니까요.

이는 하나님께서 바울을 더 단단히 무장하고 결단시키기 위함이셨어요. 그분은 자녀인 우리에게 강제로 일을 시키시지 않고 인격적으로 이

끄세요. 우리 눈에 이해되지 않는 일도 차근히 설득하시며 한 걸음씩 나아가게 하시지요. 바울도 이를 알고 있었습니다. 성령님은 그에게 어느 도시에서든지 투옥과 환난이 기다리고 있다고 말씀해주셨어요. 그는 알면서도 주 예수께 받은 사명, 곧 하나님의 은혜의 복음을 증언하는 일에 목숨을 조금도 아깝지 않게 여겼지요(행 20:23,24).

그렇게 예루살렘에 가고 있을 때 성령님이 제자들을 통해 "사랑하는 아들아, 네 앞에 투옥과 환란이 기다리고 있다. 여기서 멈춰도 된단다"라고 다시 확인시켜주신 거예요. 그때마다 바울은 "아버지의 뜻이 내 뜻입니다. 기쁨으로 순종합니다"라고 답했지요.

5,6 제자들의 만류에도 바울 일행은 여행길에 오릅니다. 모든 제자가 가족과 함께 나와 성 밖까지 배웅했어요. 바울 일행은 바닷가에서 무릎을 꿇고 기도하고 작별 인사를 나눈 뒤 배에 오릅니다. 고난의 길인 줄 서로 알면서도 떠나보내는 장면이 참 애틋해요.

빌립 집사를 만남(7-9절)

7 두로에서 출항한 배는 돌레마이에 이르러 항해를 끝마쳤어요. 거기서 바울 일행은 신도들에게 안부를 묻고 함께 하루를 지냅니다. 8 이튿날 그곳을 떠나 가이사랴에 이르러서는 전도자 빌립의 집에 머물렀어요.

9 빌립에게는 예언하는 처녀 딸 넷이 있었지요. 그는 예루살렘 교회가 헬라파 과부들의 구제 문제를 해결하기 위해 세운 일곱 집사 중 한 사람으로 에티오피아 내시 간다게를 전도한 후에 가이사랴에 이르러(행 8:40) 정착해서 살고 있었습니다.

그 일곱 집사 중 한 사람이 스데반이었고, 그의 순교 당시 주동자가 바울이었어요. 빌립에게 바울은 자신의 귀한 동역자를 죽인 사람이었지요. 그를 다시 만난 빌립의 심정이 어땠을까요? 복음이 사람을 놀랍게 바꿨다는 사실에 가슴이 먹먹했을 거예요.

바울 역시 빌립을 본 순간 스데반이 떠올랐겠지요. 신성모독죄로 잡아들였을 때 스데반의 얼굴이 천사같이 빛났던 것을요(행 6:15). 그는 죽기 직전에 성령충만하여 하나님 보좌 우편에 서신 예수님을 보았고, 마지막 순간까지 이 죄를 저들에게 돌리지 말아달라고 외쳤어요(행 7:55, 56,59,60).

그 당시 바울은 스데반의 죽음을 마땅하게 여겼어요. 하지만 복음을 깨달은 후 그는 핍박자의 자리에서 순교자의 자리로 옮겨와 스데반의 길을 걸었습니다. 이 놀라운 하나님의 섭리에 바울과 빌립은 감동했을 거예요.

세 번째 만류(10-12절)

10 바울 일행이 빌립의 집에 머무는 동안 아가보라는 예언자가 유대에서 내려옵니다. 그는 온 세계에 큰 흉년이 들 거라고 예언했었지요
(행 11:28). 11 아가보는 바울의 허리띠를 가져다가 자기 손발을 묶고서
말해요. “유대인이 예루살렘에서 이 허리띠 임자를 이처럼 묶어서 이방인
의 손에 넘겨줄 거라고 성령이 말씀하십니다.” 12 이 말을 듣고 그곳 사
람들과 누가를 비롯한 일행도 바울에게 예루살렘으로 올라가지 말라고 간곡히 만류합니다.

세 번째 결단(13,14절)

13 그러자 바울은 "왜들 이렇게 울면서 내 마음을 아프게 하십니까? 나는 주 예수의 이름을 위해 예루살렘에서 결박을 당할 뿐 아니라 죽음까지도 각오하고 있습니다"라고 말합니다. 성령에 매여 이곳까지 온 그는 스데반의 순교를 떠올리며 다시금 결단했을 거예요.

14 바울이 뜻을 굽히지 않자 사람들은 "주님의 뜻이 이루어지기를 빕니다" 하고는 더 말하지 않았어요.

예루살렘행(15,16절)

15 며칠 후 바울 일행은 행장을 꾸려 예루살렘으로 올라갑니다.

16 가이사랴에 있는 제자 몇 사람도 동행했어요. 구브로 출신의 오랜 제자 나손도 같이 갔는데 바울 일행이 그의 집에 머물기 위함이었지요. 이렇게 바울의 3차 선교여행이 끝납니다.

여기서 한 가지 질문이 생겨요. 왜 바울이 죽음을 각오하고 예루살렘에 가려고 했을까요? 그 이유를 로마서에서 찾아볼 수 있어요.

> 그러므로 내가 이 일을 마치고 이 열매를 그들에게 확증한 후에 너희에게 들렀다가 서바나로 가리라 롬 15:28

바울은 이 일을 완수하기 위해 성령에 매여 예루살렘으로 갔던 거예요. 무슨 의미인지 하나씩 살펴볼게요.

1) 이 일을 마치고

바울은 성도를 섬기는 일로 예루살렘에 간다고(롬 15:25) 말합니다. 섬긴다는 건 '구제하다'의 유대식 표현이에요. 마게도냐와 아가야 사람들은 기쁜 마음으로 예루살렘의 가난한 성도에게 보낼 구제 헌금을 모았어요(롬 15:26). 이방 교회가 예루살렘 교회에 영적인 빚을 졌기에 육신의 생활에 필요한 걸 나눌 의무가 있다고 여겨서 모은 귀한 헌금이었지요(롬 15:27). 바울은 각 지역의 이방 교회에서 헌금 거두는 일을 마치고 헌금사절단과 예루살렘으로 향합니다.

2) 이 열매를 그들에게 확증한 후에

거두는 일도 쉽지 않았지만 예루살렘 교회가 받아줄지가 관건이었어요. 당시 유대인은 이방인을 개돼지 취급했기에 이방 교회로부터 온 헌금을 받기가 쉽지 않았지요. 만일 받는다면 이방 교회를 형제자매로 인정하고, 3차에 걸친 바울의 이방 선교를 인정한다는 의미이기도 했어요. 바울은 이 헌금을 통해 이방인과 유대인 사이의 막힌 담이 그리스도 예수 안에서 허물어지는 걸 확인하고 싶었습니다.

3) 너희에게 들렀다가

바울은 헬라어권 선교를 마무리하고 편지의 수신지인 로마 교회로 가고자 했어요.

4) 서바나로 가리라

바울은 로마 교회를 파송교회로 라틴어권 선교를 시작하고 싶었어요. 그래서 당시 땅끝이라 불렸던 스페인까지 가려 했지요.

바울은 이방의 사도로서 주 예수의 복음을 전하는 중대한 일에 목숨을 아끼지 않았어요. 그와 스데반 사이의 막힌 담을 예수님이 십자가로 허물어뜨리신 것처럼 이방인과 유대인 사이의 막힌 담을 헐고 화평할 수 있는 유일한 길은 십자가밖에 없음을 알았지요(엡 2:14,15).

나의 행전

1. 한 번뿐인 인생을 성령에 온전히 매여 살자.
2. 바울의 예루살렘행은 예수님의 행적을 빼닮았다. 나의 발걸음도 하나님의 뜻을 이루는 행적이 되자.
3. 복음을 힘입어 관계의 모든 막힌 담을 헐고 화평을 이루자.

Bible Study with Ji-nam Ssam

PART 4

하나님의 꿈을 꾸는 사람들

21-28장

9장

다시 돌아온 예루살렘 21-23장

융통성은 이렇게 발휘하자 21:17-40

인생의 안개가 걷히려면 22:1-21

슬기로운 스펙 사용법 22:22-29

미래를 어떻게 알 수 있을까? 22:30-23:11

절망적인 현실을 대하는 태도 23:12-35

48 융통성은 이렇게 발휘하자 21:17-40

#영혼을 얻기 위한 융통성 #절대적인 보호하심

여러분은 융통성이 있는 편인가요? 저는 원리 원칙을 아주 중요하게 생각해서 융통성이 없다는 말을 듣곤 했는데 하나님을 만난 후에 변했어요. 진짜 융통성이 무엇인지 말씀 속에서 배워보아요.

예루살렘 교회 형제들을 만남(17-19절)

17 바울 일행이 예루살렘에 도착하자 예루살렘 교회 형제들이 반갑게
맞아주었어요. 18 이튿날 예루살렘 교회의 지도자인 야고보를 찾아가니
거기에 장로들이 다 모여있었지요. 19 바울은 그들에게 인사한 뒤에 하
나님께서 이방 선교 가운데 행하신 일을 자세히 나누었습니다.

지도자들의 제안(20-25절)

20-22 그들이 선교 보고를 듣고 하나님께 영광을 돌리며 바울에게 말
합니다.

"형제여, 당신이 보는 대로 유대인 가운데는 믿는 사람이 수만 명이나 되는데, 그들은 모두 율법에 열성적입니다. 그런데 그들이 말하기를 당신이 이방인 가운데서 사는 모든 유대인에게 할례도 주지 말고, 유대의 풍속도 지키지 말고, 모세를 배척하라고 가르친다고 합니다. 어떻게 하면 좋겠습니까? 그들은 틀림없이 당신이 왔다는 소식을 들을 것입니다."

당시 율법에 열성적이던 유대인들이 이방 선교를 하는 바울을 오해하며 싫어했음을 알 수 있어요. 사실 바울은 유대 그리스도인에게 유대 관습을 따르지 말라고 한 게 아니라 이방 그리스도인이 할례와 같은 유대 관습을 따를 필요가 없다고 했지요. 왜냐면 강경한 유대인의 주장처럼 율법이 구원의 조건이 아닐뿐더러 이 일은 이미 예루살렘 종교회의에서 공적으로 결정된 사항이었으니까요.

그런데도 강한 선민사상과 율법주의에 갇힌 유대인들은 바울을 미워했어요. 이런 분위기를 아는 예루살렘 교회의 지도자들은 난감했지요. 그들은 어떻게든 바울을 보호하려고 한 가지 제안을 합니다.

23-25 "당신은 우리가 말하는 대로 하십시오. 우리 가운데서 하나님 앞에 스스로 맹세한 네 사람이 있습니다. 그들을 데려가 함께 정결 예식을 행하고, 머리를 깎게 하고 그 비용을 대십시오. 그러면 사람들은 당신에 대한 소문이 전혀 사실이 아니며, 도리어 당신이 율법을 지키며 바로 살고 있음을 알게 될 것입니다. 신도가 된 이방인들에게는 우상의 제물과 피와 목매어 죽인 것과 음행을 삼가야 한다는 것을 우리가 결정해서 써 보냈습니다."

만약 바울이 나실인 서원을 한 네 사람과 정결 예식을 행하고 그들의 머리 깎는 비용을 지불하면 그에 대한 오해가 풀릴 거라는 얘기였지요. 당시 나실인 서원을 하려면 제물을 바치고 제사를 드려야 했기에 상당한 돈이 필요했어요. 그래서 유대인들은 가난한 이웃의 비용을 대신 지불해주는 걸 경건한 행동으로 여겼습니다.

예루살렘 교회 지도자들은 바울에게 이 일을 제안합니다. 그가 이렇게 하면 유대 관습을 존중한다는 증거가 될 거라고요.

바울의 노력(26절)

26 바울은 제안대로 다음 날 네 사람과 정결 예식을 한 뒤에 성전으로 들어갔어요. 그리고 정결 기한이 차는 날짜와 각 사람을 위해 예물을 바칠 날짜를 신고했지요.

그는 진리를 깨닫고 율법에 대한 자유함이 있었지만, 유대인을 얻기 위해 유대인처럼 행동했습니다(고전 9:20). 본질, 곧 진리의 문제에는 목숨을 걸었지만 그 외에는 약한 자를 배려하는 융통성을 보였지요.

디아스포라 유대인들의 충동(27-29절)

27 "이레가 거의 끝나갈 무렵"(이레가 거의 차매)은 나실인으로 서원한 자들과 성전에서 희생 제물을 드리는 일이 끝나갈 즈음이라는 뜻입니다. 그때 아시아에서 오순절을 지키러 온 디아스포라 유대인들이 성전에서 바울을 보고 군중을 충동해서 그를 붙잡았어요.

28 그리고 외쳤습니다.

"이스라엘 동포 여러분, 합세해주십시오. 이 자는 어디에서나 우리 민족과 율법과 이곳을 거슬러서 사람들을 가르칩니다. 더욱이 헬라인을 성전에 데리고 들어와 이 거룩한 곳을 더럽혀 놓았습니다."

29 이는 그들이 전에 에베소 사람 드로비모가 바울과 함께 예루살렘 성안에 있는 걸 보았기에 바울이 그를 성전에 데리고 들어왔으리라고 생각한 거예요. 이들은 오해에 거짓말을 더해 군중을 충동합니다.

당시 이방인들은 성전 안 '이방인의 뜰'까지만 들어갈 수 있었거든요. 거기에는 돌로 만든 1.4미터의 칸막이용 벽에 '이방인이 넘어오면 성전 모독죄로 죽임을 당한다'라는 경고가 새겨져 있었어요. 유대인과 이방인 사이에 실제로 눈에 보이는 막힌 담이 존재했지요.

성난 군중이 바울을 죽이려 함(30,31절)

30 유대인들은 성전에 아주 민감했기에 온 도시가 발칵 뒤집힙니다. 백성들이 몰려들어 바울을 잡아 성전 바깥으로 끌어내니 성전 문이 곧 닫혔지요. 31 그들이 바울을 죽이려 할 때 온 예루살렘이 소요에 휘말려 있다는 보고가 천부장에게 올라갔어요.

이처럼 군중 심리에 휘말리면 진실과 상관없이 선동에 휩쓸리는 경우가 많습니다. 특히 SNS에서 소통하다 보면 이런 위험에 노출될 가능성이 커요. 그리스도인은 언론이나 여론에 휘둘리지 말고 기도함으로 진실과 거짓을 분별하며 바른 목소리를 내야 합니다.

공권력의 보호(32-36절)

32 천부장은 병사와 백부장들을 거느리고 현장으로 급히 달려갑니다. 로마의 속국을 관리하는 책임자는 소요에 아주 민감했지요. 당시는 인파가 붐비는 오순절 기간이라 만일의 사태에 대비해 로마 군인들이 성전 벽 북서쪽 모퉁이에 있는 '안토니오 요새'에 주둔해 경계 태세로 예의주시하고 있었어요. 유대인들은 천부장과 군인들을 보고 바울을 때리는 걸 멈춥니다.

33 천부장이 가까이 가서 바울을 체포하고는 부하들에게 쇠사슬 둘로 그를 결박하라고 명령하고, 그가 어떤 사람이며 무슨 잘못을 했는지를 묻습니다. 34 그러자 무리가 저마다 다른 소리를 질렀어요. 천부장은 소란 때문에 사건의 진상을 알 수 없으니 바울을 병영 안으로 끌고 가라고 명령합니다.

35 바울이 층계에 이르렀을 때 군중이 하도 난폭하게 굴어 군인들이 그를 둘러메고 가야 할 정도였어요. 36 그러자 큰 무리가 따라오면서 "그자를 없애버려라!" 하고 외쳤어요. 30년 전 예수님을 십자가에 못 박던 장면이 연상됩니다.

바울의 변호(37-40절)

37,38 바울은 병영 안으로 끌려가며 천부장에게 "한 말씀 드려도 됩니까?"라고 헬라어로 묻습니다. 그러자 천부장이 반문해요.

"당신은 헬라어를 할 줄 아오? 그러면 얼마 전에 폭동을 일으키고 4천 명의 자객을 이끌고 광야로 나간 그 애굽인이 아니오?"

39 바울은 대답해요.

"나는 길리기아 다소 출신의 유대인으로, 그 유명한 도시의 시민입니다. 저 사람들에게 내가 한마디 말을 하게 허락해주십시오."

40 천부장이 허락하니, 바울이 층계에 서서 무리를 향해 손을 흔들어 조용하게 했어요. 잠잠해지자 이번에는 히브리어로 연설을 시작합니다. 헬라어와 히브리어를 상황에 따라 적절히 사용하는 지혜가 돋보이는 순간이지요.

나의 행전

1. 언론과 여론에 휩쓸리지 말고 기도함으로 진실을 분별하자.

2. 영혼을 얻기 위해 본질이 아닌 문제는 양보하는 바울의 융통성을 배우자.

3. 인종과 지역, 세상 권력까지도 사용해 주의 자녀를 보호하시는 하나님의 손길을 신뢰하자(예: 아가야의 갈리오, 에베소의 서기관, 예루살렘의 천부장).

49 인생의 안개가 걷히려면 22:1-21

#주님, 당신은 누구십니까? #사명은 어떻게 찾나?

그리스도인도 주님을 오해할 수 있습니다. 그 켜켜이 쌓인 오해가 풀릴 때 안개가 걷혀 시야가 선명해지고 걸어갈 길이 보이지요.

바울의 변호 시작(1,2절)

1 바울은 천부장에게서 발언 기회를 얻어 유대인들에게 자기변호를 시작합니다. 동족의 유대감을 얻기 위해 히브리어로 해명하지요. 청중을 존경하는 의미를 담아 "부형들아"(동포 여러분)라고 부르는데, 스데반도 마지막 변론 때 동일한 호칭을 사용했어요.

2 군중은 바울의 히브리어 연설을 듣고 더욱 잠잠해졌어요.

출신과 성장배경(3-5절)

3-5 바울은 '구원 간증'을 시작하기 앞서 자기소개를 합니다. 아주 객관적인 사실만 말하며 자신의 구원이 전적인 하나님의 계획과 주도하심으로 일어났고 그의 의지와는 아무 관련이 없음을 강조해요.

"나는 유대인입니다. 길리기아 다소에서 태어나 이 도시 예루살렘에서 자랐고, 가말리엘의 문하에서 유대 율법의 엄격한 방식을 따라 교육받았습니다. 그래서 나도 여러분들처럼 하나님께 열성적인 사람이었습니다. 이 '도'(기독교)를 따르는 사람들을 박해해서 죽이기까지 했고, 남녀 불문하고 감옥에 넣었습니다. 나는 다메섹에 있는 신도들까지 예루살렘으로 끌어다가 처벌받게 하려고 공문을 받아 그곳으로 떠났었습니다. 그때 공문서를 써준 대제사장과 모든 장로가 이 일의 증인입니다."

바울이 이 말을 하는 건 율법을 폐하려 한다는 오해에서 벗어나기 위함이었어요. 그는 자신도 어릴 적부터 전통 유대 교육을 받으며 자랐고 한때 기독교를 박해했기에 유대인의 심정을 공감한다고 말하고 싶었지요. 저도 기독교를 핍박하다가 뒤늦게 믿었기에 하나님을 믿지 못하고 질문을 쏟아내는 사람을 공감할 수 있거든요.

회심하게 된 사건(6-11절)

6-11 바울은 다메섹 도상의 사건을 말합니다.

"정오쯤에 다메섹 가까이에 이르렀는데 갑자기 하늘로부터 큰 빛이 나를 둘러 비추었습니다. 내가 땅바닥에 엎어지자 '사울아, 사울아, 네가 어찌하여 나를 핍박하느냐?' 하는 소리가 들렸습니다. 그래서 '주님,

누구십니까?' 하고 물었더니 그분이 '나는 네가 핍박하는 나사렛 예수이다'라고 하셨습니다. 나와 함께 있던 사람들은 그 빛은 보았으나 내게 말씀하시는 분의 음성은 듣지 못했습니다(행 9:7 참조, "소리만 듣고 아무도 보지 못하여"는 소리만 들었지 무슨 뜻인지 깨닫지 못했다는 의미).

그때 내가 '주님, 어떻게 하라 하십니까?' 하고 물었더니 주님께서 '일어나 다메섹으로 가거라. 네가 해야 할 모든 일을 누군가 말해줄 것이다'라고 말씀하셨습니다. 나는 그 빛의 광채 때문에 눈이 멀어서 함께 가던 사람들의 손에 이끌려 다메섹으로 갔습니다."

아나니아의 공증(12-16절)

이어서 아나니아의 도움을 받은 일을 말해요. 모든 유대인에게 존경받는 아나니아가 하나님의 뜻을 알려준 사실을 강조하며 유대인이 자신에게 호의적인 마음을 갖기를 바랐지요.

12,13 "거기에 아나니아라는 사람이 있었습니다. 그는 율법을 따라 사는 경건한 사람으로 모든 유대인에게 칭찬을 받았습니다. 그가 나를 찾아와 곁에 서서 '형제 사울이여, 눈을 뜨시오'라고 말하자 그 순간 나는 시력을 회복하여 그를 쳐다보았습니다."

14-16 그러고는 아나니아가 자신을 향한 하나님의 뜻을 말해주었다고 해요.

"아나니아가 내게 말했습니다. '우리 조상의 하나님께서 당신을 택하셔서 자기의 뜻을 알게 하시고, 그 의로우신 분을 보게 하시고, 그분의 입에서 나오는 음성을 듣게 하셨습니다. 당신은 그분을 위해 모든 사람에게 당신이 보고 들은 것을 증언하는 증인이 될 것입니다. 그러니 망설일 까닭이 어디 있습니까? 일어나 주님의 이름을 불러서 세례를 받고 죄 씻음을 받으시오.'"

바울은 세례와 회개를 통해 온전히 회심했고, 주님의 몸 된 교회의 성도가 되었음을 말합니다.

이방인의 사도로 부름을 받음(17-21절)

객관적 사실과 모두가 존경하는 사람의 공증을 받은 외적 확신을 말한 후에 그는 개인적 체험에 의한 내적 확신을 말합니다.

17,18 "그 뒤에 예루살렘으로 돌아와 성전에서 기도하는 가운데 황홀경에 빠져 주님이 내게 말씀하시는 걸 보았습니다. 그분은 '서둘러서 예루살렘을 떠나라. 예루살렘 사람들이 나에 관한 네 증언을 받아들이지 않을 것이기 때문이다'라고 하셨습니다."

19,20 바울은 처음에 그 말씀을 이해하지 못하고 자신의 자격 없음을 고백했어요. 스데반의 순교 사건이 그에게 얼마나 큰 메시지로 남았는지 추측할 수 있지요.

"그래서 내가 말했습니다. '주님, 제가 주님을 믿는 사람들을 가는 곳마다 회당에서 잡아 가두고 때렸던 사실을 사람들이 잘 알고 있습니다. 또 주님의 증언자인 스데반이 피를 흘리고 죽임을 당할 때 저도 곁에 서서 그 일에 찬동하며 그를 죽이는 사람들의 옷을 지키고 있었습니다.'"

21 그때 주님께서 "가라, 내가 너를 멀리 이방인에게로 보내겠다" 하시며 사명을 주셨다고 말해요. 그는 이 환상을 통해 다메섹에서의 체험

을 확증하고, 이방인의 사도로의 부르심도 확인할 수 있었습니다.

바울의 구원 간증을 보면, 그가 구약성경에 능통한 학자였고 구약에서 말하는 오실 메시아를 대망하고 있었음을 알 수 있어요. 메시아가 오셔서 로마로부터 이스라엘을 구원하시고 예전의 영광을 되찾게 해주실 거라고 굳게 믿었지요.

그러던 어느 날, 스스로 메시아라고 주장하는 사람이 나타나 놀라운 기적을 행하자 많은 사람이 그를 따릅니다. 그런데 그는 결국 십자가에서 죽었고 부활했다는 소문과 함께 더 많은 사람이 그의 제자가 되었어요. 그러나 바울은 그가 메시아임을 절대 받아들일 수 없었지요.

가장 큰 이유는 예수님이 십자가에서 죽은 사실 때문이었어요. 신명기에 "사람이 만일 죽을 죄를 범하므로 네가 그를 죽여 나무 위에 달거든 … 나무에 달린 자는 하나님께 저주를 받았음이니라"(신 21:22,23)라고 쓰여있기에 나무(십자가)에 달린 자가 메시아일 수 없다는 논리였지요. 그는 오히려 그 저주받을 자를 따르는 사람을 신성모독죄로 죽였어요. 스데반의 순교 후에도 그것이 마땅하다고 여겼고요.

그런 바울에게 주님이 찾아오십니다. 그가 누구시냐고 여쭙자 주님은 "나는 네가 핍박하는 나사렛 예수다"라고 계시해주세요. 이론적으로 깨닫고 설득된 게 아니라 철저히 위로부터 임한 진리였지요.

마침내 바울은 그토록 고대했던 메시아가 바로 예수님임을 깨달아요. 자신이 기대했던 모습과 달리 멸시와 천대를 받는 나사렛 출신으로 오신 그분의 참 의미를 알게 되지요.

그는 스스로 바리새인 중의 바리새인이라 할 정도로 율법에 철저한,

더 정확히는 구약성경에 통달했으며 말씀대로 살려고 노력하는 사람이었어요. 그래서 말씀의 의미를 깨닫자 복음을 위해 목숨도 내놓을 각오를 하지요. 그가 그토록 기다렸던 이사야서 60장 말씀의 성취가 이방인의 사도로 부름 받은 자기를 통해 이뤄질 걸 소망하며 복음 전하는 일에 생명을 조금도 아까워하지 않았어요.

> 일어나라 빛을 발하라 이는 네 빛이 이르렀고 여호와의 영광이 네 위에 임하였음이니라 보라 어둠이 땅을 덮을 것이며 캄캄함이 만민을 가리려니와 오직 여호와께서 네 위에 임하실 것이며 그의 영광이 네 위에 나타나리니 나라들은 네 빛으로, 왕들은 비치는 네 광명으로 나아오리라 사 60:1–3

위 말씀은 제가 하나님을 만났을 때 받은 말씀이에요. 새벽예배에 다니며 한강에 해가 떠오르는 장면을 볼 때마다 이 말씀을 마음에 새겨주시는 듯했지요. 그래서 제가 만든 가방 브랜드명도 '일어나라 빛을 발하라'라는 뜻의 히브리어 '쿠미오리'였어요. 그때는 그렇게밖에 적용하지 못했지만, 갈수록 이 말씀이 삶에 녹아 늘 뜨거운 가슴으로 달리게 하는 에너지가 되었습니다.

매일 성경공부를 통해 그리스도를 알아가고, 일상의 순종으로 삶의 예배를 드리며, 그 매일이 모여 이제는 열방이 주께 돌아오는 기적을 맛보고 있어요. "주님, 당신은 누구십니까?"(8절)라는 질문에 대한 답이 내 안에 선명할수록 삶을 돌파하는 에너지가 커집니다. 분명한 사명을 갖고 그 일에 목숨을 걸 수 있게 되지요.

나의 행전

1. "주님, 당신은 누구십니까?"에 대한 선명한 답을 갖자. 그분이 내 인생을 책임져 주심을 확신하자.
2. "주님, 무엇을 하리이까?"에 대한 답도 찾자.
3. 정체성과 사명이 분명할 때 사명을 감당할 에너지가 위로부터 채워진다.

50 슬기로운 스펙 사용법 22:22-29

#절묘한 타이밍 #적절한 양면 사용법

유대인의 반응(22,23절)

22 유대인들은 바울의 회심 간증을 듣고 마음이 움직일 만도 한데 변
함없이 "이런 자는 없애버려라. 살려두면 안 된다"라고 소리 질렀어요.
자기들이 개돼지 취급하는 이방인을 구원하는 사도로 부르심을 받았다
고 하니 극도로 흥분했지요. 23 그들은 고함을 치고 옷을 벗어 던지며
반감을 표했는데, 이는 신성모독죄에 대한 반응이었어요. 유대인은 하
나님을 모독하면 죽여야 한다고 생각했기에 바울은 목숨이 위험한 상황
이었습니다.

로마 시민임을 밝힘(24-26절)

24 그러자 천부장이 바울을 병영 안으로 끌어들이라고 명령해요. 그리고 그를 채찍질하여 유대인들이 이렇게까지 소리를 지르는 이유를 심문하라고 하지요. 천부장은 바울의 히브리어 설교를 알아듣지 못한 채 극도로 흥분한 유대인들의 반응만 보고 지시한 거예요.

25 군인들이 채찍질하려 하자 바울이 백부장에게 "로마 시민을 유죄 판결도 내리지 않고 매질하는 법이 어디에 있소?"라고 말합니다. 그는 유대인들의 반감이 더욱 고조될 걸 알았기에 그때까지 로마 시민임을 말하지 않다가 위기의 순간에 밝힙니다.

당시 로마 시민이 누리는 많은 특권 중에 죄가 드러나기 전에는 채찍질을 금하는 조항이 있었어요. 함부로 고문했다간 큰일이 벌어질 수 있었지요. 이전에 바울이 빌립보에서 잡혀 매를 맞고 나중에 로마 시민임을 밝혔을 때 군인들이 떨었던 이유도 이 때문이었어요.

26 백부장이 이 말을 듣고 천부장에게 알립니다.

대우가 달라짐(27-29절)

27 천부장은 바울에게 와서 로마 시민인지를 확인했어요. 28 이어 자기는 돈을 많이 들여 시민권을 얻었다고 하지요. 그러자 바울은 "나는 나면서부터입니다"라고 답해요. 이건 대단히 영예로운 일이었어요. 바울을 향한 천부장의 태도가 확연히 달라졌지요.

바울이 어떻게 로마 시민권을 갖게 되었는지는 명확히 알려지지 않았어요. 그의 부모나 조상이 로마 정부에 크게 공헌해서 시민권을 얻었고,

그 결과 바울도 날 때부터 시민권을 얻었으리라고 추정할 뿐입니다.

29 상황이 이렇게 되자 심문은 없었던 일이 되고 천부장은 바울을 재판도 없이 결박한 일로 로마 정부로부터 문책을 당할까 봐 두려워했어요.

바울은 때에 따라 로마 시민권을 사용합니다. 빌립보 감옥에서는 영혼들을 얻기 위해 죽기까지 매를 맞으면서도 로마 시민임을 말하지 않았어요. 유대인들 앞에서는 히브리어로 발언할 기회를 얻었고, 천부장에게 보호받아야 할 때는 헬라어를 사용했지요. 하나님이 주신 스펙을 어떻게 사용해야 하는지를 분명하게 보여줍니다.

이 대목을 묵상할 때마다 제 아들들이 생각나요. 우리 부부는 공부를 마치고 미국에서 사업을 시작하면서 그곳에 정착할 생각이었어요. 그래서 미국에서 태어난 세 아이는 한국과 미국 시민권을 다 가졌지요. 그로 인해 군대 문제, 한국에서의 외국인 학교 진학, 노후 복지 등에서 혜택을 받을 수 있어서 하나님을 모를 때는 이 시민권을 특혜이자 자격증처럼 여겼어요.

그런데 하나님을 만나고 나니 이것 또한 하나님나라를 위해 주신 이유가 있다는 생각이 들었고, 아이들도 자라면서 저와 같은 생각을 했지요. 특히 큰아이는 북한을 위해 시민권을 쓰라고 주셨음을 확신하고 있어요. 그래서 북한에 가장 영향력 있는 중국 대학으로 진학했고, 그 사명을 향해 걸어가고 있습니다. 하나님이 주신 스펙을 세상 원리에 따라 내 성공과 이익을 위해 쓰는 게 아닌 바울처럼 하나님나라와 영혼을 얻기 위해 지혜롭게 사용하는 우리가 되길 소망해요.

나의 행전

1. 내게 주신 스펙은 무엇인가? 그것을 왜 주셨을까?

2. 하나님나라를 위해 스펙을 어떻게 사용할지 지혜를 구하자.

3. 말씀으로 삶의 기준을 분명히 세우자.

51 미래를 어떻게 알 수 있을까? 22:30-23:11

#멋진 미래를 만드는 확실한 비결 #내 미래는 어떻게 결정되나

공회 앞에서의 해명(22:30, 23:1-5절)

30 다음날 천부장은 유대인들이 무슨 일로 바울을 고소하는지 진상
을 알아보려 했어요. 바울의 결박을 풀어주고 명령을 내려 대제사장과
산헤드린 공회를 소집했지요. 바울은 그들 앞에 서게 됩니다.
1 바울은 공회 앞에서 심문받는 이 기회도 놓치지 않고 복음을 전해
요. 그는 공회를 주목하고는 "동포 여러분, 나는 이날까지 하나님 앞에
서 오로지 바른 양심을 가지고 살아왔습니다"라고 자기변호를 시작합
니다. 2 이 말을 듣고 대제사장 아나니아가 곁에 선 사람들에게 그의 입
을 치라고 명령해요. 그의 말을 강하게 부정하고 공개적으로 모욕을 주
기 위함이었지요.

3 그러자 바울이 담대히 말합니다.

"회칠한 벽이여, 하나님께서 당신을 치실 것이오. 당신이 율법대로 나를 재판한다고 앉아있으면서 도리어 율법을 거슬러 나를 치라고 명령하는 거요?"

여기서 '회칠한 벽'은 겉은 아름답지만 속은 더러운 상태를 뜻해요. 유대 사회에서는 시체에 몸이 닿으면 부정해져서 예배를 드릴 수 없다는 율법 때문에 평토장(봉분을 만들지 않고 평평하게 매장하는 장사)을 하는데 무덤에 회칠을 해서 표시했어요. 그러나 아무리 말끔하게 회칠해도 그 안에는 사람의 뼈와 온갖 더러운 게 가득했지요. 예수님도 바리새인들에게 회칠한 무덤 같다며 "겉으로는 사람에게 의롭게 보이지만 속에는 위선과 불법이 가득하다"라고 말씀하셨어요(마 23:27,28).

이처럼 종교 지도자들을 향한 예수님의 심판의 메시지를 바울이 그대로 말합니다. 율법대로 재판한답시고 앉아있지만, 실상은 율법을 거스르고 있다고요.

4,5 곁에 선 사람이 바울에게 하나님의 대제사장을 모욕하냐고 비난하자 바울은 그가 대제사장인 줄 몰랐다고 말해요. 그가 대제사장답지 않기에 그를 인정하지 않는다는 뜻이지요. 그러면서 성경에 '네 백성의 지도자를 욕하지 말아라'(출 22:28)라고 기록되었다며 자신이 율법을 존중하고 순종한다는 것과 지도자다운 지도자를 비방할 마음이 없음을 밝힙니다. 동시에 아나니아가 대제사장 자격을 전혀 갖추고 있지 않음을 지적해요.

바울의 지혜(6-10절)

이런 소신 발언이 얼마나 위험한지 잘 알았던 바울은 순간적인 기지를 발휘해서 위기를 벗어납니다. 바로 바리새파와 사두개파의 신학적, 정치적 대립 구도를 이용했지요.

6 바울은 공회가 두 파로 구성된 걸 알고 자신이 바리새인임을 밝혀요. 그리고 바리새인들에게 자기가 죽은 사람들이 부활할 거라는 소망 때문에 재판받고 있음을 호소합니다. 부활을 믿지 않는 사두개파의 신학적 문제점을 언급하며 바리새파의 지지를 얻으려는 전략이었지요.

7 이것이 적중하여 두 파 사이에 큰 다툼이 일어나 회중이 나뉘어요.

8 여기서 누가는 두 파의 신학적 차이점을 언급합니다. 사두개인은 부활도 천사도 영도 없다고 주장했지만 바리새인은 다 인정했어요.

9 큰 소동이 일자 바리새인 중 율법학자 몇 사람이 바울 편을 들며 "우리는 이 사람에게서 조금도 잘못을 찾을 수 없습니다. 만일 영이나 천사가 그에게 말해주었으면 어찌하겠습니까?"라고 말해요.

10 싸움이 커지자 천부장은 바울이 그들에게 찢길까 염려하여 군인에게 그를 빼내어 병영 안으로 데려가라고 명령합니다. 공회의 심문은 중단되고, 바울은 안전하게 로마 군인의 병영 안으로 피했지요.

주님의 메시지(11절)

11 그날 밤에 주님이 바울에게 말씀하셨어요.

"용기를 내어라. 네가 예루살렘에서 나의 일을 증언한 것같이 로마에서도 증언해야 한다."

목숨의 위협을 느끼며 홀로 싸우는 바울의 심정이 어땠을까요? 천하의 바울도 외롭고 두렵고 위축되었을 거예요. 그런 그에게 주님은 용기를 북돋우시며 로마에서도 증언해야 한다고 말씀하세요. 이 말씀에는 그가 죽지 않고 반드시 로마에 간다는 하나님의 뜻이 담겨있었습니다. 아마 큰 힘과 위로가 되었을 거예요.

바울은 이후 벨릭스 총독과 베스도 총독, 아그립바 왕 앞에서 심문을 받아요. 그때마다 자기변호를 하는데 내용은 전부 복음이었어요. 그의 인생이 복음으로 가득했기 때문이지요. 그의 법정 자기변호를 통해 로마의 리더십들에게 복음이 선포됩니다.

주님은 바울이 예루살렘에서 복음을 전한 것처럼 로마에서도 전해야 한다고 하셨어요. 바울이 로마에 항소함으로 결국 황제 앞에서 재판을 받았다는 기록으로 보아, 그는 로마 황제에게도 복음을 선포했을 거예요. 로마가 세계를 제패할 때 연약한 바울을 통해 위대한 하나님의 복음이 선포됩니다.

하지만 그는 결국 형장의 이슬로 생을 마감했어요. 그리고 얼마 후인 주후 300년경 그와 그의 동역자들이 흘린 피로 로마에서 기독교가 국교로 승인됩니다.

바울이 살았던 1세기에는 네로 황제와 도미티아누스 황제의 가혹한 기독교 탄압이 있었어요. 히브리서에 보면 1세기 그리스도인들은 돌로 맞거나 톱질을 당하거나 칼에 맞아 죽거나 궁핍과 고난, 학대를 받았다고 나와요(히 11:37). 그러나 극심한 환란과 핍박만큼 그들은 정결했어요. 세계를 제패한 로마가 타락한 것에 반해 그리스도인들은 정결한 주님의 신부로 준비되었습니다.

2세기가 되자 타락할 대로 타락한 로마의 상류층에서 정결한 신부를 찾으며 그리스도인을 아내로 맞기 시작했어요. 그리스도인 아내는 남편을 전도했고 자녀를 말씀으로 양육했지요. 그 결과 3세기에 기독교가 로마 국교가 됩니다. 예수님을 비롯해 수많은 기독교인을 핍박했던 로마가 기독교를 국교로 삼은 거예요. 원대한 하나님나라의 역사입니다.

우리의 시선을 예수 그리스도께 고정할 때 이 원대한 그림이 보이기 시작해요. 비록 고난 속에서 복음을 전하다가 생을 마감하더라도 뿌려진 복음의 씨앗은 주님으로 인해 싹이 나고 결실합니다. 그렇게 하나님나라는 도도히 이어지지요.

"로마에서도 증언해야 한다"라고 하신 하나님의 말씀이 바울을 일으켰을 거예요. 그 말씀에 힘입어 다시 용기를 내어 벨릭스, 베스도, 아그립바, 로마 황제 앞에서 담대히 복음을 전했겠지요. 바울은 고린도에서 보낸 로마서에서 로마 교회를 베이스캠프로 라틴어권 선교의 꿈을 이미 밝혔듯이 그가 로마로 가야 함을 알고 있었어요. 다만 죄수의 몸으로 갈 줄은 상상도 못 했지요.

세상적으로는 죄수의 몸, 망한 인생으로 로마까지 끌려갔지만, 하나님은 당시 세계 최정예 부대인 로마 군대를 붙여 바울을 죽이려는 유대인의 위협으로부터 보호하셨고, 엄청난 비용이 드는 로마 길을 로마 정부가 부담하여 지나게 하셨어요. 무엇보다 죄인이란 신분을 사용하여 황제 앞에 설 기회도 주셨지요. 이것이 우리의 생각을 뛰어넘어 일하시는 하나님의 지혜예요!

제 인생도 이렇게 퍼즐 조각이 맞춰지는 걸 보며 감격하곤 해요. 한때 새벽마다 주님께 마음을 쏟아놓으면 그분은 늘 북한을 살리는 가정이 되라고 말씀하셨어요. '내 자식도 못 먹이는 상황에서 무슨 수로 북한을 살릴까' 생각하면서도 그 말씀을 붙잡고 묵묵히 15년을 걸어왔지요.

그런데 52패밀리로 전국 보육원 아이들을 부모의 마음으로 먹이고 52마켓으로 건강한 먹거리를 만들면서 그 그림이 조금 더 선명해졌어요. 이렇게 한 걸음씩 가다 보면 언젠가 북한을 영육으로 살리는 가정이 될 줄 믿어요. 제가 이루지 못하더라도 대를 이어 성취되리라 믿습니다.

하나님께 사로잡혀 순종하는 오늘이 멋진 내일을 만들어요. 지금 고난 속에 있든, 재능과 가능성이 있든 없든, 돈이 얼마 있든, 나이가 많든 적든 중요하지 않아요. 성경은 하나님의 꿈을 함께 꾸는 사람을 '청년'이라고 말해요. 그래서 우리는 내 조건과 상관없이 하나님나라의 청년이 되어 미래를 준비할 수 있답니다.

나의 행전

1. 생명이 주님께 달려있음을 확신할 때 담대할 수 있다.
2. 지식과 정보를 내 유익이 아닌 하나님 뜻대로 사용하자.
3. 오늘의 작은 순종이 내일의 비전을 만든다. 하나님께 사로잡혀 그분의 꿈을 꾸자.

52 절망적인 현실을 대하는 태도 23:12-35

#세상의 공격도 쓰시는 하나님 #하나님의 보호

살다 보면 오해를 받기도 하고 누군가의 계략에 빠지기도 합니다. 그럴 때 어떤 태도를 취해야 할까요?

바울을 죽이려는 음모(12-15절)

12 날이 새니 유대인들이 모의하여 바울을 죽이기 전에는 먹지도 마시
지도 않겠다고 맹세해요. 이는 바울을 죽이지 못하면 자신이 저주를 받
겠다는 결단이었지요. 13 이 모의에 가담한 사람이 40명이 넘은 걸 보면
바울이 얼마나 심각한 위험에 처했는지 가늠할 수 있어요.
14,15 그들은 대제사장들과 장로들에게 가서 말합니다.

"우리는 바울을 죽이기 전에는 아무것도 입에 대지 않기로 굳게 맹세했습니다. 그러니 이제 여러분은 의회와 짜고 바울에 관한 일을 좀 더 정확하게 알아보려는 척하며, 천부장에게 청원하여 바울을 여러분 앞에 끌어내어 오게 하십시오. 우리는 그가 이곳에 이르기 전에 그를 죽일 준비를 다 해놓았습니다."

맹세를 아주 중요하게 생각하는 대제사장과 장로들에게까지 찾아가 계획을 말했다는 건 그들의 의지가 얼마나 확고했는지를 보여줘요.

그런데 바울은 이때 죽지 않고 가이사랴에만 2년 동안 있었어요. 그러면 유대인들은 결의한 대로 죽었을까요? 당시 랍비의 법에 의하면 서

원 이행이 불가능해졌을 경우에 서원한 사람이 서원의 요구 조건에서 해방되었다고 해요. 아마도 이들은 자진 해산했을 거예요.

하나님이 보호하심(16-22절)

16 다행히 바울의 누이의 아들이 이 음모를 듣고 서둘러 병영으로 들
어가 바울에게 알려줍니다. 17 그러자 바울이 한 백부장을 불러 "이 청
년을 천부장에게 인도해주십시오. 그에게 전할 말이 있습니다"라고 합니
다. 18 백부장은 그를 천부장에게 데려가 죄수 바울의 부탁으로 청년을
데려왔다고 말하지요.

19-21 천부장이 아무도 없는 곳으로 청년을 데려가서 전할 말이 무엇
인지 묻자 청년은 유대인들의 바울 살해 계획을 전하며 그들의 말에 넘
어가지 말라고 부탁합니다. 22 천부장은 아무에게도 이 일을 말하지 말
라고 당부한 뒤에 그를 돌려보내요.

벨릭스 총독에게 호송(23-30절)

23,24 천부장이 두 백부장을 불러 명령했어요.

"오늘 밤 아홉 시에 가이사랴로 출발할 수 있도록 보병 200명과 기병 70명과 창병 200명을 준비해라. 또 바울을 벨릭스 총독에게로 무사히 호송할 수 있도록 그를 태울 짐승도 마련해라."

이는 예루살렘 성전 수비대의 절반에 해당하는 인원이었어요. 또 밤에 출발하게 해서 유대인 결사대로부터 바울을 보호하는 데 만전을 기했지요.

25-29 천부장은 벨릭스에게 편지도 씁니다. "글라우디오 루시아는 삼
가 총독 벨릭스 각하께 문안드립니다"라며 공문서의 형식으로 시작해
요. 그는 바울이 유대인들에게 붙잡혀 죽임을 당할 뻔했는데 자기가 로
마 시민임을 알고 구했다고 말하지요.

또 유대인들이 무슨 일로 그를 고소하는지 알아보려고 그들의 의회로 데려갔지만, 바울이 유대 율법의 문제로 고소당했을 뿐 사형이나 갇힐 만한 죄는 발견하지 못했다고 말합니다.

30 그런데 바울을 해하려는 음모가 있어 당장 총독에게 보낸다고 해
요. 그를 고발하는 자들에게도 총독에게 제소하라고 지시해두었다고
적습니다. 천부장의 편지에는 자신이 바울의 문제를 잘 처리했음을 부
각하려는 정치적 의도가 다분히 담겨있었어요.

가이사랴에 무사히 도착(31-35절)

31 군인들은 명령대로 밤에 바울을 예루살렘과 가이사랴 중간에 있는
안디바드리로 데려갔어요. 32 그리고 다음 날 기병들에게 호송을 맡기
고 병영으로 돌아왔지요. 33 기병들이 가이사랴에 이르러 천부장의 편지
를 총독에게 전하고 바울을 그 앞에 세웠습니다.

34 총독은 편지를 읽고서 바울이 자신의 재판 관할 지역의 사람인지
확인하려고 어느 지방 출신인지를 물었어요. 그는 바울이 길리기아 출신
임을 알고 35 "그대를 고소하는 사람들이 도착하면 그대의 말을 들어보
겠네"라고 말한 뒤에 그를 헤롯 궁에 가두고 지키라고 명령합니다.

이는 바울이 로마 시민이기에 공식 재판을 열겠다는 뜻이에요. 하나

님께서 로마 군인을 사용하셔서 그를 안전하게 보호하셨지요.

저는 아들이 군대에서 하나님을 깊이 만나게 해달라고 기도했어요. 사실 군 복무를 허비하는 시간으로 여길 수도 있지만, 문득 하나님이 사람을 쓰시기 전에 단련하시는 '숨겨진 시간'이란 생각이 들었지요.

어느 날, 큰아들로부터 자대 배치 때문에 계속 시험을 본다고 연락이 왔어요. 행정직으로 가길 원하는데 경쟁률이 높지만 하나님을 의지하며 최선을 다하겠다고 하더군요. 그런데 실수로 전과(轉科)하기 전 학과를 적었는데 놀랍게도 그 실수 때문에 원하는 자대로 배치를 받았다고 해요. 아들은 하나님이 실수도 사용하셨다며 놀라워했지요.

모세도 미디안 광야에서 40년을 훈련했고, 다윗도 사울에게 쫓기는 광야 생활을 거쳤어요. 갇힌 듯한 숨겨진 시간 동안 주의 청년들이 하늘나라 군사로 준비되기를 간절히 바라요.

나의 행전

1. 사람의 계획이 하나님을 막을 수 없다.
2. 바울을 음해한 유대인 결사대는 의도치 않게 바울이 로마로 가는 길을 터주었다. 삶의 일점일획까지도 계획하시는 하나님의 절대주권을 신뢰하자.
3. 주님의 계획을 신뢰하면 사방이 가로막힌 상황에서도 평안할 수 있다.

10장

총독들과 왕 앞에서 심문받음 24-26장

53 부당한 고소와 협박 앞에서 두려울 때 24:1-9

#힘과 권력 앞에 두려울 때 #환란의 실체 #진짜 권력은 무엇인가

우리는 세상의 힘과 권력 앞에서 주눅들 때가 있어요. 때로 부당한 고소와 협박으로 억울할 때도 있고요. 이럴 때 성경은 어떻게 대응하라고 말씀하는지 살펴보아요.

바울을 재판하는 인물들(1절)

1 바울이 가이사랴에 도착해 헤롯 궁에 갇힌 지 닷새가 지났어요. 대제사장 아나니아가 몇몇 장로와 더둘로라는 변호사와 함께 내려와 그를 고소합니다. 이 재판은 등장인물을 먼저 이해할 필요가 있어요.

우선 대제사장 아나니아는 요세푸스의 기록에 의하면 당대 유대인의 최고 권력이었던 대제사장직을 얻기 위해 전임 대제사장을 음모로 죽이고 그 자리를 차지한 권모술수의 달인이었어요.

신구약 중간시대를 지나오면서 대제사장은 더 이상 하나님과 상관없는 권력으로 전락합니다. 그런데 로마는 식민지의 종교권을 인정했기에 대제사장은 유대인에게 실질적인 권력을 행사할 수 있었고, 성전을 중심으로 환전과 제물 장사로 막대한 돈을 벌어들였습니다.

한편 더둘로는 당대 최고의 변호사였어요. 헬라어와 히브리어에 능통해 로마와 유대인 간의 송사를 해결하는 국제 변호사 역할을 했는데 언변이 탁월했다고 합니다. 화려한 스펙으로 유력자의 편에 서서 변호하며 진실과 정의보다 돈을 좇아 세상 원리대로 사는 사람이었지요.

끝으로 벨릭스 총독은 요세푸스뿐 아니라 로마 역사가들도 아주 사악한 인물로 묘사합니다. 그는 노예에서 총독이 된 특별한 사연이 있었어요. 한때 황제의 어머니의 종이었던 그는 엽기적인 행각으로 유명했던 글라우디오 황제의 비위를 잘 맞춰 자유인이 되었고, 황제 옆에서 막대한 돈을 벌어 유대 총독의 지위를 샀지요. 그뿐 아니라 대헤롯의 손녀와 결혼함으로 완벽한 신분 세탁을 하여 권력과 돈을 손에 넣었습니다.

바울은 철저히 세상 논리로 사는 사람들에게 고소를 당해 재판받는 처지에 놓여있었어요.

더둘로의 고소(2-9절)

2,3 고소자들이 도착하자 총독은 바울을 불러냅니다. 변호사 더둘로는 기다렸다는 듯이 그를 고발해요. 벨릭스에게 '총독님'(각하)이라는 깍듯한 존칭을 붙이며 극진한 찬사로 시작해요.

"벨릭스 총독님, 우리는 총독님 덕분에 크게 평안을 누리고 있습니다. 그리고 각하의 선견지명의 덕택으로 이 나라의 개혁이 많이 이루어졌습니다. 우리는 어느 면으로나 어디서나 이를 인정하며 감사하여 마지않습니다."

아첨의 정점을 찍지요. 실상 벨릭스는 부도덕했고 유대인을 잔인하게 탄압하여 유대인들이 심히 혐오했습니다.

4 그럼에도 소문대로 더둘로의 언변은 놀라웠어요. 존귀한 벨릭스의 시간을 낭비하지 않도록 짧게 요약해서 고발하겠다고 합니다.

5 그는 바울을 '전염병 같은 자'로 표현해요. 그가 전하는 복음을 위
험한 전염병으로 규정하며 괜한 경각심과 불안감을 일으킵니다. 또 바
울을 온 세계 유대인에게 소란을 일으키는 '나사렛 이단의 우두머리'라고
하며 로마제국을 어지럽히는 위험한 집단의 수장 취급을 하지요. 로마
관리들이 소요에 민감하다는 걸 알고 종교적 고소를 정치적 고소로 둔
갑시켜 말합니다.
6 이어 종교적인 문제도 짚고 넘어가요. 바울이 성전까지도 더럽히려
해서 붙잡았다고요. 정치 문제로 판결이 나지 않을 경우를 대비해 유대
인의 종교법으로 유일하게 사형할 수 있는 신성모독죄를 씌운 거예요.
7 (6절 하반부터 8절 상반까지 없음) 8 정작 결정적 증거나 증인도 없으면서
말로 끝까지 덮으려 하지요. "총독님께서 친히 그를 심문하시면 우리가
그를 고발하는 이유를 다 아시게 될 것입니다"라고요. 9 그러자 유대인
도 합세하여 그의 말이 전부 사실이라고 주장했어요.

이 재판의 구도는 우리가 세상을 살면서 맞닥뜨리는 구도와 흡사해요. 세상은 세상의 원리로 주님의 자녀를 고소하고 위협합니다. 진리에는 관심이 없고 오직 자기 이익과 성공과 권력을 위해 달려가지요. 게다가 힘도 세고 주도적인 것처럼 보입니다.

바울은 벨릭스의 말 한마디에 죽을 수도 있는 처지였어요. 이런 상황에서 눈앞의 현실만 본다면 벌벌 떨며 어떻게든 잘 보이려 했을 거예요. 그러나 그는 생명의 주관자이신 하나님께 시선을 고정했기에 당당했습니다. 오히려 그들을 설득하고 복음을 담대히 전했지요.

바울처럼 세상 권세와 거짓말 앞에 부당하게 고통받고 있나요? 하나님이 허락하신 축복의 기회로 여기세요. 온전히 그분을 의지함으로 신앙이 성장하고 온 천하에 하나님의 살아계심을 드러내는 기회로요.

"내가 온 것은 양으로 생명을 얻게 하고 더 풍성히 얻게 하려는 것이라"(요 10:10) 말씀하신 그리스도 안에서 생명을 풍성히 얻고 누리는 우리가 되길 소원해요.

나의 행전

1. 세상과 주님 중에 누가 진짜 권력자인가? 내가 두려워해야 할 대상을 명확히 바라보자.
2. 환란 너머 실재를 본 바울처럼 세상이 감당하지 못하는 하나님의 사람이 되자.

54 인생의 문제를 확실히 푸는 방법 24:10-27

#극복할 수 없는 어려움을 이겨내는 방법 #분명한 메시지

살다 보면 풀 수 없는 문제와 극복할 수 없는 어려움을 만나요. 하나님은 바울을 통해 그런 순간에 어떻게 극복하고 이겨내야 할지를 가르쳐주세요.

바울의 자기변호: 고소에 대한 반박(10-13절)

10 총독은 바울에게도 변호할 기회를 주었어요. 바울은 총독이 여러 해 전부터 유대를 다스려 유대 상황을 잘 알고 있으므로 기쁜 마음으로 변호하겠다고 말해요. 그와 더둘로의 말은 처음부터 차이가 있어요. 더둘로는 극존칭을 쓰며 아첨하는 말로 총독을 높였지만, 바울은 총독을 재판장으로서 존중하면서도 사실만 말합니다.

11,12 자기변호도 아주 객관적으로 해요. 먼저 자신이 예루살렘에 예배하러 올라간 지 12일밖에 안 되었기에, 자신을 고발한 사람들이 그가 성전이나 회당이나 성안에서 누구와 논쟁하거나 군중을 선동해서 모으는 걸 보지 못했다고 해요. 소동을 피울 시간이 없었다는 거지요.

13 또 그들이 자신을 고발할 어떤 증거도 제시하지 못한다고 합니다.

바울의 자기변호: 이단설 반박(14-16절)

14 그는 유대인들이 이단으로 몰아붙이는 '도'를 따라 조상의 하나님을 섬기고 율법과 예언서에 기록된 모든 걸 믿는다고 말해요. 15 또 자신이나 고발자들이나 의인과 악인의 부활을 똑같이 소망한다고 해요. 자기도 고발자들처럼 구약성경과 부활을 믿는데 왜 이단으로 간주하냐는 거지요. 16 또 구약성경과 부활을 믿기에 항상 하나님과 사람 앞에서 양심에 거리낌이 없기를 힘쓴다고 말합니다.

바울의 자기변호: 성전 모독설 반박(17-21절)

17 바울은 자기 민족에 대한 구제금을 전달하고 하나님께 제물을 바

치려고 여러 해 만에 고국에 돌아왔다고 해요. 18 고발자들은 자신이 제
물을 바치는 절차로 성전에서 정결 예식을 행하는 건 보았지만, 소동을
일으키는 건 보지 못했다고 말합니다. 즉 예루살렘을 방문한 동기가 선
하고 성전에서 마땅히 지켜야 할 예식을 행했을 뿐이라는 거예요.

19 고발 내용이 사실이라면 그 자리에 있던 아시아에서 온 몇몇 유대
인이 직접 총독에게 고발했어야 마땅하다고 해요. 20 그렇지 않으면 자
신이 공회 앞에 끌려갔을 때 잘못한 일을 찾아냈는지 말해보라고 합니
다. 대제사장과 장로들이 공회원으로 그 자리에 있던 증인이니 본 걸 말
해보라는 거지요.

21 당시 자신은 부활에 대해 말했을 뿐인데 사두개파가 그걸 죄로 규
정했다고 항변합니다. 결국 바울은 자신이 로마법과 아무 관련이 없는
종교에 대해서만 말했으므로 무죄라고 주장해요.

판결 연기(22,23절)

22 벨릭스는 유대인의 도와 관련된 일을 자세히 알고 있었기에 천부장
루시아가 내려오면 소송을 처리할 거라고 말하며 심문을 연기합니다.
23 그리고 백부장에게 바울을 지키되 자유를 주고 그의 친지가 돌보는
걸 막지 말라고 명령해요. 바울이 로마 시민임을 고려한 대우이자 벨릭
스도 그의 무죄를 확신하고 있음을 엿볼 수 있지요.

바울의 감옥 생활(24-26절)

24 며칠 뒤에 벨릭스가 유대 여자인 아내 드루실라와 함께 와서 바울

을 불러냅니다. 그리고 그리스도 예수를 믿는 믿음에 관해 설명을 들어요. 아마 드루실라가 듣고 싶어 했던 것 같아요.

벨릭스의 세 번째 부인인 그녀는 대헤롯의 손녀로 수리아에 있는 에메사의 왕 아시수스와 정략결혼을 했어요. 그런데 부도덕하고 음탕해서 결국 이혼하고 야망에 눈먼 벨릭스와 또 결혼했지요.

25 바울이 의와 절제와 장차 올 심판을 말하자 벨릭스가 두려워하며 "이제 그만하면 됐으니 가시오. 기회가 있으면 다시 당신을 부르겠소"라며 바울을 돌려보냅니다.

'의'는 하나님께서 죄를 미워하시는 것, '절제'는 자유분방하고 부도덕한 생활을 멀리하는 것, '심판'은 의와 절제를 실천하지 않을 때 임하는 것이지요. 돈과 권력과 색욕을 좇으며 불법적인 결혼을 세 번이나 한 벨릭스는 바울의 말에 큰 두려움을 느낀 것 같아요.

26 그러나 그에겐 미래의 두려움보다 현실의 이익이 더 컸어요. 바울이 재판 중에 구제금을 들고 본국에 왔다는 말을 듣고 돈으로 협상하기를 은근히 기대했지요. 그래서 바울을 자주 불러내어 이야기를 나누었습니다.

베스도가 후임으로 오다(27절)

27 2년 후 보르기오 베스도가 벨릭스의 후임으로 왔어요. 많은 학자는 벨릭스가 주후 59-60년 사이 가이사랴에 일어난 유대인과 이방인 사이의 분쟁을 제대로 처리하지 못해 공직에서 해임되었다고 말합니다. 그는 유대인의 환심을 사려고 바울을 2년이나 가둬두었어요.

이 재판의 등장인물들을 통해 하나님은 분명한 메시지를 주세요.

- **아나니아 대제사장**: 권모술수로 권력을 잡고 거짓 증인을 세우는 등 불법으로 바울을 로마 정부에 고소함.

- **더둘로**: 당대 유능한 국제 변호사로 자기 재능을 정의와 공의 대신 가진 자의 편에서 이익을 추구하는 데 사용함.

- **벨릭스 총독**: 권모술수로 노예에서 총독이 되는 드라마 같은 인생을 살다가 바울이 전한 복음 앞에 찔림을 받지만, 세상 유혹을 버리지 못해 돈과 정치적 이익을 바라며 죄 없는 바울을 계속 구금함.

- **드루실라**: 부도덕하고 음란한 인생을 살다가 바울이 전한 복음을 듣지만, 여전히 마음을 돌이키지 않음.

이들의 공통점은 자기 이익을 위해서라면 양심도 버리고 거짓말도 하고 죄 없는 사람을 곤경에 빠뜨리기도 한다는 거예요. 목적을 위해 수단과 방법을 가리지 않는 건 예나 지금이나 변치 않는 세상의 원리예요.

이 거대한 세상 권세에 맞서 바울은 오직 진리에 목숨을 겁니다. 만물의 창조자, 역사의 주관자이신 하나님의 주권을 믿었지요. 소용돌이치는 음모와 모함 속에서 목숨을 구걸하거나 타협하지 않고 기회가 주어질 때마다 담대히 복음을 전했습니다.

내 생명과 인생이 하나님 손에 달려있다는 믿음이 확고할 때 우리는 바울과 같이 걸어갈 수 있어요. 한 치 앞을 모르는 환란 속에서도 그리스도 예수 안에 있는 지혜와 지식의 모든 보화를 캐내어 풍성히 누릴 수 있답니다.

코로나19와 같은 엄청난 환난도 보화를 캐내는 도구가 될 수 있어요. 2020년 상반기에 저는 어렵게 일군 사업이 절벽에 내몰렸어요. 그해 연말까지 폭풍우 속에서 묵묵히 버티다가 2021년에 결국 접었지요. 그런데 사업의 실패와 동시에 숨겨진 새로운 시작을 믿음의 눈으로 발견했어요. 그리고 순종하는 마음으로 실행에 옮겼더니 놀랍게 결실했습니다.

환난 속 믿음은 우리를 성실하게 만들고 밝은 미래를 안겨줘요. 오늘 여러분의 태도가 내일을 말해주는 거예요. 힘들수록 예수 그리스도께 시선을 고정하세요. 인생의 문제가 풀리기 시작합니다.

나의 행전

1. 문제만 보지 말고 문제를 내신 하나님께 답을 구하자.
2. 말씀에 근거한 삶의 기준이 분명하면 환란이 새로운 기회가 될 수 있다.
3. 그리스도 안에서 지혜와 지식의 모든 보화를 캐내어 삶의 문제를 풀어가자.

55 보장된 삶의 클래스 25:1-12

#하나님께 상소하자 #자기 목숨을 잃는 자는 얻으리라

성경은 "너희는 먼저 그의 나라와 그의 의를 구하라 그리하면 이 모든 것을 너희에게 더하시리라"(마 6:33)라고 말씀하세요. 하나님나라에 '올인'하는 자를 반드시 책임지신다는 말이지요.

이번엔 베스도(1-5절)

1 벨릭스가 유대에 일어난 소요를 지나치게 강경 진압해서 수많은 인명피해가 발생하자 해임되었어요. 그리고 후임자 베스도가 부임한 지 사흘 뒤에 맡은 지역을 시찰하기 위해 총독 관저가 있는 가이사랴를 떠나 예루살렘으로 올라갑니다.

2,3 대제사장들과 유대 지도자들은 새로운 총독에게 바울을 다시 고발하고 그를 예루살렘에 불러올려 자기들이 종교법으로 재판하게 해달라고 끈질기게 간청해요. 실은 길에 사람을 매복시켜 바울을 죽일 계획이었지요. 그들도 합법적으로 죽일 수 없다는 걸 알았던 거예요.

또 새로 부임한 총독은 유대 지도자들과 협력 관계를 구축해야 하기에 웬만하면 청을 들어준다는 걸 이용하려 했지요. 2년 전에 못 이룬 꿈을 이 기회에 어떻게든 성취하려 했어요. 바울을 향한 이들의 증오심이 얼마나 컸는지 느껴지나요? 이는 영적인 문제에서 기인했기에 시간이 갈수록 사그라들기는커녕 증폭됐어요. 잘못된 신념이 수단과 방법을 가리지 않고 바울을 죽여야 한다는 목표로 변질되었지요.

4,5 베스도는 바울이 가이사랴에 무사히 감금되어 있으며 자기도 곧 가이사랴로 돌아갈 거라고 말한 후에 바울에게 잘못이 있거든 함께 내려가서 고발하라고 해요. 요청의 절반은 들어주었지요.

다시 고발함(6-8절)

6 베스도가 8-10일 동안 예루살렘 시찰을 마치고 가이사랴에 도착한 이튿날 바로 재판이 열렸어요. 그는 바울을 데려오라고 명령합니다. 유대인들이 이 사안에 얼마나 민감한지 알고 즉시 반응한 거예요.

7 바울이 나타나자 예루살렘에서 내려온 유대인들이 그를 에워싸고 여러 무거운 죄목을 걸어 고발했지만 아무 증거도 대지 못했어요.

8 바울은 "나는 유대인의 율법이나 성전이나 황제에 대하여 아무 죄도 지은 일이 없습니다"라며 자신이 종교적으로나 로마 정부에 범죄하지 않았음을 분명히 밝힙니다.

황제에게 상소함(9-12절)

9 증인이나 증거 하나 없는 명백한 무죄 앞에 베스도 역시 판결하지 못해요. 그는 유대인의 환심을 사고 싶은 정치적 욕심이 있었기에 바울에게 예루살렘에 올라가 자기 앞에서 재판받지 않겠냐고 제안합니다.

이로써 유대인의 말을 들어주어 우호 관계를 맺을 수 있고, 바울도 이 상황을 종결할 수 있고, 자기는 로마 시민에게 책임을 다한 것이기에 모두를 만족시키는 제안이라고 생각했지요.

10,11 그러나 바울은 단호히 말합니다.

"나는 지금 황제의 법정에 서있으니 여기서 재판을 받아야 합니다. 각하도 잘 아시는 대로 나는 유대인에게 조금도 잘못한 게 없습니다. 만일 내가 사형을 받을 만한 나쁜 짓을 저질렀다면 죽기를 마다하지 않겠습니다. 그러나 나를 고발한 이들의 고발 내용에 아무 근거가 없으면 누구도 나를 그들에게 넘겨줄 수 없습니다. 나는 황제에게 상소합니다."

당시 황제에게 상소한 사항은 중간에 기각될 수 없었어요. 바울은 로마 황제 앞으로 가게 되었지요.

12 베스도는 배심원들과 협의하고 바울의 상소 신청을 허락합니다.

바울은 하나님께서 그가 로마에서도 복음을 전해야 한다고 말씀하셨기에 로마행을 예상하고 있었어요. 다만 가는 방법이 두 가지였지요.

첫째는 예루살렘에서 재판을 받고 풀려나 자유의 몸으로 가는 것, 둘째는 황제에게 상소해 죄수의 신분으로 가는 것. 전자는 길에서 죽을 위험이 도사렸고 후자는 중간에 풀려날 수 없으니 무조건 가야 했지요. 그는 주저 없이 후자를 택합니다. 사명이 분명했기 때문이에요.

"자기 목숨을 얻는 자는 잃을 것이요 나를 위하여 자기 목숨을 잃는 자는 얻으리라"(마 10:39)라는 말씀이 떠올라요. 우리가 예수님의 생명 안에 들어가면 참 생명을 보장받습니다. 하나님나라에 올인하면 그분이 보호해주실 뿐 아니라 사명을 감당하도록 반드시 도우시지요.

당시 사람들은 바울이 사소한 일(복음 전하는 일)로 황제에게 상소해서 목숨을 건다고 생각했을 거예요. 그런데 그의 순종은 훗날 로마의 기독교 국교화에 크게 이바지했고, 2천 년이 지나도록 복음이 전해지는 데 일조했지요. 이것이 원대한 하나님나라 안에서 맡은 사명을 충실히 완수한 삶의 열매랍니다. 제게도 '북한을 살리는 가정'의 사명이 있어요. 처음엔 우리 가정만의 사명인 줄 알았는데, 우리 가정을 포함해 52패밀리의 사명임을 깨달았지요. 주님이 주신 원대한 사명을 위해 제게 맡기신 작은 일에 충성을 다하기로 다짐합니다.

나의 행전

1. 사단은 우리를 집요하게 공격한다. 전신갑주로 무장하여 대응하자.
2. 사명을 따라 살면 내 삶은 하나님께서 책임지신다.
3. 바울이 로마 황제에게 상소하듯 삶의 억울하고 힘든 일을 주님께 가지고 나아가자.

56 부조리한 세상을 대하는 태도 25:13-27

#정당하지 않은 세상 #주님 손안에서 역사가 바뀐다

살다 보면 공정하지 않은 상황을 맞닥뜨리게 됩니다. 하나님의 자녀는 이런 세상에서 어떤 태도로 살아야 할까요?

아그립바 왕에게 바울 일을 말함(13-21절)

13 바울이 황제에게 상소한 지 며칠 뒤에 아그립바 왕(2세)과 버니게가
새로 부임한 베스도에게 인사하려고 가이사랴에 왔어요. 아그립바 2세
는 벌레에 먹혀서 죽은 아그립바 1세(행 12장)의 아들이자 대헤롯의 증손
자로, 어린 시절 로마에서 글라우디오 황제와 가깝게 지낸 덕에 왕이 되
었고 황제의 두터운 신임을 얻었어요. 또 동행한 버니게는 아그립바의
누이동생으로 근친상간하는 관계였지요.

14,15 그들이 여러 날 지내는 동안에 베스도가 바울의 고발 사건을
말해요. 유대 상황에 더 밝은 아그립바 왕과 버니게에게 자문하려 한 것
같아요. 왜냐면 바울이 황제에게 상소함으로 일이 커지자 베스도가 책
임자로서 사전 준비를 해야 했거든요. 만약 황제가 아무것도 아닌 일로
바울을 보냈다고 생각하여 그를 문책할 수도 있었지요.

베스도는 선임인 벨릭스가 바울을 가둬두었는데, 자신이 부임한 후 시찰하러 유대에 갔을 때 유대인의 대제사장과 장로들이 바울을 고발하고 유죄판결을 청했다고 말합니다.

16,17 그러나 로마인의 관례로는 피고가 원고를 직접 대면해 고발한
내용에 대해 변호할 기회를 갖기 전에는 피고를 넘겨주는 일이 없기에 유
대 지도자들이 함께 왔고, 그는 다음날 재판을 열어 바울을 불러오게 했
다고 그간의 경위를 설명합니다.

18 원고들이 일어나서 바울을 고발할 죄목을 늘어놓았지만 베스도는
악한 일을 하나도 찾지 못했다고 해요. 19 고발 내용은 단지 '유대인의
종교'와 '예수라는 이의 부활'에 관한 주장이었지요.

20 로마법을 어긴 게 아닌 유대 종교에 관한 문제라 베스도는 자신이
어떻게 심리해야 할지를 몰라서 바울에게 예루살렘으로 올라가 재판받
기를 원하는지 물었지만 21 바울은 황제에게 항소했고 가이사랴 감옥에
그대로 있게 해달라고 호소하므로 그를 황제에게 보낼 때까지 가둬두라
고 명령했다고 해요. 베스도는 자신이 로마 관리로서 로마법에 따라 공
정하게 일을 처리했다고 말하는 거예요.

아그립바 왕 앞에 서다(22-27절)

22 설명을 들은 아그립바는 바울이 궁금했어요. 그가 "나도 그 사람
의 말을 직접 들어보고 싶습니다"라고 하자, 베스도는 "내일, 그의 말을
들어보십시오"라고 답합니다.
23 이튿날 아그립바와 버니게가 위엄을 갖추고 나와 고급 장교들과
도시의 주요 인사들과 함께 심문 장소로 들어갔어요. 사건의 중요성과
높은 관심도가 나타나지요. 베스도가 바울을 끌어내라고 명령합니다.
24 베스도는 아그립바 왕 앞에서 공식적으로 모든 유대인이 바울을
죽이라고 청원했다고 말해요. 25 그러나 자신은 바울이 사형을 받을 만
한 일을 하지 않았다고 판단하지만, 바울 스스로 황제에게 상소했으므
로 그를 보내기로 작정했다고 설명합니다.
26 다만 그에 관해 황제에게 올릴 만한 확실한 자료가 없어 그를 심
문하여 자료를 얻으려고 아그립바 앞에 세웠다고 말해요. 27 죄수를 보
내면서 죄목도 제시하지 않는 건 이치에 맞지 않으니까요.

이 장면을 보면 예수님의 마지막 재판이 떠올라요. 재판이 진행될수록

무죄가 선명히 드러났지만 결국 예수님은 십자가형을 받으셨지요.

바울의 상소는 단순한 재심 요구가 아닌 전쟁 선포였어요. '상소하다'라는 헬라어는 법정 용어지만 로마 군대가 전쟁에 출정할 때 선언하던 말이기도 했지요. 바울은 베스도 앞에서 로마로 향하는 복음 출정식을 선포한 거예요. 전쟁은 시작되었고, 결국 복음이 승리합니다!

세상에 속한 사람은 양심에 가책을 느껴도 이익 앞에서 선뜻 공정하게 행동하지 못해요. 요세푸스의 기록에 의하면 베스도는 꽤 공정하고 평판도 좋았지만 거기까지였어요. 정치인으로서 불이익을 당하면서까지 정의와 공의를 펼칠 생각은 없었지요.

사실 저도 보육원 선물 프로젝트를 하면서 막내 아이가 많이 다치고 회사에 큰 어려움이 있었어요. 그러나 이것이 복음을 전할 때 몰려오는 사단의 공격임을 알았고, "이래도 계속할래?"라고 묻는다면 1초의 망설임도 없이 "당연하지!"라고 맞받아칠 담대함이 있었지요. 다시금 우리의 생명이 하나님께 달려있으며 은혜 아니면 무엇도 할 수 없는 연약한 존재임을 느꼈습니다.

우리는 그리스도 안에서 모든 걸 넉넉히 이길 수 있어요. 그 무엇도 우리를 하나님의 사랑에서 끊을 수 없지요. 그렇기에 바울처럼 주님이 부르신 자리에서 복음 출정식을 선포해야 해요. 이 작은 선포가 어떤 열매를 맺을지 당장은 알 수 없지만, 주님 손안에서 역사가 바뀌리라 믿어요. 가이사랴 감옥에 갇힌 한 죄수의 복음 출정식이 로마의 기독교 국교화에 일조한 것처럼요.

그러나 이 모든 일에 우리를 사랑하시는 이로 말미암아 우리가 넉넉히 이기느니라 내가 확신하노니 사망이나 생명이나 천사들이나 권세자들이나 현재 일이나 장래 일이나 능력이나 높음이나 깊음이나 다른 어떤 피조물이라도 우리를 우리 주 그리스도 예수 안에 있는 하나님의 사랑에서 끊을 수 없으리라 롬 8:37-39

나의 행전

1. 부르신 자리에서 복음의 출정식을 선포하자.
2. 세상의 이익과 하나님의 법 사이에서 고민하고 있는가? 말씀을 내 삶의 기준으로 삼기를 결단하자.
3. 그리스도의 사랑을 힘입어 부조리한 세상에 담대히 복음을 전하자.

57 안전한 미래 준비법 26:1-32

#주문으로 믿음이 생기지 않는다 #누구보다 자유롭게

하나님은 사람에게 미래를 아는 능력을 주지 않으셨어요. 다만 예측할 방법을 알려주셨습니다. 바울에게서 안전한 미래를 보장받는 방법을 배워보아요.

바울의 변호: 서론(1-3절)

1 아그립바 왕이 바울에게 말하기를 허락하니 바울이 손을 뻗치며 변호하기 시작했어요. 2 그는 유대인의 고발로 왕 앞에서 변호하게 된 걸 다행으로 여긴다고 말해요.

3 왕이 유대인의 풍속과 쟁점을 모두 알기에 그의 무죄를 증명할 수 있을 거로 생각했지요. 무엇보다 아그립바에게 복음을 전할 절호의 기회여서 더 기뻤을 거예요. 바울은 끝까지 들어달라고 부탁하며 간증 같은 변호를 시작합니다.

바울의 변호: 고발당한 이유(4-7절)

4,5 "내가 젊었을 때부터 살아온 삶을 모든 유대인이 알고 있습니다. 그들은 오래전부터 나를 알고 있었으므로 증언하려고 마음만 먹으면 내가 가장 엄격한 바리새인으로 살아왔다는 걸 인정할 것입니다."

바울은 자신이 유대인의 규례를 누구보다 잘 알고 있으므로 고소 내용이 말이 안 됨을 강조하지요.

6 또 자신이 바리새인 중의 바리새인인 걸 모두가 알고 있음에도 재판을 받는 이유는 '부활'에 소망을 두고 있기 때문이라고 해요. 7 자신의 신앙이 유대인의 열두 지파와 동일하지만 조상부터 기다려온 약속, 곧 메시아에 대한 해석의 차이 때문에 고발당했다는 거지요.

바울의 변호: 회심 이전(8-11절)

8-11 그러면서 자기도 한때 자신을 고발한 사람들과 같은 입장이었

기에 그 심정을 누구보다 잘 안다고 말합니다.

"여러분은 왜 하나님께서 죽은 사람들을 살리신다는 걸 못 믿습니까? 나도 한때는 나사렛 예수의 이름을 반대하는 모든 일을 해야 한다고 생각했습니다. 그래서 예루살렘에서 대제사장의 권한을 받아 많은 성도를 옥에 가두었고, 그들이 죽임을 당하는 일에 동조했습니다.

또 회당마다 찾아가 여러 번 그들을 형벌하며 강제로 신앙을 부인하게 하려고도 했습니다. 나는 그들에 대한 분노가 극에 다다라 외국의 여러 도시에까지 박해의 손을 뻗쳤습니다."

바울의 변호: 회심 과정(12-18절)

12-18 이어서 기독교를 박해하던 자신이 예수님을 믿게 된 과정을 진술합니다.

"한번은 내가 이런 일로 대제사장에게서 권한과 위임을 받아 다메섹으로 가고 있을 때였습니다. 한낮에 하늘에서 해보다 더 눈부신 빛이 나와 일행을 둘러 비추는 걸 보았습니다.

우리는 그 빛을 보고 땅에 엎어졌습니다. 그때 히브리어로 내게 '사울아, 사울아, 너는 어찌하여 나를 핍박하느냐? 가시 돋친 채찍을 발로 차면 너만 아플 뿐이다'라는 음성이 들렸습니다('가시 돋친 채찍'은 짐승을 몰기 위해 사용한 막대기로 짐승이 이를 걷어차는 건 무의미함을 말하며 하나님의 뜻을 거역할 수 없음을 강조해요).

그래서 내가 '주님, 누구십니까?'라고 물었더니 주님께서 '나는 네가 핍박하는 예수다. 자, 일어나서 발을 딛고 서라. 내가 네게 나타난 목적은 너를 일꾼으로 삼아 네가 나를 본 것과 내가 장차 네게 보여줄 일의 증인이 되게 하려는 것이다. 나는 이 백성과 이방인 가운데서 너를 건져 내어 이방인에게로 보낸다. 이것은 그들의 눈을 열어 그들이 어둠에서 빛으로 돌아서고, 사단의 세력에서 하나님께로 돌아오게 하며, 그들이 죄 사함을 받아 나에 대한 믿음으로 거룩하게 된 사람들 가운데 들게 하려는 것이다'라고 말씀하셨습니다."

심문자들을 전도함(19-23절)

바울은 유대인들이 자기를 죽이려는 이유가 예수님의 죽음과 부활이라는 '복음'을 구약의 성취라고 말했기 때문이라고 설명합니다. 그는 이 과정을 통해서도 복음을 정의하며 전도해요.

19-23 "그러므로 아그립바 임금님, 나는 하늘로부터 받은 환상을 거역하지 않고 먼저 다메섹과 예루살렘에 있는 사람들, 다음으로 온 유대인, 나아가 이방인에게 회개하고 하나님께 돌아와 회개에 합당한 일을 하라고 전했습니다. 이 때문에 유대인들이 성전에서 나를 붙잡아 죽이려고 했습니다.

그러나 나는 이날까지 하나님의 도우심을 받아서 낮은 사람에게나 높은 사람에게나 예언자들과 모세가 장차 그렇게 되리라고 한 것밖에는 증언한 게 없습니다. 이는 곧 그리스도께서 고난당하셔야 한다는 것과 죽은 사람들 가운데서 가장 먼저 부활하신 분이 되셔서 이스라엘 백성과 이방인에게 빛을 선포하시리라는 것입니다."

아그립바 왕을 전도함(24-29절)

24 그러자 베스도가 큰 소리로 "바울아, 네가 미쳤구나. 네 많은 학문이 너를 미치게 했구나"라고 합니다. 바울이 학자인 건 인정하지만 부활은 허황된 일이라 생각했지요. 헬라 문화는 육체를 악하게 여겼기에 육신의 부활은 의미가 없었어요. 아레오바고 설교에서 아덴 시민들이 비웃었던 것과 같은 상황이지요(행 17:32).

25 바울은 자신이 미치지 않았으며 맑은 정신으로 진리를 말하고 있
다고 답해요. 26 그러면서 아그립바가 유대에 퍼져있는 부활 사건을 잘
알고 있을 거라는 전제하에 주저 없이 말했다고 하며 27 "아그립바 임금
님, 예언자들을 믿으십니까? 믿으시는 줄 압니다"라며 그에게 집중적으로 복음을 전해요.

28 아그립바는 바울이 자신을 전도한다는 걸 인지하고는 말합니다.

"그대가 짧은 말로 나를 설복해서 그리스도인이 되게 하려는가!"

29 바울이 대답합니다.

"말이 짧든 길든, 나는 임금님뿐만 아니라 오늘 내 말을 듣는 모든 사람이 이렇게 결박을 당한 것 외에는 꼭 나와 같이 되기를 하나님께 빕니다."

그는 모두가 이 복음을 믿기를 바란다고 선포해요. 비록 결박되어 있었지만 가장 자유로웠지요.

무죄 확신, 그러나… (30-32절)

30,31 왕과 총독과 버니게를 비롯한 모든 사람이 다 일어나 물러가서

서로 이야기했어요.

"저 사람은 사형을 당하거나 갇힐 만한 일을 한 것이 하나도 없소."

32 바울의 변호를 통해 상황을 충분히 이해한 아그립바 왕이 베스도에게 말합니다.

"그가 황제에게 상소하지 않았으면 석방될 수 있었을 것이오."

이 의견은 베스도가 작성한 바울의 소견서에 기록되었을 거예요. 그래서 바울은 로마에서 가택연금 상태지만 비교적 자유롭게 복음을 전할 수 있었습니다.

모든 사람이 바울이 무죄임을 알았어요. 그런데 유대인들은 종교적 신념이 다르다는 이유로 그를 죽이려 했고, 총독을 비롯한 유력자들은 자기 이익과 권력을 위해 공식적으로 말하지 않았지요. 삶의 기준이 자신에게 있으면 진리, 정의, 공의에 대한 반응이 고무줄처럼 늘었다 줄었다 해요.

그런데 하나님이 유일한 삶의 기준인 바울은 달랐습니다. 목에 칼이 들어와도 '예수가 그리스도'라는 진리를 선포했어요. 권력자의 높은 지위나 휘황찬란한 외모에 조금도 흔들리지 않았지요. 바울의 눈에 그들은 복음을 깨달아야 할 불쌍한 영혼일 뿐이었어요. 그는 생명이 사람이 아닌 주님께 달렸음을 알았기에 어떤 순간에도 담대히 복음을 전할 수 있었습니다. 신분이 자유인이든 죄수든 중요하지 않았어요. 하나님이 최고의 방법으로 이끄실 걸 신뢰했으니까요.

요즘 트렌드에 관한 책을 읽으면서 놀랐어요. 평소 저는 성경을 연구하느라 바빠서 세상 트렌드를 파악하거나 좇지 못했는데 이미 사업 현장에서 실행하고 있는 부분이 많더라고요. 세상의 흐름도 결국 주님 손 안에 있음을 확인했지요.

하나님은 우리에게 미래를 훤히 아는 능력을 주지 않으셨어요. 다만 세상의 통치 원리를 성경에 기록해두심으로 미래를 대비하게 하셨지요. 어두운 세상을 밝히는 등이요 빛이신 말씀이 우리를 안전하게 인도하도록 말이에요. 그렇게 믿음으로 하루하루 살아갈 때 하나님의 뜻을 이루는 인생이 될 줄 믿어요.

주의 말씀은 내 발에 등이요 내 길에 빛이니이다 시 119:105

나의 행전

1. 바울의 변호에는 개인 간증과 신학적 논증이 탄탄하게 결합되어 있다. 성경을 깊이 묵상하며 나의 간증이 말씀에 뿌리내리게 하자.
2. 안전한 미래는 오직 말씀 안에서 보장받을 수 있다. 내 생명과 앞날을 주님께 맡겨드리자.

11장

로마를 향하여 27-28장

58 전문가에게서 답을 얻을 수 있을까? 27:1-20

#트렌드를 얼마나 믿을 수 있나 #미래를 대비하는 유일한 방법

주후 59년 가을쯤, 바울이 로마로 압송되며 드디어 로마행이 시작됩니다. 누가가 동행하며 항해 일지를 기록한 덕에 그 과정을 생생하게 느낄 수 있어요.

로마행 배의 구성원(1,2절)

1 배에 탄 구성원이 흥미로워요. 우선 배의 지휘권을 가진 황제 부대의 백부장 율리오와 군인들, 그리고 그들에게 맡겨진 바울과 몇몇 죄수가 있었지요.

2 그들이 탄 아드라뭇데노 호는 아시아 연안의 여러 곳으로 항해하는 작은 배였어요. 그러니 상인과 여행객, 선장과 선원들도 있었겠지요. 데살로니가 출신인 마게도냐 사람 아리스다고도 함께였어요. 그는 데살로니가에서 개종한 후에 바울과 늘 동행하며 고난에 동참했고 로마행도 함께한 의리 있는 자였지요(행 19:29, 20:4, 골 4:10, 몬 1:24).

연안에서의 환승(3-5절)

3 이튿날 배가 시돈에 도착하자 백부장 율리오가 바울에게 호의를 베풀어 친구들에게 보살핌을 받도록 해줍니다. 4 그리고 시돈을 떠나 뱃길을 갈 때는 맞바람 때문에 구브로 섬을 바람막이로 삼아 항해했어요.
5 배는 길리기아와 밤빌리아 앞바다를 가로질러 루기아의 무라 시에 이르러요.

로마로 가는 배에 탑승(6-8절)

6 무라에서 그들은 이달리야로 가는 큰 배인 알렉산드리아 호에 옮겨 탑니다. 보통 로마로 가는 큰 배는 곡물 수송선으로 이집트의 곡물과 여러 무역 물자를 수송하는 역할을 했어요. 대부분 개인 소유였지만 국가와 계약을 맺고 운항해서 군대와 죄수들을 태울 수 있었고, 이때 배의

지휘권이 군인에게 넘어갔지요.

7 알렉산드리아 호는 여러 날 동안 천천히 항해해서 겨우 니도 앞바다에 이릅니다. 그런데 맞바람 때문에 더는 나아갈 수 없어 그레데 섬을 바람막이 삼아 살모네 앞바다를 항해하여 지나갔어요. 8 그리고 그레데 남쪽 해안을 따라 겨우 항해해 라새아 시와 가까운 도시인 미항, '아름다운 항구'라는 곳에 도착해요.

위험을 무릅쓴 항해 강행(9-12절)

9 여러 날이 걸려 금식하는 절기가 지나 항해하기 위태로운 때가 되었어요. 금식하는 절기인 속죄일이 지났다면 지금의 달력으로 10월 중순쯤으로 추정돼요. 당시 지중해의 날씨가 좋지 않아 항해가 어려웠기에 아무리 늦어도 11월 초에는 항해를 마쳐야 했지요.

바울은 선교여행을 통해 이 뱃길에 익숙했어요. 열세 차례나 다녔고 세 번의 난파 경험이 있었지요(고후 11:25). 그래서 그들에게 조언합니다.

10 "여러분, 지금 항해를 하다가는 재난을 당해 짐과 배의 손실뿐 아니라 생명까지 잃을지도 모릅니다."

11 그러나 백부장은 바울의 말보다 선장과 선주의 말을 더 믿었어요. 하지만 그들은 욕심에 눈이 멀어 바른 판단을 하지 못합니다. 당시 로마 정부가 겨울에 곡식을 운반하는 선주에게 비용을 더 지불했기 때문이에요.

12 게다가 미항은 그들이 겨울을 나기엔 너무 작은 항구여서 어떻게든 뵈닉스(그레데 섬의 항구로 서남쪽과 서북쪽을 바라보는 곳)로 가서 겨울을 나

기로 뜻을 정했어요.

폭풍을 만남(13-17절)

13 바울의 만류에도 그들은 무리하게 출항합니다. 때마침 남풍이 순하게 불어 뵈닉스에 정박할 수 있을 줄 알고, 닻을 올리고 그레데 해안에 바싹 붙어 항해했지요.

14 그런데 얼마 안 되어 '유라굴로'라는 폭풍이 섬 쪽에서 몰아쳤어요. 유라굴로는 동풍을 의미하는 헬라어 '유로스'와 북풍을 의미하는 라틴어 '아퀼로'의 합성어로 그레데 섬의 이다 산맥에서 불어오는 강력한 북동풍을 말합니다.

15 배가 폭풍에 휘말려 나아갈 수 없게 되자 바람에 떠밀려 가기 시작
했어요. 16 '가우다'라는 작은 섬 아래쪽을 따라 밀려갈 때 그 섬이 바람
막이가 되어 간신히 거룻배(구명정)를 휘어잡을 수 있었어요.

17 선원들은 거룻배를 갑판 위로 끌어 올리고 밧줄을 이용해 선체를 동여맵니다. 그리고 리비아 근해의 모래톱에 걸려 배가 좌초될까 두려워 바다에 닻을 내리고 속도를 최대한 줄인 채 떠밀려 갔지요.

희망이 사라진 배 안(18-20절)

18 사람들은 폭풍에 몹시 시달렸어요. 다음 날 선원들은 짐을 바다에
내던졌고 19 사흘째에는 배의 장비마저 내버립니다. 20 폭풍이 심해 여
러 날 동안 해와 별도 보이지 않고 방향마저 잃어 살아남으리라는 희망을 점점 잃어갔지요.

로마로 향하는 배는 마치 세상의 축소판 같아요. 각양각색의 사람이 각자 꿈을 안고 배에 오릅니다. 경험이 많고 하나님의 지혜가 충만한 바울이 겨울 항해가 위험하다고 말리지만 그들은 이권을 포기할 수 없어 무리한 출항을 감행해요.

그런데 얼마 가지 않아 폭풍을 만나 목숨의 위협을 느끼지요. 돈을 가진들, 꿈을 이룬들 목숨을 잃으면 아무 소용이 없음을 경험하고서야 그들은 인생의 우선순위를 깨닫습니다. 그러고는 목숨을 담보로 할 만큼 소중한 물품을 바다에 던지기 시작해요. 살아남기 위해 꼭 필요한 것 외에는 다 버리지요. 그러나 계속되는 폭풍우 속에서 방향을 잃고 살 소망도 점점 희미해졌어요. 선장과 선주는 항해 전문가였지만 욕심에 눈이 멀어 바른 판단을 하지 못했지요.

우리도 마찬가지예요. 세상의 주관자이신 하나님께 삶의 기준을 두지 않으면 아무리 탁월한 전문가라도 잘못된 판단을 내릴 수밖에 없어요. 미래를 예측하고 완벽한 계획을 세워도 예기치 못한 폭풍을 만나 배 밖으로 목숨같이 소중한 것들을 하나둘 내던지게 되지요. 인생의 방향도 잃고 희망이라고는 찾아볼 수 없는 절망의 나락으로 떨어져요. 누구보다 많이 누렸던 솔로몬이 노년에 "헛되고 헛되며 헛되고 헛되니 모든 것이 헛되도다"(전 1:2)라고 고백했듯이요.

우리는 세상을 지으시고 역사를 이끌어가시는 분에게 인생을 맡겨야 해요. 천국 시민들은 동일한 환란에 다르게 반응할 수 있어요. 그 표본을 바울을 통해 보여주십니다.

나의 행전

1. 인생의 항해를 주님께 맡기자. 바다에 버리지 못하는 욕심이 있다면 회개하고, 과감히 내던지자.

2. 하나님을 의지하지 않는 전문가는 바른 길을 안내할 수 없다. 하나님만 따르는 천국 시민이 되자.

59 코로나 시대, 내일의 대책 27:21-44

#진짜 리더는 누구인가 #공동체를 살리는 참 지혜 #약속을 붙든 사람의 파워

한 사람에 의해 공동체가 살아나는 경우가 있어요. 그런 사람의 특징은 뭘까요? 공동체를 살리는 진짜 리더가 되는 법을 배워보아요.

바울에게 주신 확신(21-26절)

21 사람들은 오랫동안 아무것도 먹지 못했어요. 그때 바울이 "여러분
이 내 말을 듣고 그레데에서 출항하지 않았으면 이런 재난과 손실은 당
하지 않았을 것입니다"라고 말해요. 22 그리고 사람들에게 기운을 내라
고 격려하며 배는 잃어도 목숨을 잃지는 않을 거라고 합니다.

23-26 그는 주님의 천사가 알려준 대로 확신에 차서 말해요.

"지난밤에 나의 주님이시요 내가 섬기는 분이신 하나님의 천사가 '바울아, 두려워하지 마라. 너는 반드시 황제 앞에 서야 한다. 보아라, 하나님께서는 너와 함께 타고 가는 모든 사람의 안전을 네게 맡겨주셨다' 하고 말씀하셨습니다. 그러므로 여러분, 힘을 내십시오. 나는 하나님께서 말씀하신 그대로 되리라고 믿습니다. 우리는 반드시 어떤 섬으로 밀려가 닿게 될 것입니다."

여기서 재미있는 사실은, 배 안의 지도자가 바뀌었다는 거예요. 백부장이 바울의 반대에도 무리하게 출항을 결정했다가 목숨이 위태로운 상황에 놓여 자포자기하자 하나님께 약속을 받은 바울이 어느새 배의 지도자가 되었어요. 비록 죄수의 몸이지만 하나님이 세우신 지도자로서 배에 탄 사람들의 안전을 맡았지요. 그는 하나님의 약속으로 사람들을 격려하고 절망에서 일으켜 세웠습니다.

육지에 가까이 이름(27-32절)

27 표류한 지 2주째 되는 날 밤, 바울 일행이 탄 배는 아드리아 바다로 떠밀려 갔어요. 아드리아 바다는 이탈리아와 멜리데(지금의 몰타), 그레데와 그리스로 둘러싸인 지중해 동쪽 중앙에 있었어요. 밤이라 아무것도 보이지 않았지만 선원들은 경험적 지식으로 파도나 물살 등을 통해 수심이 얕아지고 육지에 가까이 가고 있음을 짐작했습니다.

28 그들이 물 깊이를 재보니 스무 길(약 36미터)이었고, 조금 더 가서 재
니 열다섯 길(약 27미터)이었어요. 살 소망이 생겼지요. 29 혹여 암초에 걸
리지 않도록 고물(배의 뒷부분)에 네 개의 닻을 내리고 날이 밝기를 고대했

습니다. 30 그런데 선원들이 배를 버리고 달아나려고 이물(배의 앞부분)에
서 닻을 내리는 척하면서 바다에 거룻배를 풀어 내렸어요. 31 바울이 이
를 눈치채고 백부장과 병사들에게 말합니다. "만일 이 사람들이 배에 그
대로 남아있지 않으면 당신들은 무사할 수 없습니다."

32 그러자 병사들이 거룻배의 밧줄을 끊어 거룻배를 떨어뜨렸어요.
자기 목숨만 생각하고 도망가려 한 선원들을 바울이 막았지요.

이처럼 하나님을 모르는 사람은 자기 이익만 추구해요. 조금만 참으면 모두 함께 살 수 있는데 혼자 살려고 하지요. 반면 바울은 모두의 안전을 생각했어요. 영의 눈으로 다른 사람이 보지 못하는 걸 예리하게 포착해 지혜롭게 막았지요.

바울이 모두 무사할 거라는 하나님의 약속을 전했을 때 사람들은 반신반의했을 거예요. 기적이 일어나지도 않고 시간이 흐르자 더욱 마음이 흔들렸겠지요. 그런데 눈앞에 육지가 나타나고 바울이 위기 상황을 잡아내자 그의 권위는 높아졌을 겁니다. 그가 소개한 하나님을 향한 신뢰도 높아지고요.

음식을 먹으라고 권함(33-38절)

33,34 날이 밝을 무렵, 바울이 모든 사람에게 음식을 먹으라고 권합니
다. "여러분은 오늘까지 2주나 마음을 졸이며 굶고 지냈습니다. 이제는
음식을 먹고 목숨을 유지할 힘을 얻길 권합니다. 여러분 가운데 누구도
머리카락 하나 잃지 않을 것입니다."

35 그는 빵을 들어 모든 사람 앞에서 하나님께 감사를 드리고 먹기
시작했어요. 36 그러자 사람들도 용기를 얻어 음식을 먹었지요. 이들은
하나님을 확실히 알진 못했지만, 자연스레 성찬에 참여했어요.
37 배에 탄 사람은 모두 276명으로 굉장히 큰 배였어요. 38 사람들은
배부르게 먹고 남은 식량을 바다에 버려 배를 가볍게 했지요. 그래야 얕
은 수면에서 좌초되지 않을 수 있으니까요.

약속대로 모두 생명을 구함(39-44절)

39 날이 새니 어느 땅인지는 알 수 없지만 모래밭이 있는 항만이 보였
어요. 그들은 어떻게 해서든 배를 몰아 해변에 대기로 작정합니다.
40 닻을 모두 끊어 바다에 버리고 동시에 키를 묶은 밧줄을 늦추었지
요. 그리고 앞 돛을 올려 바람을 타고 해안 쪽으로 들어갔습니다.
41 그런데 안타깝게도 두 물살이 합하여 흐르는 곳에 끼여서 배가 모
래톱에 걸려요. 이물은 박혀서 움직이지 않고 고물은 심한 물결에 깨지
고 말았지요.
42 이때 병사들은 이기적인 계획을 세워요. 죄수들이 헤엄쳐 도망할까
봐 그들을 죽여서 책임을 면하려고 하지요. 43 그러나 백부장은 바울을
구하려고 병사들을 막습니다. 그리고 헤엄칠 수 있는 사람은 먼저 뛰어
내려 뭍으로 올라가라고 명령해요. 백부장은 바울에게 처음부터 호감이
있었고 그간의 일을 통해 그를 더욱 신뢰했어요. 결국 바울로 인해 죄수
들도 생명을 건집니다. 한 사람이 공동체를 살릴 수 있음을 확인하는 대
목이에요.

44 백부장은 그 밖의 사람들에게 널빤지나 부서진 배 조각을 타고 뭍으로 나가라고 명령했고 마침내 모두 뭍으로 올라와 살았어요. 아무도 생명을 잃지 않을 거라는 하나님의 약속이 성취된 순간이었습니다.

선원들은 욕심 때문에 잘못된 방향을 제시했고 환란을 만나자 아무 역할도 하지 못했어요. 그러다가 희망이 보이자 자기들끼리 구명선을 타고 몰래 도망가려 했지요. 그런데 바울은 달랐어요. 바다에 대한 전문지식은 없었지만, 하나님께 온전히 붙들려 그리스도로부터 명확한 답을 얻고 그것을 배에 탄 276명을 살리는 데 사용했어요. 하나님의 자녀가 세상을 살리는 대표적인 방법이지요.

지금 세상은 코로나19로 급속히 변하고 있어요. 팬데믹의 종식과 앞으로의 세상을 누구도 정확히 알지 못해요. 그런데 그것을 아시는 분이 계세요. 그분께 여쭈어야 복된 미래를 맞이할 수 있지요.

모든 지혜와 지식은 그리스도 안에만 있어요(골 2:3). 그분 안에서 그 보물을 캐내어 세상을 살리는 데 사용해야 합니다. 세상은 사람에게 지식과 지혜가 있다고 말하지만 그건 착각이고 속임이에요.

바울은 배 안에서 똑같은 환란과 위기 속에 있었지만 다른 시각으로 현재를 읽고 미래를 제안했어요. 우리도 코로나19라는 위기를 다른 시각으로 보고 세상을 살릴 미래를 제시할 수 있습니다. 저도 코로나19를 똑같이 겪으며 하나님이 주신 지혜로 사업의 새로운 길을 개척하고 있어요. 그뿐 아니라 매일 새벽에 그리스도 속에 있는 지혜의 보화를 캐내어 영상으로 올릴 때, 그 말씀이 보는 이들의 심령에 역사하여 세상을 살리는 큰 물결이 되는 걸 봅니다.

전국 보육원 아이들을 먹이고 사랑을 전하는 일이 그 열매였어요. 이를 통해 저도 힘을 얻고 살아났지요. 성경의 원리대로 하니 2천 년 전에 일어났던 기적이 제 삶에도 일어난 거예요. 여호와를 경외하는 것이 참 지혜의 근본임을 매일 새롭게 깨닫습니다.

나의 행전

1. 참 지혜와 지식은 사람이 아닌 오직 하나님께 있다.

2. 하나님의 사람이 품은 지혜와 지식만이 공동체를 살린다.

3. 하나님은 그분의 약속을 신뢰하는 자를 통해 새 역사를 쓰신다.

60 그리스도인의 잘못된 선택의 결말 28:1-10

#잘못을 통해 배우는 섭리 #실수도 사용하시는 하나님 #성장의 기회

잘못된 선택을 할 때 하나님은 어떻게 하실까요? 우리는 어떤 마음을 가져야 할까요? 사람의 생각을 뛰어넘으시는 하나님을 말씀에서 만나 보아요.

멜리데 섬에 도착(1,2절)

1 하나님의 약속대로 모두 안전하게 섬에 도착했고 배는 파선되었어요. 그들은 도착한 후에야 그 섬이 멜리데 섬인 걸 알았지요. 멜리데는 오늘날 몰타공화국으로 아드리아 바다에 있는 작은 섬이에요. 그 이름의 뜻은 '피난처'입니다.

또 본문 속 "구조된 후에"(안전하게 목숨을 구한 뒤에)에 쓰인 '구조'라는 단어는 헬라어로 물리적인 구조를 의미하는 '쏘조'를 넘어 영원한 구원을 의미하는 '디아쏘조'가 사용되었어요. 배 안의 사람들이 영육의 구원을 받았다는 의미지요.

2 그들이 섬에 도착한 때가 10월 말경이라 기온도 낮고 비까지 내려 몹시 추웠어요. 게다가 바다를 수영했으니 더 추웠을 거예요. 다행히 섬의 원주민들이 '특별한 친절'을 베풀어 불을 피워 따뜻하게 맞아줍니다.

사실 원주민들에게는 276명이나 되는 외부인이 한꺼번에 들이닥친 데다 군복을 입은 사람도 포함되어 있으니 위협적으로 느껴질 수 있었어요. 그러나 그들은 하나님의 은혜로 이방인을 환대합니다. 이런 것이 주의 자녀에게 임하는 때를 따라 돕는 은혜지요.

섬을 향한 하나님의 계획(3-6절)

3 바울이 나뭇가지를 한아름 모아다가 불에 넣으니 뜨거운 기운 때문에 독사가 한 마리 튀어나와서 그의 손을 물었어요. 4 원주민들은 이를 보고 "이 사람은 틀림없이 살인자다. 바다에서는 살아 나왔지만 정의의 여신이 그를 그대로 살려두지 않는다"라고 말했어요. 그 섬에는 정의의

여신이 살인자를 뱀을 통해 심판한다는 미신이 있었기 때문이지요.
5 그런데 바울은 그 뱀을 불 속에 떨어버리고 아무런 해도 입지 않았
어요. 6 원주민들은 독사의 독이 퍼져 살이 부어오르거나 쓰러져 죽을
줄 알았는데 바울에게 아무 이상이 없자 도리어 그를 신이라고 했지요.

하나님께서 원주민들을 구원하려고 작전을 짜신 거였어요. 독사에 물린 건 환란이지만 하나님 안에서는 축복의 통로가 되었지요. 성경은 고난이 축복임을 끊임없이 말합니다. 그것을 볼 수 있는 눈이 열리지 않으면 고난과 고통 속에 허우적거리며 살게 돼요.

원주민들이 구원받다(7-10절)

7 그 섬의 가장 높은 사람인 보블리오가 근처에 농장을 갖고 있었어
요. 그는 바울 일행을 초대해서 사흘 동안 친절하게 대접합니다. 풍랑으
로 지친 몸을 회복하도록 하나님이 배려하신 거예요.
8 마침 보블리오의 아버지가 열병과 이질에 걸려 병석에 누워있어서
바울이 들어가 기도하고 그에게 손을 얹어 낫게 해주었어요. 9 그러자
섬에 병을 앓는 다른 사람들도 찾아와 고침을 받습니다.
10 이후 그들은 더 극진한 예로 바울 일행을 대했고 떠날 때는 필요한
물건을 배에 실어주었어요. 병 고침의 기적을 통해 그들은 멜리데 섬에서
겨울을 어려움 없이 날 수 있었지요. 이때 기적과 함께 복음이 전해졌을
거예요.

하나님이 하시는 일은 늘 사람의 생각을 뛰어넘습니다. 모든 것을 합

력하여 선을 이루시지요. 배에 탄 사람들의 잘못된 선택마저도 선하게 사용하셔서 배 안의 사람들뿐 아니라 한 섬의 영혼들도 구원하셨어요.

살다 보면 실수나 잘못된 선택을 할 때가 있어요. 만약 그때마다 하나님께서 "네가 한 선택이니 네가 책임을 져라"라고 하신다면 얼마나 절망적일까요. 때로는 바울처럼 잘못된 선택을 한 사람과 같은 배를 타야 하는 상황도 있고요. 하지만 기쁜 소식은 하나님께서 그 잘못된 선택을 통해서도 새로운 일을 시작하신다는 거예요. 우리가 상상할 수도 없는 멋진 그림을 그려가시지요.

돌아보면 저도 잘못된 선택을 많이 했어요. 그런데 하나님은 그마저도 제 성장의 기회로 쓰시고 넘치는 긍휼을 경험하게 하셨지요. 하나님의 크신 사랑과 너그러움을 배우며 제 그릇도 조금씩 넉넉해졌습니다.

더 감사한 건 하나님께 배우면 배울수록 점점 더 그분이 기뻐하시는 선택을 하게 된다는 거예요. 그것을 성숙, 성령충만이라고 하지요. 우리의 모든 선택을 통해 놀랍게 선을 이루시는 그분을 깊이 만나기를 기도합니다.

나의 행전

1. 눈동자같이 지켜주시는 하나님을 소망하고 경험하자.
2. 환란은 또 다른 축복이다. 좌절하지 말고 하나님을 바라보자.
3. 하나님이 기뻐하시는 선택을 하도록 성령충만을 구하자.

61 괴력이 솟아나는 삶 28:11-15

#기준에 따라 달라지는 양극의 세계 #확고한 기준점 세우기

인생의 주인이 바뀌고 로마를 향해 떠남(11절)

11 조난을 당했던 배 안의 사람들은 멜리데 섬에서 3개월을 머물며 겨울을 보냈습니다. 그동안 하나님은 바울을 통해 기적을 행하시며 원주민들에게 복음을 전하셨지요. 봄이 되자(2월 혹은 3월) 배 안의 사람들은 '디오스구로'라는 팻말이 붙은 알렉산드리아 호를 타고 떠났어요.

당시 세계를 제패한 건 로마였지만, 정신세계를 장악한 건 헬라 철학이었어요(오늘날까지도 영향을 미치고 있지요). 헬레니즘 문화에 기반한 그리스 신화가 사람들에게 큰 영향을 미쳤습니다.

그리스 신화의 최고 신인 제우스가 헤라 외에 다른 여인과 낳은 쌍둥이 아들의 이름이 '카스토르'와 '폴룩스'였어요. 제우스는 카스토르에게 바다의 통치권을, 폴룩스에게 땅의 통치권을 줍니다. 디오스구로는 '제우스의 아들들'이라는 뜻으로 바다와 땅을 통치하는 쌍둥이를 의미했어요.

당시 뱃사람들은 디오스구로를 수호신으로 숭배하여 로마의 배 대부분이 쌍둥이 신의 형상을 뱃머리에 부착하고 다녔다고 해요. 바울이 탄 배도 디오스구로가 지켜준다는 의미의 팻말을 달고 출항한 거예요.

누가는 이를 일부러 언급함으로써 진짜 수호신이 누구인지를 드러냅니다. 배를 타기 전에는 디오스구로에게 운명을 맡겼을지언정 거센 폭풍우를 통과하며 하나님께 생명을 맡기게 되었으니까요. 사람들은 바울이 선포한 복음과 하나님의 약속이 그대로 성취되는 걸 경험했어요. 게다가 섬에서의 기적들이 그들의 믿음을 더 굳건하게 했을 거예요.

로마를 향한 마지막 행로(12,13절)

12 누가는 로마를 향한 마지막 행로를 상세하게 기록합니다. 배는 수라구사에 입항하여 3일 동안 머물렀어요. 수라구사는 지금의 이탈리아 시칠리아섬 동쪽 끝에 있는 헬레니즘 시대의 도시였는데, 그 명성이 아덴 못지않았어요. 시칠리아는 과일과 채소와 가축이 풍성해서 로마로 많이 수송되었지요. 이곳에서 내릴 사람은 내리고 로마로 가는 사람과 짐은 실었을 거예요.

13 배는 수라구사를 떠나 빙 돌아서 레기온에 도착합니다. 레기온은 수라구사에서 북쪽으로 약 130킬로미터 떨어진 곳으로 상당히 발달한 도시였어요. 돌아간 이유는 당시 배가 동력이 아닌 인력이나 바람으로 움직였기 때문이에요. 레기온에서 하루를 지낸 후 남풍이 불어왔고 배는 빠른 속도로 약 324킬로미터를 더 항해하여 이틀만에 보디올에 이르렀어요. 로마를 향한 하나님 아버지의 마음이 느껴집니다. 보디올은 이집트 알렉산드리아에서 출발한 배의 종착지인 로마 항구였지요.

로마의 개선장군으로 도착(14,15절)

14 거기서 바울 일행은 성도들을 만나 7일 동안 함께 지냅니다. 백부장이 죄수인 바울을 상당히 배려해주었고 복음이 이미 편만하게 퍼져있

음을 알 수 있어요. 그 후 바울은 꿈에 그리던 로마에 도착합니다.

15 로마 성도들이 바울 일행이 도착했다는 소식을 듣고 압비오 광장과 트레이스 타베르네까지 맞으러 나왔어요. 바울이 3년 전에 고린도에서 쓴 로마서를 보면 이미 로마에 복음이 전해져 가정교회들이 있었고, 브리스길라와 아굴라가 사역하고 있었어요(롬 16:3-5). 본문의 '맞으러 나오다'에 쓰인 동사는 한 가지 경우에만 사용되는 독특한 단어예요. 바로 로마의 개선장군을 맞을 때 사용했지요.

바울이 베스도 앞에서 황제에게 상소할 때 썼던 단어 '상소하다'(행 25:11)가 로마 군인이 출정할 때 썼던 단어였듯이 전쟁을 승리로 이끌고 당당하게 개선하는 바울을 로마 성도들이 맞으러 온 거였어요. 세상이 보기엔 그가 온갖 죽을 고비를 넘어 재판받으려고 로마에 도착한 남루한 죄수였지만, 성도들에게는 하나님나라의 개선장군이었지요.

마중 나온 장소 또한 예사롭지 않아요. 압비오 광장은 원정을 떠나는 로마 군사들의 행진 도로이자 개선장군들의 환영식을 여는 곳이었어요. 바울은 로마의 성도들을 보고 하나님께 감사를 드리며 용기를 얻습니다. 당시 로마를 잘 나타내는 말인 "모든 길은 로마로 통한다"처럼 "모든 길은 복음으로 향한다"라는 사실을 목격할 수 있지요.

사실 바울이 로마서를 쓸 당시, 로마 교회에 어려움이 있었어요. 교회가 부흥하자 글라우디오 황제가 갑자기 유대인 추방령을 내렸지요. 하루아침에 유대인들이 쫓겨났고 남은 이방인들이 로마 교회를 힘겹게 이어갔어요. 몇 년 후 글라우디오 황제가 죽자 유대인들이 다시 로마에 돌아갔지만 유대인과 이방인 사이에 담이 생겨 문제가 심각했지요.

그래서 로마서 16장에 로마 가정교회 성도들의 이름을 보면 유대인과 이방인이 모이는 곳도 다르고, 이름도 나뉘어 나열되어 있습니다. 바울은 로마 교회의 그런 위태로운 상황을 알고 걱정하며 로마서를 썼어요. 그런데 몇 년이 지나 성도들이 한마음으로 마중을 나오니 감격했을 거예요. 하나님이 일하셨음을 눈으로 확인하며 용기를 얻었겠지요.

사람은 두 부류로 나뉘어요. 하나님을 내 인생의 왕으로 인정하는 부류와 스스로 왕이 되는 부류요. 이들은 같은 시대, 같은 환경에 살아도 삶의 바라보는 시각이 완전히 다릅니다. 성경적 세계관을 가진 사람은 차원이 다른 세상을 살아가요. 저도 제 인생의 주인으로 30년 넘게 살다가 하나님을 만난 시점부터 그분의 왕 되심을 인정하며 살아왔어요. 그 전과 후가 분명히 나뉘지요.

세상적 관점으로는 베스도의 말대로 복음에 목숨을 거는 건 미친 짓이에요. 바울은 황제에게 상소하여 천신만고 끝에 로마로 왔지만 끝내 죄수 신분으로 오랜 감옥살이를 하다가 사형을 당합니다. 완전히 망한 인생이지요.

그러나 우리 눈엔 그렇게 보이지 않아요. 그는 권력 앞에서 목숨을 건 각오로 황제에게 상소하며 복음의 출정식을 선포했어요. 험난한 항해 노정을 통해 배에 탄 사람들과 섬 원주민들에게 복음을 전했고, 하나님 나라의 개선장군으로서 로마에 당당히 입성합니다. 그는 끝까지 믿음을 지키며 수많은 생명을 구했고 달려갈 길을 완주했어요. 주님께서 승리의 면류관을 씌워주셨지요.

삶의 기준점이 분명하지 않다면 후자의 해석이 와닿지 않을 거예요. 그런 사람은 세상과 믿음 사이 양다리를 걸치고 갈팡질팡하며 불행하게 살아요. 만일 삶에 기쁨이 충만하지 않고 여전히 흔들린다면 기준점을 바로 세워보세요. 사명자는 삶이 고단해도 지치지 않는답니다. 날마다 새 힘을 공급받으니까요.

나의 행전

1. 삶의 기준점을 말씀으로 세우자. 세상과 하나님나라에 양다리 걸치지 말자.
2. 내 삶의 주인이 하나님이신지, 나인지 점검하자.
3. 날마다 하나님으로부터 지혜와 힘을 공급받아 바울처럼 끝까지 사명을 이루는 인생이 되자.

62 나를 진짜 묶고 있는 것은 28:16-31

#무엇에 묶여있는가 #담대하게 거침없이! #끝없는 복음 행전

요즘 여러분을 묶고 있는 건 뭔가요? 그것의 의미와 그로부터 벗어나는 방법을 본문을 통해 배워보아요.

드디어 로마!(16절)

16 드디어 바울 일행이 로마에 도착해요. 바울은 흉악범이 아니라 정치범으로 고소된 미결수였기에 병사 1명과 가택연금의 형태로 따로 지내도 된다는 허락을 받았어요. 베스도의 진술서에 아그립바 왕이 죄가 없다고 한 말이 한몫했을 거예요. 또 그를 데려온 백부장의 진술도 큰 역할을 했을 거고요.

유대 지도자들을 만남(17-20절)

17-20 사흘 뒤에 바울은 그곳의 유대 지도자들을 불러 모읍니다. 그는 회당의 지도자들에게 자신의 구속 경위를 직접 설명함으로써 오해나 불필요한 갈등을 방지하려 했어요. 더불어 동족인 유대인들이 복음을 받아들이길 간절히 바랐지요.

로마서에서 밝힌 것처럼 그는 유대인의 구원을 위해서라면 저주를 받아 그리스도에게서 끊어질지라도 달게 받겠다고 할 정도로 동족을 사랑했어요(롬 9:3). 그러나 유대인들은 바울을 오해하고 미워했지요. 사실 바울을 미워한 게 아니라 복음을 거부하는 거였어요. 바울이 그들에게 말합니다.

"동포 여러분, 나는 우리 겨레와 조상들이 전해준 풍속을 거스르는 일을 한 적이 없습니다. 그런데도 죄수가 되어 예루살렘에서 로마인의 손에 넘겨졌습니다. 로마인이 나를 심문했지만, 사형에 처할 만한 근거가 없자 놓아주려고 했습니다. 그런데 유대인들이 반대하는 바람에 나는 하는 수 없이 황제에게 상소한 것입니다.

나는 절대로 내 민족을 고발하려는 게 아니었습니다. 이런 까닭에 여러분을 뵙고 말씀드리려고 오시라고 청한 것입니다. 내가 이렇게 쇠사슬에 매여있는 건 이스라엘의 소망 때문입니다."

바울은 자신이 이스라엘의 소망, 곧 메시아에 대한 소망 때문에 죄수의 몸이 되었다고 말해요.

유대인들이 온 목적(21,22절)

21 바울의 말을 들은 유대인들이 말합니다.

"우리는 유대로부터 당신에 관한 편지를 받은 일도 없고, 누구도 당신을 나쁘게 말하거나 소문을 낸 일이 없습니다."

그들은 바울에 관해 아는 바가 없다며 이어서 말합니다.

22 "우리는 당신의 생각을 들어보고 싶습니다. 이 종파에 대해 우리가 아는 건 어디서나 이 종파를 반대하는 소리가 높다는 것입니다."

그들은 기독교가 이스라엘과 아시아 지역에서 반대가 심하다는 걸 알고, 그 이유를 알고 싶어서 왔다고 말하지요.

아침부터 저녁까지 복음을 전함(23절)

23 그들은 바울과 만날 날짜를 정했어요. 약속 당일에는 더 많은 사람이 바울의 숙소를 찾아왔지요. 그들은 가는 곳마다 문제를 일으키는 바울이 전하는 복음에 상당한 관심이 있었어요.

바울은 아침부터 저녁까지 그들에게 하나님나라를 엄숙히 증언합니다. 모세의 율법과 예언자의 말, 곧 구약으로 예수님에 관해 그들을 설득하며 구약에서 말하는 메시아가 바로 예수 그리스도라고 전해요.

로마에 있는 유대인들의 반응(24-29절)

24 더러는 복음을 받아들였고 더러는 믿지 않았어요.

25-27 바울은 그들의 견해가 서로 엇갈리는 현상이 이사야 선지자의 예언의 성취라고 경고합니다.

"곧 이런 말씀입니다. '이 백성에게 가서 말하여라. 너희가 듣기는 들어도 깨닫지 못하고, 보기는 보아도 알지 못한다. 이 백성의 마음이 무뎌지고 귀가 먹고 눈이 감겨있다. 이는 그들이 눈으로 보지 못하게 하고 귀로 듣지 못하게 하고 마음으로 깨닫지 못하게 하고 돌아서지 못하게 하여, 내가 그들을 고쳐주지 않으려는 것이다'"(사 6:9,10).

이 말씀은 예수님도 믿지 않는 무리에게 사용하셨어요(마 13:14,15, 막 4:11,12, 요 12:38-41).

28 그러면서 바울은 하나님의 이 구원의 소식이 이방인에게 전파되었음을 알아야 한다며 그들이야말로 그것을 듣고 받아들일 거라고 말합니다. 이렇게 강하게 말함으로써 유대인들의 마음에 찔림이 있어 회개하기를 간절히 원했지요.

바울은 17절에서 "동포 여러분"(형제들아), "우리 겨레와 조상들"(이스라엘 백성이나 우리 조상)이라고 불렀지만, 25절에서는 "여러분의 조상"(너희 조상)이라 말하며 복음을 믿는 사람과 믿지 않는 사람을 구분합니다. 새 언약 시대의 진정한 민족의 개념을 정의하지요. 29 (없음)

담대하게 복음을 전함(30,31절)

30 바울은 자기가 얻은 셋집에서 2년 동안 지내면서 찾아온 모든 사람을 맞아들입니다. 그의 거처가 처음에는 로마 정부가 지정한 집이었는데(16절) 스스로 얻은 셋집으로 바뀌었어요. 죄수 신분으로 돈도 없었을 텐데 왜 굳이 셋집을 얻었을까요? 바로 복음 때문이에요.

바울은 그 셋집에서 복음을 전했어요. 그 비용을 충당하기 위해 하나님 은혜에 전적으로 의지했을 거예요. 많은 사람이 은혜의 통로로 쓰임을 받으며 하나님의 영광이 드러났겠지요. 바울의 셋집은 하나님나라의 작은 겨자씨가 되어 로마의 기독교 국교화에 일조했고 복음이 이방으로 전해지는 거점이 되었어요. 작디작은 겨자씨의 생명력으로 원대한 하나님나라를 이룬 거예요.

31 그는 하나님나라를 담대하게 전했고 주 예수 그리스도에 관한 모든 것을 거침없이 가르쳤어요. 헬라어 성경에는 "거침없이"를 문장 끝에 배치하여 복음이 막힘없이 전파되었음을 강조합니다. 이는 바울이 끝까지 복음을 전했으며, 그로 인해 오늘날까지 전해진 복음이 또다시 다음 세대에게 거침없이 선포되어야 함을 역설하는 거예요.

바울은 매여있든 자유의 몸이든 개의치 않았어요. 풀려나게 해달라고 기도하지도 않았지요. 마지막 예루살렘행을 앞두고 여러 예언자가 말리고 성령님도 친히 말씀하셨지만, 그는 끝내 이 길을 걸어갔습니다. 그리고 때를 얻든 못 얻었든 하나님나라와 주 예수 그리스도에 관한 모든 것을 담대하고 거침없이 목숨을 걸고 전했어요.

여러분은 무엇에 묶여있나요? 하나님은 재정, 환경, 상처, 무능력, 자녀 문제, 질병 등이 우리를 가둘 수 없다고 말씀하세요. 현실에 묶이지 마세요. 우리가 어떤 상황에 있을지라도 복음을 붙들고 고난과 환란과 불가능을 돌파하면 그 자리에 하나님나라가 임하고 확장됩니다.

누가는 사도행전을 바울의 일생으로 마무리하지 않습니다. 바울 자체를 부각하지 않고 그의 사명을 진행형으로 마무리하며 이 위대한 '복음 행전'이 담대히 거침없이 이어져야 함을 강조하지요.

나의 행전

1. '나'라는 겨자씨의 사명지는 어디인가? 어디에 하나님나라를 확장해야 할까?
2. 현재 나를 묶고 있는 것은 무엇인가? 복음을 붙들고 돌파하기를 간구하자.
3. 주어진 자리에서 하나님나라와 주 예수 그리스도에 관한 일을 담대히 거침없이 전하자.

함께 쓰는 사도행전 29장

2020년 9월, 유튜브 채널 '지남쌤성경공부'에 사도행전 영상을 올리기 시작했어요. 그러면서 하나님이 우리 삶에 써 내려가실 사도행전 29장을 기대했지요. 그런데 정말 놀라운 역사를 경험하며 전율했습니다.

2021년 5월 어린이날, 구독자들과 '보육원 갈비 후원 프로젝트'를 열었어요. 그 결과 1억 48,354,000원의 후원금이 모였고 사정이 있는 곳을 제외한 전국 보육원 234곳에 10,848인분의 갈비가 전해졌어요. 이를 통해 새로운 사업체인 '52마켓'과 보육원 후원단체인 '52패밀리'가 생겼지요.

그 후 지속적인 먹거리 지원이 이루어져 같은 해 12월에는 '보육원 크리스마스 선물 보내기'를 진행했어요. 보육원 아이들에게 크리스마스의 주인공이신 예수님을 소개하고 그 사랑을 느끼게 해주고 싶었지요. 처음에는 자원하는 52패밀리의 수만큼 선물을 보낼 계획이었는데, 하나님께서는 전국의 보육원 아이들에게 사랑을 전할 계획을 세우고 계셨어요. 그러려면 재정뿐 아니라 행정적 수고도 만만치 않아 엄두가 안 났지요.

그런데 4억 원이 넘는 후원금이 물밀듯이 들어왔어요. 하나님은 지난 5월의 갈비 후원 프로젝트를 떠올려주시며 제 마음에 말씀하셨지요.

'언제 네 힘으로 했니? 필요한 동역자와 재정을 보내줄 테니 내 아이들을 돌봐주렴.'

결국 지역별로 섬김 팀을 만들고 보육원과 매칭하는 팀도 꾸렸어요. 무엇보다 행정 섬김이가 필요했는데 하나님은 이 기도에 소름 돋을 정도로 빠르게 응답해주셨어요. 10년 전, 성경공부를 함께한 이들 중 한 분이 행정을 맡아주었고 이전 프로젝트를 함께한 자매도 합류했지요.

섬기는 분들이 세워지는 과정도 은혜로웠지만, 후원하는 분들의 간증도 넘쳐났습니다. 아버지의 유산 전액을 후원한 분, 어머니가 급할 때 쓰라고 주신 금팔찌를 팔아 사랑을 전한 분도 있었고, 부모님이 넉넉지 않은 형편에서 믿음으로 섬기는 모습을 본 중3 여학생은 보육원 아이들 140명에게 밤새 카드를 썼어요.

치킨집을 운영하는 분은 아이를 간절히 기다리고 있었는데 하나님이 그 마음으로 보육원 아이들을 먹이라는 감동을 주셔서 인근 보육원 아이들에게 닭을 지속적으로 먹이겠다고 연락을 주기도 했지요.

또 청년의 때에 보육원을 섬기려 했던 마음을 하나님이 기억나게 해주셔서 동참한 사람도 많았습니다. 학창 시절 같은 반 보육원 친구가 생각나서 섬기겠다고 결심한 이들도 있었고요.

한 기업에서는 지속적인 멘토링 후원을 계획했고, 쇼호스트 분들은 보호종료를 앞둔 아이들에게 스피치 교육을 지원하기로 했습니다. 이 외에도 각 지역에서 인근의 보육원을 맡아 후원하겠다는 연락이 많이 왔어요. 모두가 '52패밀리'라는 이름 아래 각자의 은사로 사랑을 전하는 모습이 정말 아름다웠지요.

그렇게 2021년 크리스마스에 총 8,252명에게 선물을 전달했어요(거의 전국 4세 이상 보육원 아이들 수에 가까워요). 보육원의 아이들과 선생님들이 얼마나 행복해했는지 몰라요. 아이들은 선물을 고르느라 입이 귀에 걸렸고 선생님들도 기쁨의 순간을 사진에 담아 전국에서 보내주었어요.

무엇보다 이 일로 입양의 마음이 생겨 기도하기 시작한 사람들의 소식이 가장 마음에 남았습니다. 하나님의 뜻이 여기에 있음을 알았지요. 우리가 만난 아이들이 입양, 일대일 후원 등을 통해 가족을 경험하고 사랑을 충분히 받고 자라도록 하나님께서 보내주신 아이들임을 깨달았어요. 그래서 '더해진 가족'이란 의미의 '더가족' 프로그램을 만들어 '일대일 가족매칭'을 시작했습니다.

이 일이 확장되면 훗날 통일이 되었을 때 북한의 아이들도 넉넉히 품을 수 있을 거라고 생각해요. 나아가 해외 동포들도 동참하여 이 사랑의 물결이 땅끝까지 가길 소망해요.

그 어느 때보다 따뜻한 크리스마스를 보내면서 에베소서 말씀이 떠올랐어요.

> 찬송하리로다 하나님 곧 우리 주 예수 그리스도의 아버지께서 그리스도 안에서 하늘에 속한 모든 신령한 복을 우리에게 주시되 곧 창세 전에 그리스도 안에서 우리를 택하사 우리로 사랑 안에서 그 앞에 거룩하고 흠이 없게 하시려고 **엡 1:3,4**

하나님은 우리에게 그리스도 안에서 하늘에 속한 모든 신령한 복을 주셨어요. 주실 것이 아니라 이미 주셨지요. 그분은 창세 전부터 우리를 택하시고 사랑 안에서 거룩하고 흠이 없게 하시려고 자녀로 불러주셨습니다. 우리는 이 복을 받은 자녀로서 세상에 사랑을 전하고 영혼을 살리는 삶을 살아야 해요. 특히 이 땅에 상처받은 아이들을 품으며, 그들이 얼마나 귀한 존재인지 알려주고, 하나님의 사랑을 전하는 가족이 되어주면 좋겠어요.

우리는 미약하지만 전능하신 하나님의 꿈을 함께 꿀 수 있어요. 그분이 충만하게 주신 모든 신령한 복으로 이 일을 넉넉히 성취할 수 있지요. 작은 순종이 마중물이 되어 사랑의 문화가 계속 번져가길 소원합니다.

참 고 자 료

- 성경역본: 개역개정, 새번역, NIV, ESV, NLT
- Logos Bible 앱

《사도행전 : 틴데일 신약주석 시리즈 5》 하워드 마샬, 기독교문서선교회

《바울연구 1,2》 최갑종, 기독교문서선교회

《두란노 성서지도》 토마스 V. 브리스코, 두란노

《성경 역사, 지리학, 고고학 아틀라스》 앤손 F. 레이니, R. 스티븐 나틀리, 이레서원

《요세푸스 1: 유대 고대사》 요세푸스, 생명의말씀사

《요세푸스 2: 유대 고대사》 요세푸스, 생명의말씀사

《요세푸스 3: 유대 전쟁사》 요세푸스, 생명의말씀사

《성령 하나님과 놀라운 구원》 마틴 로이드 존스, 부흥과개혁사

《영광스러운 교회와 아름다운 종말》 마틴 로이드 존스, 부흥과개혁사

《바울 복음의 기원》 김세윤, 두란노

《예수와 바울》 김세윤, 두란노

《바울 신학과 새관점》 김세윤, 두란노

《구원이란 무엇인가》 김세윤, 두란노아카데미

《복음이란 무엇인가》 김세윤, 두란노

지남쌤 성경공부 : 사도행전

초판 1쇄 발행 2022년 4월 5일
초판 3쇄 발행 2022년 4월 18일

지은이 이지남

펴낸이 여진구
책임편집 김아진 정아혜
편집 이영주 기은혜 정선경 최현수 안수경 김도연 최은정
책임디자인 조은혜 | 마영애 노지현
기획·홍보 김영하
마케팅 김상순 강성민 허병용
마케팅지원 최영배 정나영
제작 조영석 정도봉
경영지원 김혜경 김경희

303비전성경암송학교 유니게과정 박정숙 최경식
이슬비전도학교 / 303비전성경암송학교 / 303비전꿈나무장학회 여운학

펴낸곳 규장

주소 06770 서울시 서초구 매헌로 16길 20(양재2동) 규장선교센터
전화 02)578-0003 팩스 02)578-7332
이메일 kyujang0691@gmail.com
홈페이지 www.kyujang.com
페이스북 facebook.com/kyujangbook
인스타그램 instagram.com/kyujang_com
카카오스토리 story.kakao.com/kyujangbook
등록일 1978.8.14. 제1-22

책값 뒤표지에 있습니다.
ISBN 979 - 11 - 6504 - 311 - 7 03230

규 | 장 | 수 | 칙

1. 기도로 기획하고 기도로 제작한다.
2. 오직 그리스도의 성품을 사모하는 독자가 원하고 필요로 하는 책만을 출판한다.
3. 한 활자 한 문장에 온 정성을 쏟는다.
4. 성실과 정확을 생명으로 삼고 일한다.
5. 긍정적이며 적극적인 신앙과 신행일치에의 안내자의 사명을 다한다.
6. 충고와 조언을 항상 감사로 경청한다.
7. 지상목표는 문서선교에 있다.

하나님을 사랑하는 자 곧 그의 뜻대로 부르심을 입은 자들에게는 모든 것이 合力하여 善을 이루느니라(롬 8:28)